台湾研究优秀成果奖

周志怀 主编

获奖论文汇编

2018卷

九州出版社

JIUZHOUPRESS

图书在版编目（CIP）数据

台湾研究优秀成果奖获奖论文汇编. 2018卷 / 周志
怀主编. -- 北京：九州出版社，2020.6
　　ISBN 978-7-5108-9215-8

　　Ⅰ. ①台… Ⅱ. ①周… Ⅲ. ①台湾问题－文集 Ⅳ.
①D618-53

　　中国版本图书馆CIP数据核字(2020)第108590号

台湾研究优秀成果奖获奖论文汇编·2018卷

作　　者	周志怀　主编
出版发行	九州出版社
地　　址	北京市西城区阜外大街甲 35 号（100037）
发行电话	(010)68992190/3/5/6
网　　址	www.jiuzhoupress.com
电子信箱	jiuzhou@jiuzhoupress.com
印　　刷	北京九州迅驰传媒文化有限公司
开　　本	720 毫米 ×1020 毫米　16 开
印　　张	14.75
字　　数	256 千字
版　　次	2020 年 7 月第 1 版
印　　次	2020 年 7 月第 1 次印刷
书　　号	ISBN 978-7-5108-9215-8
定　　价	52.00 元

前　言

　　2018年度台湾研究优秀成果评奖结果,于2019年8月在北京揭晓。经评奖委员会委员对申报成果进行匿名评审并投票,评出2018年度台湾研究优秀论文特别奖1篇、二等奖3篇、三等奖13篇。

　　本次评奖委员会委员由全国台湾研究会副会长李亚飞,常务理事周志怀,九州出版社社长张黎宏,台湾铭传大学教授杨开煌,全国台湾研究会研究员王升、杨幽燕、严峻等人组成。

　　经公示,以下论文荣获2018年度台湾研究优秀论文奖:

特别奖

陈孔立:《两岸社会公众对台湾历史认知的分歧》

一等奖（空缺）

二等奖（排名不分先后）

段　磊:《维护一个中国框架的法理路径:从台湾现行规定的角度》

郭拥军:《躁进与谨慎之间:再论特朗普政府对台政策》

陈超、蔡一村、张遂新:《"实用主义的过客":台湾青年在大陆社会融入的指标建构与现状评估》

三等奖（排名不分先后）

王鹤亭:《外国法院判决中台湾的法律地位》

马　密:《台湾地区"大法官解释"中的两岸关系:变迁与隐忧》

曹小衡:《多重困境下的台湾经济走向与思考》

苏美祥:《2008年以来台湾民粹主义的经济学逻辑探析》

王伟男、周文星:《特朗普时代的中美关系与台湾问题》

汪曙申：《特朗普台海政策及其走向分析》

童立群：《试析美日同盟与台湾当局海洋政策的勾连关系》

林中威：《台湾地区在美侨民身份认同的自我建构及其前景》

唐　桦：《利益、制度与观念：十九大报告与两岸青年融合发展的理论建构》

谢　楠：《台湾社区经济发展探析——以三个典型社区为例》

张羽、徐嘉：《近二十年台湾关于孙中山先生的表述变迁与形象建构研究》

郝天豪、刘相平：《退让与坚守：蒋介石在美台"共同防御条约"商签中的策略选择》

李细珠：《从东亚海域到东南海疆——明清之际台湾战略地位的演化》

编　者

2019 年 10 月

目　录

两岸社会公众对台湾历史认知的分歧

陈孔立

两岸民众对台湾历史的认知是有差异的，这是由于两岸有不同的经历，现代又处于不同的社会制度下，一般民众所受的教育不同，对台湾历史的认知自然会有差异。在台湾，由于经历不同（如"本省人"和"外省人"），立场不同（如统派与"独"派），或是出生年代不同，看法也有差异；在大陆，由于对台湾交往和了解的程度不同，看法也有不同。因此，要使得两岸民众对台湾历史的看法互相接近，首先要认识双方看法究竟存在哪些差异，然后辩明是非，才能在正确认识的基础上取得共识。

本文列举一些两岸多数民众认知的分歧，并且表明自己的看法，这些看法可能"与众不同"，既不同于台湾公众，也不同于大陆公众，难免会导致"两面不讨好，里外不是人"，但我还是提出来了，因为如果这些"与众不同"的看法能够引起争议，通过讨论，使得两岸的看法有所靠近，那就达到我的目的了。

以下是几个比较重要的分歧。

一、台湾是不是中国领土

大陆方面一般认为从旧石器时代开始，台湾与大陆就有联系，台湾的早期住民有一部分是由大陆迁移过去的。肯定三国时代的"夷洲"、隋代的"流球"、宋元时代在澎湖的驻军和设置巡检司，直至明代大陆人民前往台湾活动的历史。重点是说明台湾是中国的领土，主要用以下史实加以论证：

（一）中国最早发现、命名和开发台湾，从三国时代的夷洲、隋唐以后的流求，直至明代的台湾。《临海水土志》和《东番记》都是有关台湾早期真实情况的文字记载。宋代大陆人民已经在台湾沿海活动，并且移居台湾，从事开发。明清以来，大陆陆续向台湾移民，台湾主要是由汉族移民开发的。

（二）中国政府早已对台湾地区实行管辖。宋代澎湖归属于福建省泉州府晋江县，并且有了驻军，对当地实行管辖。元代在澎湖设立巡检司，明代设有澎湖游兵，天启年间，郑芝龙在台湾设立官职，对当地实行管理。郑成功以台湾为"东都"，设立府县，把大陆的政治、经济、文化等制度移植到台湾，实行有效的管辖。清代设立台湾府，隶属于福建省，1885年开始筹建台湾省。建成的台湾省是清朝的第20个省份，当时台湾省的官员还称为"福建台湾巡抚"。1895年割让给日本，1945年已经归还中国，设立了台湾省行政长官公署。这就足够说明台湾是中国领土，从来没有成为一个国家。

以上史实足够说明台湾是中国的领土。

但是，过去我们喜欢讲台湾"自古"是中国领土，那就容易被人抓住把柄。有人说，"台湾的高山族全部是从大陆迁移过去的"，这是太武断的说法的。有人说，"几万年前台湾与大陆相连"以此证明台湾属于中国，人家会反问：至今与中国大陆连成一片的国家，是否都属于中国？三国时派兵去"夷洲"，结果"得夷洲数千人返"，就是带回了几千个当地人到大陆，充当吴国的劳动力，以后不再去了。隋朝虽然派人去过台湾，也没有实行占领和经营，唐、宋、元都没有派人去台湾。如果根据这一点说台湾当时已经是中国领土，是没有说服力的。有人说元朝在澎湖设立巡检司"管辖台澎地区"，实际上巡检司只是"从九品"最小的官，只有9个人，管澎湖都很难，根本管不了台湾。

台湾方面不认同"台湾自古属于中国"的说法，他们有的认为台湾最早是先住民的，后来荷兰人、西班牙人、汉人来了。有的认为台湾的历史是从荷兰人开始，只有四百年。"最早开发台湾的是荷兰人"。有人甚至针锋相对地提出"台湾自古不属于中国"：荷兰是外国；郑成功是外来者，当时的中国是清朝；清代是"满清"入侵，也是外来者，不是汉人政权；日本是外国；国民党也是"外来政权"。

看来关键在于：要说明根据什么原则可以确定台湾是中国领土。上面所说的两个方面：一、中国最早发现、命名和开发台湾；二、中国政府早已对台湾实行管辖。当然宋、元实际上只管辖澎湖地区，明中叶以后大陆居民前往台湾日益增加，当局每年定期派兵巡哨台湾，万历年间曾经派兵到达台湾。万历末年到天启元年（1618—1621）海上武装集团首领颜思齐、郑芝龙先后入台。郑芝龙在台湾设有佐谋、督造、主饷、监守、先锋等官职，管理他们所占据的地区。荷兰人入侵初期，居住在台湾的汉人就有5000人左右。当时荷兰人在纳税问题上与日本人发生争执，日本人强调他们比荷兰人先到台湾，但荷兰人认为"台湾土地不属于日本人，而是属于中国皇帝。……如果说有什么人有权利征收税款的话，那无疑应该是中国人。"[1] 这说明，至少在荷兰人侵占台湾（1624年）之前，台湾已经是中国领土，连荷兰人也承认。因此，后来郑成功"收复"了台湾这一中国固有的领土。

其实，要说明某个地方是某国的领土，根本不需要具备"自古"这一条件。按照国际法的规定，取得领土或领土变更方式有以下几种：先占或占领、时效、添附、割让（包括交换、赠予、买卖）、征服以及公民投票等。美国有许多领土例如路易斯安那、佛罗里达、得克萨斯、俄勒冈、加利福尼亚、阿拉斯加、夏威夷等地都不是"自古"属于美国，而是后来陆续买来的或"并"来的。由此可见，"自古"不是法律语言，也不是学术语言，用"自古"来证明某地是自己的领土，缺乏说服力，也没有必要，不必多此一举。

因此，作为学术语言不要用"台湾自古是中国领土"，当然不能说"台湾自古不是中国领土"，说"台湾是中国领土"就对了，这是国际社会所公认的。

二、明郑和清代是不是外来政权，当年的台湾与大陆是否一样？

大陆认为当然是中国的政权，不是外来政权。当年的台湾与大陆大同小异，基本上是一样的。

可是台湾有些人认为荷兰、明郑代、清代、日本、国民党"都是外来政权"，当年的台湾与大陆很不一样，台湾人向来都受外来的欺负。

先看是不是外来政权。

郑氏政权奉明朝正朔，归南明王朝管辖，不是一个独立的政权。所以正确的说法应当是"明郑政权"。当时统治者和被统治者主要是来自中国大陆的汉人，明郑政权统治下土著人口不多（多数是到了清代才"归附"的）。中国人的政权统治中国人，怎么能说是外来政权呢？

清代政权是中国多民族国家中由一个少数民族掌握统治权的政权。全国（包括台湾）都在以满人为主体的政权统治之下。这是中国的政权，而不是外国的政权，或外来政权。

再看两岸是否一样。

3

在明郑政权和清代政权之下，作为被统治者的百姓，都要受到剥削、压迫，全国各地都一样，这不是台湾特有的。

有人说，那时在台湾当官的都是外省人，是外省人欺负台湾人。其实这也不是台湾特有的。在福建当官的也都不是福建人。那是因为当年有一种回避制度，规定本省人不能在本省做官。当年大陆和台湾不论在政治制度、经济制度、社会制度以及生活方式都差不多一样，即使有差别，那也只是地区差别。

清代后期，西方列强侵略中国，发动鸦片战争、中法战争、中日战争等等，两岸人民深受其害，大陆公众认为台湾的命运是与祖国相连的。

但台湾有人认为，台湾的命运更加悲惨，最终被割让给日本。甚至有人认为是"祖国出卖台湾"。这件事确实是两岸的极大差别。不承认台湾的命运更加悲惨是不对的。侵占台湾是日本蓄谋已久的侵略计划，腐败的清廷是难逃罪责的。但不是"祖国出卖台湾"，当年举国上下有许多人起来反对割让台湾。台湾是被清廷割让的，而不是被祖国和人民割让的。至于说"中国是出卖台湾的国家"，那更是怀有恶意。它不仅把清廷等同于当年的中国，而且企图把"出卖"台湾的罪责强加到今天的中国和中国人民头上。这是大是大非问题，应当有一个正确的看法。

三、日本统治下的台湾历史是中国历史的一部分，还是日本历史的一部分？

大陆民众会不假思索地回答：当然是中国历史的一部分。绝对反对说是日本历史的一部分。大家没有仔细想想，从1895年日本侵占台湾，到1945年台湾光复，这50年间，大陆的历史是怎样的，台湾的历史又是怎样的。

先说中国大陆的历史：1911年辛亥革命，1912年中华民国成立，然后是军阀混战、北伐战争、土地革命、抗日战争、解放战争，这些历史过程台湾都没有直接参与，但是，辛亥革命、五四运动、九一八事变、七七事变乃至解放战争都或多或少地影响到台湾。至于1949年以后的中国历史是社会主义革命与社会主义建设的历史，台湾历史更没有参与，但两岸关系仍然对台湾历史发生重大的影响。因此简单地说当年的台湾历史是中国历史的一部分，似乎与其他地区一样，那是忽视了其特殊性。

再看台湾的历史：1895年日本侵占台湾，经历过始政时期、同化时期（或称内地延长主义时期）、"皇民化"时期。日本殖民统治的强化、警察制度、保甲制度、同化政策、武装抗日、议会设置请愿运动、农工运动、经济统制、"皇民化运动"、军需工业化等等，都和中国大陆的历史不一样。尽管日本运用种种殖民统治手段，把台湾完全变为日本的殖民地，企图迫使台湾历史脱离中国历史的轨道。但是，当时两岸仍然保持相当密切的联系。陈小冲《日据时期台湾与大陆关系史研究（1895—1945）》一书指出，日据初期台湾人民的抗日活动，得到大陆人民的支持；台湾总督府所谓"对岸经营"，极力向福建渗透与扩张，利用所谓"台湾籍民欺压大陆同胞"，台湾义勇队深刻揭露日本帝国主义的阴谋；两岸保持经贸、人员及民族文化往来，台海两岸有定期航线，大陆劳工赴台有三次高潮，但曾经受到限制，每年一万人；台湾知识界有人倾力引入祖国书籍，组织读报社及汉文学习班；台湾人的抗日活动连续不断。该书还详细介绍了抗日战争期间台湾人的抗日组织及其活动，从而得出这样的结论："尽管日本殖民当局的隔离政策使得海峡两岸的往来受到种种限制，但在两岸同胞的共同努力下，台湾与大陆的关系仍然在夹缝中求得了生存和发展，如人员往来上，大批大陆劳工依旧源源不断地赴台工作；文化交流上，来自祖国的书籍、报刊依然突破藩篱，在台湾岛内广泛流行；岛内同胞不畏专制高压坚持以各种手段传播祖国文化，这些都是典型的例子。也正因为海峡两岸同胞以深厚民族情感、不顾重重阻力往来交流，日本殖民者离间、分化两岸关系的图谋才没有得逞，经历异族半个世纪统治的台湾同胞的民族性得以坚持不坠。"[2]

因此，应当说，日本殖民统治时期的台湾史是中国这一部分领土被侵占、被殖民的历史，它并没有割断与中国历史的联系，它是中国历史的一个特殊的组成部分。

至于说那时的台湾历史是日本历史的一部分，那完全是一厢情愿的看法。因为那时的台湾只是日本的一个殖民地，日本本土历史的发展对台湾有一定的影响，但台湾没有融入日本的历史，日本资本主义的发展以及随着发生的近代文化的发展、社会运动、普选运动、护宪内阁、政党内阁、金融危机以及日俄战争、第一次世界大战、发动侵华战争、参与第二次世界大战等等，台湾只是作为日本的附庸，而不是参与者。日本人写的日本史，在整整 50 年的日据时期中，有关台湾的只写了"台湾的殖民地化"和"台湾的土地调查工作"这样两个片段，其余的台湾历史一个字也没有提到。[3]

由此可见，由于当时台湾沦为日本的殖民地，这一时期的台湾史成为日本的殖民地史，但不是日本史的一部分。它是中国这一部分领土被日本侵占、被殖民统治的历史，这种特殊状况是其他地区所没有的，它是中国史特殊的组成

部分，

四、怎样看待日本殖民统治给台湾带来的影响

大陆方面强调殖民统治对台湾进行压迫、剥削和带来的"灾难"，台湾方面则强调日本统治给台湾带来的"进步"。台湾教科书上正面叙述日本殖民统治下的"基础建设与经济发展""教育的发展与现代知识菁英""社会与生活形态转变""文化的发展"以及"卫生环境的改善""法治社会的建立""糖业王国"等等，肯定和歌颂殖民统治成就的说法，大陆公众是无法理解的。

这涉及怎样看待殖民主义的历史作用问题。100 多年前马克思在《不列颠在印度统治的未来结果》中提出殖民地及殖民主义有"双重使命"，"一个是破坏的使命，即消灭旧的亚洲式的社会；另一个是重建的使命，即在亚洲为西方式的社会奠定物质基础"。[4] 不论在"破坏"还是"重建"中都有正面的、负面的作用。

殖民主义"其动机是卑鄙的，一切都是从殖民母国的利益出发，但却充当了历史的不自觉的工具，不得不为殖民地留下一些遗产"。用这个观点看日据时期的台湾社会经济建设，可以得到如下一些看法：

一、首先要看清殖民主义的掠夺本质。日本只是为了发展其本身的资本主义而利用台湾，根本无意推动台湾经济的资本主义，当时台湾的社会经济，只是典型的殖民地经济，而不是什么近代的资本主义。

二、动机是卑鄙的，发展有局限性。台湾所谓"糖业王国"有其显著的特点：台湾的砂糖绝大部分输往日本；土著资本受到排挤和兼并，蔗农受到压榨，俗谚说："第一憨，种甘蔗乎会社磅"，日本的糖业垄断资本完全控制了台湾的糖业经济。这到底是谁人的王国，不是很清楚吗？

三、客观上对生产的发展有一定的作用。日本为了掠夺台湾，在台湾进行一些建设，客观上为后来台湾的发展提供了有利的条件。此外，日本当局提倡守时、守法、卫生等观念，也是事实。到了日本殖民者失败以后，台湾人民继承了殖民地时期留下的一些"遗产"：近代社会经济制度的建立、基础设施的整备、米糖经济的开发以及工业化的推进等四个方面。这些"遗产"战后被继承下来，发挥了正面和负面的作用。[5] 不承认这些，对日本统治一概否定，台湾民众就会认为不实事求是。把台湾民众对日据时期某些事情的好感和肯定，说成是"皇民心态"，也会"打击一大片"。

由此可见，只讲"灾难"的一面，没有看到日本统治给台湾留下的"遗产"，是不全面的。强调"进步"的一面，没有看清殖民主义的掠夺本质，更是无法让人接受。

五、当代两岸关系是"一家人"，还是"不是一家人"？

基于对历史和现实的认知，大陆方面认为两岸是一家人，都是中国人，两岸关系要坚持一个中国原则，走向和平发展、和平统一。这是坚定不移的。台湾是中国领土，尽管被日本占领达50年之久，但已经回归中国，两岸的"同"是主要的，同样的语言、文字、风俗习惯，彼此有密切的关系，有的从血缘、地缘、文缘、商缘、法缘乃至神缘等等方面，说明两岸是血脉相连、不可分割的命运共同体。现在尽管两岸存在一定的差异，我们尊重台湾同胞自己选择的社会制度和生活方式，两岸理应走向和平发展、和平统一。

台湾方面认为"两岸不是一家人"，两岸之间的关系有的认为是"敌人"，有的认为是生意伙伴，有的认为是朋友，只有少数认为是家人。许多人都说"我们台湾，你们中国"，"我是台湾人，不是中国人"。他们认为台湾与大陆已经分离了100多年，百年前的相同、相似不值得过分重视，现在两岸"分裂分治，互不隶属"。生活在不同制度下，尽管两岸有些相同、相似的地方，但差异很大，已经没有"一家人"的感觉，而且现在"中华民国（或）台湾是民主国家，中华人民共和国则不是"，所以台湾前途不能只有"统一"这一项的选择，还应当有其他的选择，而且要"由2300万住在台湾的人民来决定。"

实际上，过分强调"同"和过分强调"异"都是片面的，也无助于正确认识问题、解决问题。

正确的认识应当是：中国领土主权没有分裂，国家主权不可分割，台湾是中国领土一部分的地位从未改变，台湾从来不是一个国家。国际社会只承认一个中国。因此，两岸都应当坚持一个中国原则。

大陆方面同意以各自口头表述方式表明"海峡两岸均坚持一个中国之原则"的态度，海协会与海基会本着"求同存异"的精神，达成了"九二共识"，大陆表明"九二共识"是两岸关系和平发展的政治基础。现在台湾方面有一部分人接受"九二共识"，而台湾当局却不承认"九二共识"，两岸关系出现僵局。解决的办法只有一条，那就是台湾当局要明确表达：两岸非国与国关系，也不是一中一台，这样两岸关系就可以走出困境，走出活路。事关两岸同胞的福祉和前途，事关中华民族的复兴，兹事体大，应当引起两岸同胞的高度重视。

以上只是列举五个方面的分歧，并不全面，但足以说明两岸社会公众对台湾历史认知的差异会影响到当前两岸关系的发展。从大陆来说，尚未普及台湾史的教育，但在媒体上应当有引导和澄清，这个问题应当引起有关部门的重视。从台湾来说，台湾史的教育也应当对"课纲"做出正确的实事求是的调整和安排，扭转"去中国化"、伤害两岸同胞感情的做法，真正为台湾人民的利益、两岸人民的福祉着想。当然两岸社会公众对于历史的不同认知，不仅在台湾史方面，在中国史、世界史方面同样存在不少差异。只有在弄清差异，辩明是非的基础上，才能获得更多的共识。在这个方面，两岸还有许多事情要做。

（教育部重点研究基地重大项目"新形势下推进两岸历史文化认同融合研究"，批准号：16JJDGAT002）

注释：

[1] 厦门大学郑成功历史调查研究组：《郑成功收复台湾史料选编》，第95—96页，福建人民出版社，1982年。

[2] 陈小冲：《日据时期台湾与大陆关系史研究（1895—1945）》，前言第3—4页，九州出版社，2013年。

[3] 依田熹家：《简明日本通史》，上海远东出版社，2004年。

[4] 马克思，恩格斯：《马克思恩格斯文集》（第2卷），第686页，人民出版社，2009年。

[5] 参阅陈孔立：《台湾史事解读》第276—279页，九州出版社，2013年。

（陈孔立：厦门大学台湾研究院教授）

维护一个中国框架的法理路径：
从台湾现行规定的角度

段　磊

　　大陆方面强调，1949 年以来尽管两岸尚未统一，但大陆和台湾同属一个中国的事实从未改变，这就是两岸关系的现状。这是我们的立场，也见之于台湾现有规定和文件。一个中国框架的核心是大陆和台湾同属一个国家，两岸关系不是国与国关系。两岸从各自现行规定出发，也为我们在新形势下维护一个中国框架提供了可资运用的正向资源。借助所谓"中华民国宪法"资源巩固和维护一个中国框架，要求我们必须深入分析这部"宪法"的规范与政治含义，有理有据地应对历史与现实困境，从而准确认识台湾地区领导人蔡英文所谓以"中华民国现行宪政体制""中华民国宪法"为核心的两岸关系政策表述体系的内涵与实质。

一、作为维护一个中国框架正向资源
的"中华民国宪法"

　　自 1949 年以来，作为国民党专制统治象征的"中华民国宪法"，一直被视为"伪宪法"，因而成为中国"革命史观"下的一种不利于国家建构的负向资源。然而，时空变换，两岸关系的主要矛盾从"谁是中国"的中国代表权之争，转向"一中一台"或"两个中国"的统"独"之争[1]。在这种历史条件下，包含"两岸同属一个中国"内涵的"中华民国宪法"逐渐成为能够用于维护一个中国框架的正向资源。存在于这部"宪法"及其"增修条文"与"大法官解释"之中的"一个中国"因素，成为我们做出这一判断的实践依据。

（一）问题意识："中华民国宪法"能否成为一项正向资源？

抗战胜利后，国共两党在重庆就和平建国问题展开谈判，并达成《双十协定》。此后，国民党方面依照这一协定，召开由国民党、共产党、民盟、青年党和社会贤达组成的政治协商会议，共同探讨制宪问题。遗憾的是，此后由于国民党内部保守派势力的强烈反对，国民党当局最终选择撕毁政协决议，抛开中共和民盟等党派，通过笼络"第三方面"中的部分党派，单方面召开"制宪国大"，于 1946 年 12 月通过"中华民国宪法"。在内战阴云已经遍布神州的背景下，国民党当局一意孤行，不顾制宪一般规律，强行通过"中华民国宪法"，从而这部"宪法"的悲剧命运埋下了伏笔。[2] 在这一过程中，国共内战爆发，中共和民盟等党派拒绝承认这部"宪法"的合法性，称其为"伪宪法"。1949 年 2 月，在中国革命机将胜利之际，中共中央制定《关于废除国民党的六法全书与确定解放区的司法原则的指示》（以下简称《废除六法全书指示》），明确宣布废除包括"中华民国宪法"在内的"六法全书"。此后，1949 年 9 月召开的中国人民政治协商会议通过《共同纲领》，再次确认《废除六法全书指示》的基本精神，从而在法理上宣告"中华民国宪法"的废止。由于美国公然干涉中国内战，台湾问题并未获得最终解决，中国内战陷于法理上的中止状态，而与这种中止状态相伴随的，则是中国人民以制定《共同纲领》和历部《中华人民共和国宪法》的方式行使制宪权的实际效力在台湾地区受到阻滞。从这个意义上讲，被国民党当局带至台湾并奉为圭臬的"中华民国宪法"，则只能被视为一种存在于国家尚未统一的特殊条件下的政治事实，而非宪法规范。

20 世纪 40 年代末至 90 年代初之间，两岸关系的主要矛盾体现为"谁是中国"之争，即两岸谁拥有"中国代表权"、谁是代表中国的"唯一合法政府"的争议，在这一背景下，"中华民国宪法"理所应当地被大陆方面视为"伪宪法"，成为一种不利于国家建构的负向资源。然而，自 20 世纪 90 年代开始，台湾地区政治局势发生重大变化，岛内本土势力逐渐获得主导地位，"台独"分裂势力日益猖獗，"中华民国台湾化"的政治过程逐步展开[3]。由此，两岸关系的主要矛盾转变为"一中一台"或"两个中国"的矛盾，即统"独"之争。当前，台湾地区"政党轮替"已呈常态化趋势，岛内本土势力的政治影响力进一步增强，拒绝承认"九二共识"的民进党获得"完全执政"，"台湾主体性意识"逐渐成为岛内具有"政治正确"地位的意识形态……如此种种，都显现出新形势下巩固两岸关系政治基础，反对和遏制"台独"分裂活动的紧迫性与重要性。在这一背景下，我们有必要抓住两岸关系的主要矛盾，重新检视对于维护国家统一具有积极意义的"中华民国宪法"的性质界定，在解决国家分裂与统一这一涉及中华民族根本利益的问题时，进一步解放思想，务实看待这部"宪法"的正面意义，将之视为有助于巩固和维护一个中国框架的正向资源。"中华民国宪法"所蕴含的正向属性，存在于这部"宪法"（包括其"增修条文"和相关的"大法官解释"）的"一个中国"规范和要素之中，因而对其规范文本的分析，有助于我们进一步挖掘这一正向资源的内在价值。

（二）"中华民国宪法"及其"增修条文"中的"一个中国"规范分析

台湾地区现行"宪法"由 1946 年"中华民国宪法"和"增修条文"构成。就 1946 年"宪法"而言，其制定于大陆，当时两岸尚处于同一当局的控制之下，并不存在所谓"两岸关系"问题，因而"一中性"是其天然构成部分。相对而言，台湾地区"宪法增修条文"系 20 世纪 90 年代至本世纪初，台湾地区"宪政改革"的产物，彼时两岸已处于对立状态，因而对两岸关系的界定自然成为"增修条文"的重要组成部分。仅从文本来看，尽管"增修条文"以"一国两区"的基本思路将大陆和台湾区分看待，但这并不妨碍其在文本表述中对"两岸同属一个中国"事实肯定和确认。具体说来，这种肯定和确认体现在以下三个方面：

第一，"增修条文"前言明确规定"修宪"目的在于，"因应国家统一前之需要"，从而使"两岸同属一个国家"成为该规定的事实前提。针对这一表述，有台湾学者称其"明显表示宪法本身终于不再执迷于法理上的大一统，从此正视并承认了原有国土业已分裂的事实"[4]。从宪法解释原理来看，这种解读企图运用文义解释的方法，将两岸关系解读为一种"统一前"的关系，继而以偷换概念的方式，将事实上的"统一前"等同于法理上的"已分裂"。然而，这种解读显然是缺乏理论与事实依据的。一方面，从法律解释的一般原理来看，对法律上文句的解释，"首先应顾及上下文，不得断章取义"[5]，因而对两岸关系性质的界定，不应仅从"增修条文"的某个词汇来探寻，更应考量上下文对这一问题的整体界定。除前言外，"增修条文"还在多个条文中体现出对两岸关系的界定，综合考察这些条文之间的逻辑关系，无法推导出两岸"已分裂"的法理表述。另一方面，不应简单地将事实上的"尚未统一"等同于法理和主权层面的"已分裂"，所谓两岸"尚未统一"是指双方在事实上处于"互不统属"状态，但这并不意味着两岸在主权层面走向"分裂"。因此，从"增修条文"的整体文本来看，这一条文仍然将大陆和台湾视为一个国家，将"谋求国家统一"视为两岸关系发展的终极目标。

第二，"增修条文"将"中华民国宪法"的适用范围限定在"中华民国自由地区"，以之与"中华民国大陆地区"相对，将大陆地区人民和"自由地区"人民分开规定，以法律形式肯定"一国两区"的两岸关系政治定位状态。作为台湾当局对两岸政治关系定位的正式观点，"一国两区"构成了"增修条文"对两岸关系界定的指导思想。一方面，"增修条文"并未将"中华民国"与"自由地区"相等同，而是将"自由地区"视为与"中华民国"之下与"大陆地区"相对等的一个地区，从而肯定了"两岸同属一个国家"的事实。另一方面，台湾地区现行法律规范中涉及两岸关系的内容均以"增修条文"第十一条对"自由地区与大陆地区间人民"关系之规定为基础，形成一套以"一国两区"的两岸关系政治定位为基础的台湾地区涉两岸关系法律体系。

第三，"增修条文"沿用1946年"宪法"关于"中华民国领土"的规定，且为因应政权组织形式的变化，将原有规定中修改这一条款的门槛从"国民大会决议"变更为最少需3/4"立委"出席，出席"立委"3/4决议，公告半年后经"复决"方可完成，从而在程序上为维护两岸在领土主权层面的同一性提供了重要保障。针对这一条款，有台湾学者提出，"固有疆域"一词的内涵应以"制宪或修宪当时国家实效统治的范围为根据来认定"，因而所谓"中华民国固有疆域"应当是"政府实效统治的台澎金马及其他附属岛屿，当然不及于中国"[6]。这种看似合乎"事实"的推演，并不符合台湾地区现行"宪法"的规定，更不符合以宪法文本约束政治权力的宪政精神。众所周知，"增修条文"是对1946年"宪法"的"增修"，因而这一"条文"从性质上属于1946年"宪法"的附属条款，对其条文意涵的考察，显然应当从1946年"宪法""制宪者"的意志出发。1946年"宪法"制定于大陆，其对"中华民国""固有疆域"的规定，显然是指包含大陆和台湾在内的全中国。上述学者论述的推演，显然是一种妄图通过混淆"法理"与"事实"的方法，偷换概念，将台湾当局对现有区域的实际控制事实，视为一种"主权"存在，从而实现重新解释"中华民国固有疆域"的目的。

综上所述，从"中华民国宪法增修条文"的规范文本来看，其所包含的"一中性"是比较明显的，"两岸同属一个中国"是蕴含于这部"宪法"之中的基本精神。这就为我们借助这部"宪法"中有利于维护国家统一的部分，巩固一个中国框架提供了充分的规范支持。

（三）台湾地区"司法院""大法官解释"中的"一个中国"因素分析

在台湾地区当前的政治体制中，"司法院大法官"扮演着与众不同的重要角色，司法权的"贵族"特性，使"大法官"能通过理论性、技术性较强的方式，诠释台湾地区现行"宪法"运行中的统"独"立场。[7] 至 2018 年 2 月，台湾地区"司法院"共作成 20 个涉及两岸关系的"大法官解释"，这些"解释"均以不同方式表达了对"中华民国宪法"中"一中性"的态度。

第一，在"解释"中直接肯定"中华民国宪法"之"一中性"的。自 20 世纪 50 年代至 90 年代，由于国民党当局坚持其中国"正统"地位，为从法理层面维护台湾当局的"中国代表性"地位，弥合其面临的"全中国"幻象和"小台湾"事实之间的裂隙，台湾地区"司法院"陆续形成一系列有关两岸关系性质的"解释"。创设台湾地区"万年国大"的"释字第 31 号解释"和开启台湾地区"宪政改革"的"释字第 261 号解释"等均系此类"解释"的典型代表。从解释方法角度看，此类"解释"多以"国家发生重大变故"为解释依据，形成一套独特的肯定"中华民国宪法"之"一中性"的"宪法解释"路径。

第二，在"解释"中以否认或回避方式拒绝破坏"中华民国宪法"之"一中性"的。20 世纪 90 年代后，台湾地区本土势力在岛内的政治地位日益提升，台湾当局的两岸政策也随之发生改变，在这一阶段，"大法官"在作成涉及两岸关系的"解释"时的态度也趋于暧昧，多选择以否定性或回避性表述应对"台独"分子意欲破坏"中华民国宪法"之"一中性"的"释宪声请"。在涉及"中华民国""固有疆域"问题的"释字第 328 号解释"中，"大法官"以"政治问题不审查"为由，回避了"声请书"中敏感的"中国大陆是否属于中华民国领土"[8] 的问题。而在涉及两岸协议法律性质的"释字第 329 号解释"中，"大法官"则以否定方式指出两岸协议"非属国际条约"[9]，从而否定了两岸的"国与国关系"。

第三，在"解释"中以权利话语包装"台独"意涵，以一定方式稀释"中华民国宪法"之"一中性"的。在李登辉和陈水扁执政时期，受岛内影响日盛的"台独"分裂思潮影响，在处理一些涉及两岸关系的司法个案时，"大法官"的政治倾向亦随之发生变化，在无法明确否认"中华民国宪法"之"一中性"的情况下，他们多以保障公民基本权利为由，以法律语言包装其助长"台独"分裂活动的政治立场。以解决"中国比较法学会"更名为"台湾比较法学会"是否违法问题的"释字第 479 号解释"，构成此类解释的典型代表。在该

"解释"中，"大法官"以"结社自由保障"为由，认为台当局"内政部"制定的"社会团体许可立案作业规定"第四点关于人民团体应冠以所述行政区域名称之规定,因违反母法规定而失效。[10] 该"解释"充分体现出将台湾等同于"全国"的倾向，在一定程度上对"中华民国宪法"的"一中性"产生稀释效应。

基于"司法院大法官"在台湾地区"宪政体制"中的特殊地位及其对两岸关系发展所产生的潜在影响，我们应辩证看待其对我们维护一个中国框架所起到的作用。一方面，应当注重对涉两岸关系"大法官解释"的分析研判，高度警惕部分"台独"分裂分子以"释宪台独"方式推进"法理台独"的活动。另一方面，手握"释宪"大权的"大法官"也应被视为巩固和维护一个中国框架的重要资源，注重"大法官"的政治立场和倾向，通过各种渠道影响"大法官"对两岸关系发展大势的判断，使之在一定条件下成为遏制"法理台独"的一道重要防线。

二、当前形势下运用"中华民国宪法"资源的双重实践困境

从规范分析的角度看，"中华民国宪法"及其"增修条文"与"大法官解释"均体现出较为强烈的"一中性"色彩，因而我们可以将之视为在新形势下可用于巩固和维护一个中国框架的正向资源。但是，基于两岸关系在历史与现实两个层面的纠葛，我们在运用这一资源的过程中，亦不得不面对一些极为复杂的实践困境。具体说来，这种困境体现在由《废除六法全书指示》废止"中华民国宪法"带来的历史困境和由"中华民国"政治含义模糊化与多样化带来的现实困境。

（一）历史困境:《废除六法全书指示》与"伪宪法"的界定

1946 年 3 月，在国民党内强硬力量的主导下，国民党六届二中全会做出决议，否定 1946 年政协会议通过的《宪法草案案》，严重妨碍国共两党和中间党派在极为复杂的条件下初步形成的政治互信，最终使各方就制宪问题形成妥协的空间消失。[11]1946 年 6 月，国民党军队大举进攻中原解放区，内战序幕由此揭开，此前各党派共同努力形成的民主成果付之东流，政协会议在实质上走向解体。在内战的阴云之下，国民党纠集民社党、青年党等党派，抛开中共和民盟，单方面召开"制宪国大"，并通过"中华民国宪法"，从而使这部"宪法"

在国内矛盾极为尖锐条件下走向了各派政治共识的对立面。

作为反对国民党独裁统治的主导力量，中国共产党在国民党召开"制宪国大"之初，即明确表示对"中华民国宪法"的否定态度，并一以贯之地坚持这一正确立场。1946 年 12 月 21 日，"制宪国大"尚在进行之中，中共中央即发表"中国人民不承认伪宪"之声明，谴责"非法国大"，称蒋介石当局"一面大打内战，和把宪法'国大'开到底；一面又通过什么'民主宪法'，这只是更加自绝于人民"，并指出"蒋介石反动集团的独裁不取消，不论宪法字面上怎样，人民总之休想得到民主，这已是中国人民的常识"[12]。1949 年元旦，蒋介石在其行将失败之际，发表"求和声明"，宣布下野，在这一"声明"之中，其亦不忘这部"宪法"的重要性，提出"只要神圣的宪法不由我而违反……中华民国的法统不致中断……"，则其"个人更无复他求"[13]，从而将维持"中华民国法统"作为国共和谈的一项条件。面对这一条件，中共方面坚持立场，在北平和平谈判时明确提出包括"废除伪宪法"在内的八项条件，坚决驳斥了蒋的这一无理条件。1949 年 2 月，在中国革命即将胜利之时，中共中央制定《废除六法全书指示》，明确提出，"国民党全部法律只能是保护地主与买办官僚资产阶级反动统治的工具，是镇压与束缚广大人民群众的武器"，因而"六法全书绝不能是蒋管区与解放区均能适用的法律"[14]，从而明确宣告废除包括"中华民国宪法"在内的"六法全书"。此后，在 1949 年 9 月召开的中国人民政治协商会议上通过的《中国人民政治协商会议共同纲领》第十七条明确肯定了《废除六法全书指示》的基本精神，规定"废除国民党反动政府一切压迫人民的法律、法令和司法制度"，从而在法理上彻底宣告"中华民国宪法"在大陆地区的废止。至此，"中华民国宪法"这部与中国人民所期待的民主宪政毫无关联的"宪法"，最终从大陆彻底消失。

从宪法学一般原理来看，由于 1946 年"宪法"缺乏当时国内两股重要政治力量——中共和民盟的参与，这部"宪法"在包容性、可接受性和权力制约方面存在着"先天不足"。一方面，在当时的政治环境下，作为当时国内各方政治势力妥协失败的产物，1946 年"宪法"不仅未能如人们所期望的那样，实现对国内政治力量的整合与包容，反而昭示着国共两党矛盾的激化，因而必然是一部缺乏包容性与可接受性的"宪法"。另一方面，在当时的政治格局下，1946年"宪法"的通过，并未改变国民党专制统治的政治事实，因而并未形成作为宪法基本精神的权力制约体制。从这两个方面说，1946 年"宪法""充其量只是一个民主的气泡，它跟人们所期待的宪政没有任何必然的联系"[15]。因此，《废除六法全书指示》和对 1946 年"宪法"的废除无疑是合乎宪政精神、符合宪政原理的。1949 年人民政协的召开、《共同纲领》的制定和中华人民共和国的成立，则昭示着中国新民主主义革命的完成和全新国家结构的确立，因而也意味着在中国范围内，对作为国民党政权旧秩序外在形态的"中华民国宪法"的颠覆与替代。

从国家法治秩序建构的角度看，《废除六法全书指示》构成了新中国法制建设的基石，而《共同纲领》则构成新中国在宪法意义上的"出生证"。因此，《废除六法全书指示》和《共同纲领》对"中华民国宪法"的废止，是我们必须坚持的政治原则。那么，从历史回归现实，如何在坚持《废除六法全书指示》和《共同纲领》相关规定正确性的基础上，给予"中华民国宪法"这部"主观上被废止、客观上仍存在、历史上维护国民党反动统治、现实中具有维护国家统一作用"的规范性文件以正确定性的问题，直接关系到我们能否在维护一个中国框架的过程中，运用好这一资源。

（二）现实困境："中华民国"政治含义的模糊性与多样性

"中华民国宪法"的法理内涵与"中华民国"的政治含义密切相关，从一定意义上讲，对"中华民国"政治含义的界定直接关系到"中华民国宪法"所表达的统"独"方向。近年来，随着台湾岛内政治局势的变化，尤其是"台湾主体性"意识在岛内政治活动中作用的日益凸显，"中华民国"的政治含义正发生一定变化，这种变化为我们运用"中华民国宪法"资源维护一个中国框架制造了现实困境。

当前，岛内对"中华民国"政治含义的认知存在极大差异，它既是马英九念兹在兹的"国家符号"，又是民进党"台湾前途决议文"中台湾在"宪法"上的"国号"，具有极大的模糊性和多样性。[16] 蔡英文当局正是基于对"中华民国"政治含义模糊性与多样性的认知，才提出以"中华民国现行宪政体制""中华民国宪法""维持现状"等话语为核心的两岸政策体系，意欲以这种具有模糊性和多样性含义的概念，为其日后的政治实践提供更大进退空间。

从统"独"视角观之，"中华民国"政治含义的多样性与模糊性主要体现在对"中华民国"与"中国"和"台湾"的关系上。考察岛内关于"中华民国"含义认知的演进来看，涉及"中华民国"与"台湾"关系的认知主要有三种：（1）将"中华民国"视为整个中国的"国号"，而台湾和大陆均是"中华民国"的组成部分，依"主权—治权"框架，"中华民国"之"主权及于整个中国，但目前之治权，则仅及于台、澎、金、马"[17]。（2）将"宪政改革"之后的"中华民国"视为辖区仅包括台、澎、金、马的"主权独立国家"，认为"中华民国在台湾"，而两岸关系应当定位为"特殊的国与国关系"[18]。（3）认为台湾是一个"主权独立国家"，"中华民国"是台湾在"宪法"上的"国号"，但"中华民国"与中华人民共和国互不隶属，亦即所谓"中华民国就是台湾"之观点[19]。

从上述三种对"中华民国"政治涵义的认知来看，这些表述之中，有些能够为"九二共识"所包容，有些表述则处于"台独"与"独台"的边缘地带，有些则是为大陆方面坚决反对的"台独"分裂立场。毋庸置疑的是，上述对"中华民国"政治含义的差异化认知，将直接对"中华民国宪法"法理内涵的界定造成重大影响。基于台湾地区内部对"中华民国"争议意涵认知的差异，不少学者认为，贸然认可"中华民国"或"中华民国宪法"可能会在岛内产生不利于巩固一个中国框架的政治效果或是产生以虚化的"一个中国"为代价换取实际的"两岸分治"的政治影响从而对促进和平统一造成负面效果[20]。因此，是否能够处理好"中华民国"与"中华民国宪法"政治含义的模糊性与多样性带来的现实困境，直接关系到我们能否在维护一个中国框架的过程中，运用好"中华民国宪法"资源。

三、"中华民国宪法"要素的三重分离思路：消解困境的应然选择

尽管具有"一个中国"因素的"中华民国宪法"是我们反对和遏制"台独"分裂活动的重要正向资源，但来自历史和现实两个层面的实践困境为我们运用这一资源带来了一定的政治风险。因此，如何突破历史与现实两个层面的实践困境，建构一套运用"中华民国宪法"资源维护一个中国框架的法理策略体系，成为当务之急和必要之需。一个可供探讨的解决思路，是依照运用"中华民国宪法"资源维护一个中国框架之需要，通过对这部"宪法"进行多层次地切割与分离，实现既能够借助这部"宪法"的积极因素维护一个中国框架，又不因这一策略而引发不必要的政治风险之目的。

（一）历史定位（历史性）与现实定位（现实性）之分离：作为历史事实与政治事实的"中华民国宪法"

在"革命史观"的影响下，"中华民国宪法"长期被大陆方面界定为"保

17

护地主与买办官僚资产阶级反动统治的工具，是镇压与束缚广大人民群众的武器"[21]，因而这部"宪法"的性质当然应被界定为"伪宪法"。然而，如上所述，当前两岸关系主要矛盾已从意识形态对立转变为国家的统一与分裂之争。因此，在当前形势下，我们应当从历史的、辩证的角度看待这部"宪法"，在坚持以《废除六法全书指示》为代表的规范性文件对这部"宪法"历史评价的基础上，结合实际情况的变化，通过历史定位与现实定位相分离的方法，实现对"中华民国宪法"历史性与现实性的切割。具体说来：

第一，对"中华民国宪法"历史定位与现实定位相分离的方法，有助于我们坚持《废除六法全书指示》和《共同纲领》等规范性文件的法理效力，避免造成以现实策略否认历史事实的错误印象。如上所述，《废除六法全书指示》和《共同纲领》在新中国建立的过程中起到了极为重要的作用，因而我们不能因反对和遏制"台独"分裂活动，就直接否定《废除六法全书指示》和《共同纲领》的有关规定，进而否定新中国政权建构的法治基础。[22]因此，面对历史遗留问题带来的困境，我们有必要通过历史定位与现实定位相分离的方法，充分肯定我国社会主义法律体系的合法性基础，避免因当前运用"中华民国宪法"资源而造成对革命历史和社会主义法治建设全盘否定的负面效果。

第二，对"中华民国宪法"历史定位与现实定位相分离的方法，有助于我们正确看待中国革命进程中的"中华民国宪法"的历史地位和当前两岸关系发展中"中华民国宪法"的现实地位。在两岸关系主要矛盾发生变化的情形下，传统"革命史观"对"中华民国宪法"性质做出的界定，已脱离当前的两岸关系现状。因此，将对这部"宪法"的历史定位与现实定位相分离的方法，能够有效避免"革命史观"对我们在当前条件下借助这部"宪法"维护一个中国框架造成的不利影响，使我们对"中华民国宪法"定位的认知更加符合当前两岸关系的实际情况和对台工作的实际需要。

据此，在面对运用"中华民国宪法"资源维护一个中国框架过程中出现的历史遗留问题，可秉持历史定位与现实定位相分离的方法，将这部"宪法"的历时性与现实性加以切割，将存在于中国革命历史中的"中华民国宪法"与存在于两岸关系中的"中华民国宪法"相切割。结合"中华民国宪法"变迁的具体情况，一方面肯定《废除六法全书指示》对这部"宪法""伪宪法"的正确界定，另一方面则认可其在国家尚未统一的特殊条件下在台湾地区发挥的维护"两岸同属一个中国"事实的实际效力。

（二）正当权威（合法性）与实际权力（有效性）之分离："中华民国宪法""合法性"问题的应对思路

除厘清"中华民国宪法"的历史定位与现实定位之差别外，在运用"中华民国宪法"资源的过程中，我们必须对这部"宪法"能否具有代表主权属性的国家根本法之合法性问题做出回应，以避免造成两岸存在两部合法"宪法"的错误印象，甚至造成对两岸关系政治定位现状的改变。为解决这一问题，我们应从正当权威和实际权力相区别的角度，深入分析这部"宪法"的"合法性"基础，客观看待其在岛内政治实践中的有效性事实，在坚持否认这部"宪法"合法性的前提下，结合两岸关系发展实际，通过肯定这部"宪法"的有效性，以这部含有"一中性"因素的"宪法"制约"台独"分裂势力之目的。具体说来：

第一，权威与权力相分离，意味着对"中华民国宪法"合法性与有效性认知的切割。权威和权力是一对既相关联，又相区别的概念，对正当权威的认可可以与对实际权力认可相分离。权力是统治者支配和控制被统治者的能力，它可能是暴力的，也可能是柔性的，而权威则是一种被统治者所认同的、自愿服从的统治。[23] 因此，权威是一个表征合法性的概念，而权力仅是一个对统治事实描述性的概念，却并不必然意味着权力主体具有实施权力的合法性。从传统的政治性视角看，宪法是一个集权威与权力的存在，认可一部宪法就意味着对基于这部宪法而产生的权威与权力的承认。然而，仅从宪法的功能性视角看，权威与权力却是一对可以分开看待的概念，可以依照一部宪法实施的具体情况，在认可宪法权力（有效性）的基础上，否认其宪法权威（合法性）。在实践中，自 20 世纪 50 年代起，大陆方面一直以"台湾当局"称呼台湾地区公权力机关 [24]，对其控制台澎金马地区的政治事实表示认可，但却并不认同其统治的合法性，而视其为一种事实现象，这也为我们以类似的方法处理"中华民国宪法"法理定位问题提供了范例。

第二，无论是从法理上还是政治上看，"中华民国宪法"均不能被视为一部具有充分合法性基础的根本法。从制宪权理论出发考察"中华民国宪法"的"制宪"与"修宪"事实可知，1946 年"中华民国宪法"仅具有形式上的合法性，而因缺乏对当时国内政治格局中各方力量政治共识的凝聚，缺乏实质合法性。"宪政改革"后形成的"增修条文"并非作为中国主权者的"中国人民"[25] 意志的体现，仅是作为"中国人民"组成部分的"台湾人民"意志的体现，故这种所谓的"修宪"、行为缺乏足够的合法性基础，并不具备足够的正当权威。

因此，我们仍应坚持否定这部"宪法"作为代表全中国的"宪法"或代表"台湾"的"宪法"之合法性。

第三，从台湾地区政治实践来看，"中华民国宪法"又是一部在岛内获得有效实施的规范性文件，具有其现实有效性。自台湾地区"宪政改革"以来，从"中华民国宪法"及其"增修条文"在岛内的适用情况看，这部"宪法"通过"司法院""释宪"等方式的具体适用，已从一部仅具有"法统"象征意义的"宪法"，逐渐转变为能够约束岛内政治运行的规范性文件。[26]考察台湾地区内部政治实践可知，当前"中华民国宪法"已成为岛内各主要政党共同遵守和认可的"最大公约数"，成为台湾民众保障基本权利的重要宪制依据，成为岛内各族群实现政治认同聚合的重要规范载体。可以说，这部"宪法"在实践中，已经成为台湾地区政治转型事实法律化的法理渊源，因而具有其实际有效性。因此，在我们对"中华民国宪法"法理定位问题做出重新安排时，必须充分考虑到其实际有效性，有条件地认可这种有效性，从而使政策表述与客观事实相符合。

据此，我们在处理"中华民国宪法"法理定位时，可秉持正当权威与实际权力相分离的方法处之，将这部"宪法"的合法性与有效性认知相切割。一方面，应坚持否认这部"宪法"的正当权威属性（合法性），否认其作为一部具有"主权"和"国家"属性"宪法"的法律地位，强调《中华人民共和国宪法》对台湾地区的法律效力；另一方面，应充分认识到这部"宪法"在台湾地区政治实践中的实际权力属性（有效性），以正当权威（合法性）和实际权力（有效性）分离的思路，寻求解决运用"中华民国宪法"资源的现实困境。

（三）规范含义（规范性）与政治含义（政治性）之分离："中华民国宪法"文本的规范价值应用

针对因"中华民国"政治含义的模糊性和多样性对应用"中华民国宪法"资源带来的实践困境，我们应采取区分作为政治符号的"中华民国"与作为规范文本的"中华民国宪法"之方法，将这部"宪法"所蕴含的规范含义与政治含义相区分，借助宪法教义学的研究方法，通过挖掘、放大和强调其规范含义，达到约束和规制台湾当局的两岸政策走向，反对和遏制"台独"分裂活动之目的。具体说来：

第一，与"中华民国"这一政治概念不同，"中华民国宪法"及其"增修条文"与相关"大法官解释"均是具有确定文本载体规范性文件，其明确性、稳定性和权威性远远高于作为政治概念的"中华民国"。因此，尽管不同政治势力可以根据其需要，对"中华民国"这一政治概念做出不同的解读，但其对于"中华民国宪法"的解读，则不得不立足于规范、受制于文本。如上所述，在"台独"分裂分子的曲解之下，"中华民国"在台湾地区内部拥有了多种意义差别极大的政治含义，为我们运用"中华民国宪法"资源制造了极大的现实障碍。然而，与含义模糊的"中华民国"不同，"中华民国宪法"是一部具有文本载体的规范性文件，任何对这一文本做出的解读都必须以文本为依据，遵循宪法学的一般原理进行。在岛内的政治实践中，持"台独"立场的政治人物和学者往往通过混淆政治现实和法理事实的方法，妄图以两岸尚未统一的政治事实，压制甚至推翻"中华民国宪法"对"两岸同属一个国家"的法律界定。倡导所谓"以台湾为主体的法律史研究"的台湾学者王泰升的相关论述即是此类逻辑的典型代表，他认为，台湾"以一个事实上国家的地位已存在五十余年，且发展出自由民主的宪政秩序……如果台湾人民选择了'自由民主'的宪政生活方式，并为确保其永续存在，而在法律规范上宣示仅以台湾一地作为国家领土、居住于台湾之人作为国民，则岂是现有宪法条文所能拘束的"[27]。这种论断的本质是以一种看似至高无上的价值，作为超越现有宪制规范的依据，并借此为实现所谓"民族自决""独立建国"提供条件。这套通过改变"规范"来迎合所谓"事实"的理论体系充分体现出台湾学者对于明确体现出"一个中国"含义的"中华民国宪法"规范文本的无可奈何。

第二，从法解释学基本原理出发，文本应是法律解释的边界，任何与文本明显相悖的解释都是不可取的。就宪法解释而言，宪法文本无疑应是解释者行为的边界，"再大胆的解释也不能把与宪法文本显然相悖的观念纳入宪法"[28]，否则释宪行为将越界演变为修宪甚至是宪法破弃。因此，作为一部具有明确文本界限的规范性文件，任何对"中华民国宪法"法理意涵的解读，尤其是涉及国家统一问题的解读，都应以这部"宪法"的文本为界限。如上文对"中华民国宪法"文本的分析，这部"宪法"的有关规定充分体现出对"两岸同属一个中国"事实的确认。依据这一原理，结合这部"宪法"的规定，在解决"中华民国"政治含义模糊化和多样化现状为我们运用"中华民国宪法"资源带来的障碍时，应因循政治含义与规范含义相分离的原则，紧紧抓住"中华民国宪法"及其"增修条文"与相关"大法官解释"的规范文本，以文本为依据，反制"台独"分裂分子提出的种种理论说辞与政治言论，使这部"宪法"成为我们可以运用的正向资源。因此，在运用"中华民国宪法"资源的过程中，运用宪法教义学的理论与技术，充分挖掘这部"宪法"（包括其"增修条文"与相关"大法官解释"）的规范文本，成为关键。

综上所述，尽管从政治事实层面看，岛内各政党基于其各自认知，使"中华民国宪法"掺杂着形形色色的政治意图，甚至出现"一部宪法，各自表述"[29]的情形，但从法理层面，尤其是文本层面出发，台湾地区现行"宪法"的"一中性"成分仍然发挥着独特的作用。在两岸各自根本法都充分肯定"一中性"的基础上，双方对于一个中国框架的各自主张就能够在法理上形成重叠表述的客观状态。在这种情况下，两岸各自根本法上的"一中性"要素，就能够为双方通过政治力运作，形成合乎一个中国框架的政治基础提供质料。

四、结　论

随着台湾地区政党轮替日趋常态化，两岸关系发展面临新的变局。当前，台湾地区领导人蔡英文已初步形成一套以"中华民国宪政体制"为核心的两岸关系政策表述体系。从本文对"中华民国宪法""一中性"内涵的分析来看，这部"宪法"之中存在的"一中性"要素，能够成为大陆方面应对和反制蔡英文所谓"中华民国宪政体制论"的一种正向资源。因此，我们在坚持战略上严守"九二共识"政治底线的基础上，可在策略层面，适时对"中华民国宪法"做出合情合理安排，在充分考量两岸关系现状的基础上，通过将这部"宪法"的历史定位与现实定位相切割，对这部"宪法"的规范含义与政治含义区别对待，将这部"宪法"所代表的正当权威与实际权力相区隔，在继续坚持否定其合法性的基础上，有条件地认可其有效性，继而将之整合为可资运用的正向资源，从而为巩固两岸关系政治基础提供更为充分的外在支持。

注释：

[1] 祝捷：《两岸关系定位与国际空间》，九州出版社 2013 年版，第 16 页。

[2] 周叶中、江国华主编：《从工具选择到价值认同——"民国立宪"评论》，武汉大学出版社 2010 年版，第 435 页。

[3] [日] 若林正丈：《战后台湾政治史——"中华民国"台湾化的过程》，洪郁如等译，台湾大学出版中心 2014 年版，第 214 页。

[4] 许宗力：《两岸关系法律定位百年来的演变与最新发展——台湾的角度出发》，载《月旦法学杂志》（台湾）1996 年第 12 期。

[5] 黄茂荣：《法学方法与现代民法》，法律出版社 2007 年版，第 344 页。

[6] 黄昭元：《固有疆域的范围》，载《月旦法学杂志》（台湾）2000 年第 9 期。

[7] 周叶中：《台湾问题的宪法学思考》，载《法学》2006 年第 6 期。

[8] 台湾地区"释字第 328 号解释"陈婉真等之"声请书"。

[9] 台湾地区"释字第 329 号解释"之"解释理由书"。

[10] 台湾地区"释字第 479 号解释"之"解释理由书"。

[11] 秦立海：《民主联合政府与政治协商会议——1944—1949 年的中国政治》，人民出版社 2008 年版，第 248 页。

[12]《中共中央发言人谈称蒋记国大所制伪宪　中国人民绝不承认》，新华社 1946 年 12 月 21 日电。

[13]《申报》，1949 年 1 月 1 日。

[14]《中共中央关于废除国民党的六法全书与确定解放区的司法原则的指示》。

[15] 刘山鹰：《中国的宪政选择——1945 年前后》，北京大学出版社 2005 年版，第 173 页。

[16] 祝捷：《"九二共识"核心意涵的法理型构——再论两岸法律的"一中性"》，《中国评论》（香港）2016 年 3 月号。

[17] 此即台湾当局 1992 年作成之"关于'一个中国'内涵的说帖"之观点，同时为台湾地区现行"宪法增修条文"所肯定，因而亦为台湾当局官方正式立场，参见《台"国统会"八一结论(1992-8-1)》，资料来源：http://www.gwytb.gov.cn/zt/92/201101/t20110110_1686385.htm，最后访问日期：2017 年 2 月 10 日。

[18] 此即李登辉"特殊的两国论"之观点，参见《李登辉接受"德国之声"专访时的谈话》，资料来源：www.president.gov.tw，最后访问日期：2017 年 2 月 10 日。

[19] 此即民进党 1999 年"台湾前途决议文"之观点，至今仍为民进党方面对"中华民国"政治含义的正式立场，参见民进党："台湾前途决议文"（1999 年）。

[20] 王英津：《论两岸政治关系定位中的"中华民国"问题（下）》，载《中国评论》（香港）2016 年 2 月号。

[21]《中共中央关于废除国民党的六法全书与确定解放区的司法原则的指示》（1949 年）。

[22] 祝捷：《"九二共识"核心意涵的法理型构》，《中国评论》（香港）2016 年 4 月号。

[23] 许纪霖：《为何权力代替了权威》，载《天津社会科学》2011 年第 5 期。

[24] 李鹏：《以"当局"作为两岸商谈政治定位起点之理论探讨》，载《台湾研究集刊》2014 年第 2 期。

[25] 陈端洪：《宪法学的知识界碑——政治学者和宪法学者关于制宪权的对话》，载《开放时代》2010 年第 3 期

[26] 杜力夫：《"一国两制"视角下"中华民国宪法"的定位》，载《"一国两制"研究》（澳门）2013 年第 4 期。

[27] 王泰升：《自由民主宪政在台湾的实现：一个历史的巧合》，载《台湾史研究》（台湾）第 11 卷第 1 期。

[28] 张翔：《宪法释义学——原理·技术·实践》，法律出版社 2013 年版，第 54 页。

[29] 曾建元：《一个"宪法"，各自表述：台湾"宪法"秩序中的"一个中国架构"》，载《中华通识教育学刊》（台湾）2006 年第 4 期。

（段磊：武汉大学法学院讲师）

躁进与谨慎之间：
再论特朗普政府对台政策

郭拥军

特朗普当选总统后，一度在候任期间与台湾地区领导人蔡英文直接通电话，使美国的一个中国政策剧烈颠簸。而在正式入主白宫后不久，特朗普回归到"一个中国"政策轨道上来。[1]此后一段时期，台湾问题在美国对华政策中相对边缘，没有重大变化。但是，2017年底新版的美国《国家安全战略报告》出炉后，台湾问题在中美关系中的权重逐步上升。

一

2018年3月16日，特朗普总统在白宫签署多项法案，其中包括一项仅从名称就足以挑动两岸所有中国人神经的法案："与台湾交往法"。这是继1979年中美建交之际美国制定的《与台湾关系法》后，第二个以"台湾"命名的专项法律。和美国很多冗长的法律相比，"与台湾交往法"仅有三页多一点，具有实质意义的核心内容更短。该法第三条第二款的表述如下：

"政策声明：以下内容应可作为美利坚合众国的政策：（1）允许美国政府所有层级的官员，包括负责国家安全事务的内阁级官员、将级军官及其他行政部门官员赴台，会见对口的台湾官员；（2）在对其尊严给予恰如其分尊重的前提下，允许台湾高级别官员进入美国，并会见国务院、国防部及其他内阁机构的美国官员；（3）鼓励台北经济文化代表处及台湾在美设立的其他机构开展活动，包括举办有美国国会议员、联邦/州/地方政府各级官员、台湾任何高官参加的各种活动。"[2]

寥寥数语，却严重违反一个中国原则和中美三个联合公报，挑衅中国的核心利益。1978 年的中美建交公报中，美国表示"承认中华人民共和国政府是中国的唯一合法政府。在此范围内，美国人民将同台湾人民保持文化、商务和其他非官方关系"。这里明确将中美建交后的美台关系定性为非官方、民间性质。按照这一定性，美台官员之间不能进行任何形式、任何层级的往来。

"与台湾交往法"显然试图通过推动美台军政官员之间的双向往来，以法律形式白纸黑字、堂而皇之地改变美台关系的性质。按照上面的条款，不但美国官员可以去台湾洽谈公事，台湾官员也可以去美国；不但行政官员可以会谈，军事将领、"国防"官员也可以；不但低级官员可以会谈，高级别的官员也可以。这些条款倘若彻底付诸实施，例如美国邀请台湾当局领导人访美或者美国总统登上台湾岛，美台就完全不是"非官方关系"，而几乎是恢复正式"外交"关系。淡江大学战略研究所副教授、陆委会前副主委黄介正表示，美台"断交"以来美国长期遵循一个中国政策，具体内涵是"一法三公报"即《与台湾关系法》和中美三个联合公报；特朗普签署"与台湾交往法"改变了政策框架，美国的"一中政策"已经迈向"两法三公报"。[3] 应该说，"与台湾交往法"并不像《与台湾关系法》那样内容全面并因而具有基础性作用，将二者完全相提并论、等量齐观有所牵强和拔高。但是，它的确在以法律形式制度化支持台湾方面迈出了重要一步，标志性意义远甚于以往国会通过的没有强制约束力、仅限于表达国会笼统意见的决议案等，潜在危害也极其巨大。正如曾参加 2015 年"习马会"的台湾当局前"国安会咨询委员"、政治大学名誉教授邱坤玄所言："该法涉及的是台美双方官员互访议题，已经突破了《与台湾关系法》界定的非官方关系限制。即使宣称'与台湾交往法'没有法律约束力，但是潘多拉盒子一打开就有向上发展的可能。何况以特朗普不可预测的特质，有了法律依据，随时都可以做出突破性安排，作为遏制中国的筹码。"[4] 在这个意义上讲，"与台湾交往法"的制定毋庸置疑是美国对台政策躁进的一大表现。

如果说"与台湾交往法"的立法过程主要是美国国会推动，特朗普政府某种意义上只是放任、接受，在自动生效前的最后时刻才签署、背书；那么，在其他涉台议题上，白宫则是急不可耐地冲在最前面，躁进特征毕露无遗。

长期以来，很多国际航空公司在台湾与大陆的关系上含混不清，在一个中国原则上打擦边球。4 月 25 日，中国民用航空局给 44 家主要外国航空公司发函，要求其网页、文宣不得将台湾及香港、澳门与国家并列，根据一个中国原则进行整改。这其中包括美国航空公司、联合航空公司、达美航空公司、夏威夷航空公司等美国的航空公司。这是中国在国际社会维护一个中国原则、纠正长期错情以正视听的正常合理做法。多数国家的航空公司都积极配合，在中方提出的整改期内进行了调整，启用"台湾，中国""台北，中国"等名称。

然而，特朗普政府就此做出了几近歇斯底里的躁进反应。5月5日，白宫罕见地专门发布声明。声明诬蔑中国"将政治观点强加于美国公民和私营公司"，是"威胁和胁迫""奥威尔式的胡言乱语"，明确表示"强烈反对中国试图迫使私营公司在其公开的内容中使用带有特定政治色彩的语言"。不仅如此，声明还扩大攻击范围，表示"中国向美国人和自由世界的其他地方输出其审查制度和政治正确的努力将受到抵制"。尤其需要指出的是，声明是以特朗普本人的名义发表，直言特朗普"将会支持美国人抵制中国共产党将中国的政治正确强加给美国公司和公民的努力"。[5] 这份声明语言尖刻，级别极高，立场强硬，并加以引申扩大，是赤裸裸地与中国正面对抗、为"台独"势力撑腰壮胆。"台独"势力自然是"喜在心头"。《自由时报》社论称："这样大动作会起到一种示范作用，把'美国的一中政策'由战略模糊导向战略清晰……尤其是机舰绕台扰台的军事冒进主义。"[6]

在外国与中国建交或复交议题上，特朗普政府的躁进更是前所未有。民进党重返执政以来，从非洲的圣多美和普林西比、布基纳法索，到中美洲和加勒比地区的巴拿马、多米尼加、萨尔瓦多，五个国家与台湾地区断绝所谓"邦交"、与中华人民共和国建交。2018年8月21日，萨尔瓦多与中国正式建交后，美国的反应集中爆发。

23日，白宫发布声明，无限上纲地威吓萨尔瓦多，攻击中国。声明指责萨尔瓦多执政党"在卸任前夕以不透明的方式"做出这项决定，不但影响本国而且影响整个西半球的经济和安全，因此美国要重新评估与该国的双边关系。声明还警告萨尔瓦多，称与中国建交只能带来短期的投资和经济增长，长远看会大失所望。对中国的攻击，则指向对外经济战略，声称"中国经济战略不是建立伙伴关系，而是加重中国的主导地位和别国的依附"，表示美国将继续反对中国"在两岸关系中制造不稳定"，反对中国"在政治上干涉西半球事务"。[7] 9月7日，美国国务院召回驻驻萨尔瓦多、多米尼加大使和巴拿马临时代办，就这些国家与台湾"断交"进行内部讨论。[8] 10月4日，副总统彭斯将中华人民共和国与中美洲和加勒比三国建交纳入对华全面攻击的内容，称"这些行动威胁了台湾海峡的稳定，美国予以谴责"。[9]

白宫的这些攻击毫无道理。萨尔瓦多只是一个经济社会较为落后、渴望自身发展的中美洲小国，对西半球经济安全的影响有限，和墨西哥、巴西、阿根廷完全不是一个量级。最根本的是，该国从自身利益出发，自主做出与中国建立外交关系的政治决断，乃是基于国际法所赋予主权国家的基本权利，美国完全没有任何道理和依据来干涉、妄议。美国与台湾地区"断交"、与中华人民共和国建交已长达40年，现在却阻挠别国步其后尘。这种言行在逻辑上讲不通，在法理上没依据，在政治上玩霸权。长期以来，在中美洲和加勒比地区的国家与中国建交议题上，美国不乏干预、阻挠。巴拿马2017年才与中国建交，美国的长期阻挠是重要因素之一。但因底气不足、师出无名等，美国以往的作梗大多私下进行，较为隐晦，是"静悄悄的外交"模式。在萨尔瓦多问题上，美国如此高调地强词夺理，甚至召回驻弃台国家最高使节的事情从来没过。大陆学者信强认为，这显示美国现在已经从幕后走向台前、赤膊上阵甚至有可能要撕破脸皮。[10]这种"赤膊上阵"再次充分显示了特朗普政府的躁进。

二

台湾问题从一开始产生，就附属于更高层次、更广内容的中美关系。当前的中美关系正经历着巨大的历史性变化。随着中国GDP总量跃居世界第二、达到美国的三分之二，随着中国特色社会主义在习近平为核心的中共中央领导下进入新时期，中美的结构性矛盾日益突出，并在政治、经济、军事、意识形态等方面都不同程度地表现出来。2017年12月，白宫公布特朗普政府任内首份《国家安全战略报告》，对中国做出极其负面的定位，称为"修正主义国家""战略竞争对手""挑战者"，在多个主题下大肆渲染"中国威胁论"。[11]2018年10月，副总统彭斯在哈德逊研究所发表的演讲，诬蔑和攻击中国通过政治、经济、军事、宣传等方式，全面干涉美国内政、扩大自身影响。[12]特朗普政府对中国的这种自以为是的战略认知，导致中美关系进入冷战结束后少有的困难阶段，以至于基辛格都喟叹中美关系再也回不到过去了。《联合报》社论直言："毫无疑问，新冷战开始了。只不过旧冷战是美苏对抗，中美关系正常化，中国迎来百年难得的战略机遇；新冷战是美中对抗，俄国反而是美国要拉拢的对象。"[13]曾在奥巴马政府时期任职于白宫国安会、现为布鲁金斯学会研究员的何瑞恩尽管认为目前的中美关系与冷战时的美苏关系有诸多不同，但也不得不承认："美国总统特朗普与此前历任总统不同，对中国采取越来越零和取向的策略，似乎将致力于阻止中国崛起作为其整体政策的组织原则。"[14]

在这种对华战略下，对美国而言，台湾特有的"价值"再次受到重视。2016 年 5 月以来，民进党及其当局坚持"台独"分裂立场，不承认"九二共识"的历史事实和两岸同属一个中国的核心意涵，破坏了两岸关系和平发展的政治基础。他们进行"渐进式台独"活动，并且纵容"激进台独"势力推动台湾"正名""制宪""加入联合国"公投直至"台独"公投，进行"台湾国家正常化"活动，图谋"台湾法理独立"。两岸关系因此陷入僵局、走向对抗。对美国而言，一个与大陆对抗但又不激进挑衅的台湾，可以掣肘大陆，策应其对崛起中国的打压，服务于其对华新战略。《国家安全战略报告》强调要延续紧密的美台关系，根据《与台湾关系法》满足台湾的"合法"防务需求、吓阻台湾可能遭遇的"胁迫"。特别是，报告尽管提到要遵循"我们的一个中国政策"，但并没有像通常的制式表述一样同时提到中美三个联合公报和《与台湾关系法》，而是只提到后者、没有提到前者。[15]而彭斯在其对华政策演讲中阐述"我们的一个中国政策"时，同时提到中美三个联合公报和《与台湾关系法》，但却只予以"尊重"（respect），而非以往官方表述的"信守"（honor）。[16]黄介正分析，由于美国的首要战略对手从苏联变为了中国，台湾的功能作用发生改变，美国对台政策从冷战时期的"援台反共"演变为了目前的"友台制中"，"台湾的角色从早期的'反共前哨'逐渐成为可以调控美国对中关系、甚至牵引大陆产生转变的'民主伙伴'。如今两岸综合实力对比日益失衡，且在美国准备长期对付中国的部署之下，台湾恰即成为刺激大陆'极效按钮'"。[17]正是基于这样的定位，美国在气势汹汹地对华全面施压的同时，制定"与台湾交往法"，在外国民航公司整改、中美洲和加勒比地区国家外交转向等方面高调与中国对抗，展现出躁进的一面。

特朗普政府内部的官员调整，为强硬的对华政策及躁进的对台政策提供了官僚支持。美国本届政府内部重要官员调整的幅度、频度，远甚于往届政府。首任国家安全事务顾问弗林的任期创下史上最短。《国家安全战略报告》公布后，在不断的调整中，相对温和客观的传统官员被清除出局，特朗普政府基本形成对华强硬派主导关键岗位的决策和执行体系。前任国务卿蒂勒森曾在特朗普政府初期为稳定中美关系发挥了重要作用。为了促成特朗普从与蔡英文通话的做法上回归一个中国政策的轨道，他专门前往白宫，直接说服特朗普，促成了 2017 年 2 月 10 日的"习特通话"，是中美关系得以转圜的关键人物。而其继任者、现任国务卿蓬佩奥任众议员时就在一系列问题上支持台湾，如专门发布声明和推特祝贺蔡英文当选台湾地区领导人，多次投票支持台湾以观察员身份加入国际刑警组织、国际民航组织等。就任国务卿后，蓬佩奥在人事上最不利于中美关系的安排就是逼退东亚暨太平洋事务局代理助理国务卿董云裳。

董云裳长期效力于美国国务院，是传统建制派意义上的职业外交官，从奥巴马政府末期开始代理助理国务卿一职，后来被国务卿蒂勒森提名正式出任该职。在台湾问题上，她能够比较准确地掌握美国长期以来的基本政策框架，中规中矩，温和理性。其相关言行支持台湾但不躁进，能较为充分地考虑中美关系大局，对极端亲台势力的躁动有一定抗压性。2 月 17 日，在参议院就其提名举行的听证会上，极端亲台的参议员卢比奥就国务院、贸易代表署等官方网站在介绍台湾的栏目撤除青天白日旗大做文章，逼迫董云裳表态。董云裳坚持表示，美国不承认台湾是一个"独立的国家"，也不承认"中华民国"是一个与美国有官方关系的"国家"，"我们的政策是不把'中华民国'的'国旗'放在美国官方网站上"，"不放置台湾'国旗'，这不是一个新政策"。[18] 她的这种表态完全符合美国长期稳定的对台政策立场，但却不见容于极端亲台势力，卢比奥公开扬言要竭尽所能阻止她出任的人事案，因为"这个职位需要由理解重新平衡美国与中国的关系，支持台湾，捍卫人权的人担任"。[19]

蓬佩奥出任国务卿后，将外交重点放在亚太地区特别是朝鲜核问题，但却逐渐冷落董云裳，与朝方在平壤、纽约、华盛顿的诸多外交场合都看不到这位代理助理国务卿的角色。转正无望的董云裳被迫在七月底退休。《中国时报》驻华盛顿记者孙昌国评论道："作为职业外交官的她提前退休代表了美国东亚事务、特别是中国政策已经逐渐被强硬派把持，同时也象征着美国的职业外交官在特朗普行政当局下政治凌驾专业的趋势。……董云裳的际遇，不单象征美国东亚政策的巨变，同时也预示着一个复杂多变、更注重贸易战和地缘政治角力时代的来临。"[20] 中国文化大学讲座教授陈一新则认为"董云裳成了反中亲台祭品"："在亲台国会议员眼中'友台'不够坚定，在反中人士看来又'反中'过于软弱。……当下，董云裳的失意反映了特朗普政府在对华政策上的'反中'趋势。……国务院亚太助卿人事行将更迭，不啻是显示特朗普有意在外交政策也与中国对抗。"[21] 这些观察都比较客观。董云裳本来可以起到"踩刹车"的作用，综合平衡各种考虑。而她的离去无疑使得美国对台政策的这种躁进少了关键制约。

在白宫，博尔顿从 4 月 9 日开始担任总统国家安全事务顾问。这位前副国务卿、前驻联合国大使在一系列外交议题上持强硬立场。他曾经在国务院主管军控政策，但却在卸任后主张美国退出《中导条约》。美国有线电视新闻网分析家、国务院前发言人柯比认为，美国退出《中导条约》"非常有可能是博尔顿鼓动特朗普这么做……与博尔顿讨厌多边协议的想法非常符合。博尔顿特别讨厌他认为会限制美国行动自由的协议，他已经逐渐在国安会站稳脚跟，并且将个人观点化为政策"。[22] 博尔顿长期支持台湾，立场之极端已经溢出美国政策框架。2016年1月蔡英文刚当选，他就在《华尔街日报》刊文，主张美国政府在国务院正式接待台湾官员、提升"美国在台协会（AIT）台北办事处"位阶到正式"外交代表团"、正式邀请台湾地区领导人到美国访问、允许美国高官到台湾处理公务，最后是全面恢复"外交承认"。[23] 特朗普与蔡英文通话招致美国战略界主流一片批评，博尔顿却公开力挺，声称台湾符合"国家的定义"，当"民主国家"领袖致电时美国总统就应该接听。2017年，特朗普正式就职前夕，博尔顿又扬言"一中政策"是1972年的事，现在是美国对"一中政策"表达不同看法的时候；强调美台加强军事关系，将有助于制衡北京。[24] 特朗普政府目前在台湾问题上的不少躁进之举，都有博尔顿的影子。他曾经打电话给萨尔瓦多总统桑切斯，警告他不要切断台湾的"外交关系"。这一图谋告败后，暴怒的博尔顿提出对萨尔瓦多采取实质制裁措施，包括取消援助（2017年美国对萨尔瓦多援助1.4亿美元）、对一些官员实施签证限制。

特朗普政府在台湾问题上的躁进，与中美经贸摩擦有高度关联。经贸关系本来是中美关系的"压舱石"，但却被特朗普政府操弄为中美关系的"动荡源"。早在竞选期间，特朗普就抨击中国和其他贸易伙伴对美国的所谓"不公平贸易"，磨刀霍霍。《国家安全战略报告》出炉后，美国对各国的"经贸战"进入实质阶段。中国是美国贸易逆差的主要来源，加之基本经济制度与美国有所不同，因而成为特朗普政府的主要攻击对象。2018年，中美围绕经贸问题边打边谈，双边关系持续紧绷。在此过程中，特朗普政府不时打出"台湾牌"。

按照美国立法规则，"与台湾交往法"不经特朗普签署也会自动生效。在该法送交白宫后，起初特朗普在签署其他法律时也的确没有将其纳入。但2月27日—3月3日，中共中央政治局委员、中央财经领导小组办公室主任、中美全面经济对话中方牵头人刘鹤赴美进行经贸磋商后，特朗普改变做法，赶在自动生效前签署了"与台湾交往法"。中国民用航空局4月25日给外国航空公司发整改函后，白宫在整整十天后的5月5日才以强硬声明回应。而在3—4日，应刘鹤副总理邀请，财政部长努钦为首的美国超豪华高级贸易代表团来北京继续进行双边磋商。特朗普听完代表团返美所做的报告后，就有了白宫在航空公司整改问题上的尖刻声明。显然，他对经贸谈判的进展非常不满意。7月6日，美国宣布对来自中国 340 亿美元的商品加征 25% 的关税。几乎与此同时，7、8 日，两艘"阿利·伯克"级导弹驱逐舰 DDG-89"马斯廷"号和 DDG-65"本福尔德"号穿过台湾海峡。9 月 24 日，美国对 2000 亿美元中国商品正式加征高关税。同一天，美国国防部宣布对台军售 3.3 亿美元。12 月 1 日，中美首脑在阿根廷借 G20 峰会举行会谈，处理经贸问题。而在此前几天，11 月 28 日，美国军舰再次穿过台湾海峡。这些时间上的"巧合"一而再、再而三地发生，颇为耐人寻味。

综观全年，经贸摩擦是中美关系的主轴，而美国在台湾问题上躁进的时间节点与经贸摩擦的节奏高度关联。究其意图，或为经贸摩擦增加素材、扩大内容，或为"惩戒"中国在经贸谈判中让步不够，或为分散中国应对经贸角力的精力，或为形成综合压力。这种关联，其实可以从特朗普在与蔡英文通话后强词夺理的自我辩护中找到根源。在遭遇中国的强烈抗议和美国国内战略界的抨击后，桀骜不驯的特朗普对媒体公开质疑："除非我们与中国达成交易、让他们不得不干点别的（包括在贸易问题上），否则我不知道为什么我们必须受限于一个中国政策。"[25]

三

特朗普政府的躁进政策，给"台独"势力带来极大幻想空间。《中国时报》的一篇社论指出，特朗普与蔡英文通话后，"'独'派就精心为美台关系绘制了一幅美丽的图像，从美台军事合作、国会通过友台法案、军舰泊台、海军陆战队进驻 AIT，仿佛台美重新'建交'、'共同防御条约'再度复活、美国承认'台湾是一个国家'"。[26] 但是，事实上，特朗普政府的对台政策，在躁进的同时也有谨慎的一面，并非肆无忌惮地"挺台"不封顶。

3 月 20—22 日，美国国务院东亚暨太平洋事务局助理国务卿帮办黄之瀚访问台湾。由于这是"与台湾交往法"正式生效后看似有分量的高官首次访台，特别是所谓印太战略相关事务由他负责，因此岛内舆论热议此事，主流媒体都在头版头条大幅报道。然而，事实上黄的层级、重要性毫无突破可言。他 2017 年 12 月 11 日刚刚任职，资历很浅，在东亚暨太平洋事务局的高官中排在末位。或许正因为他是新手，所以东亚暨太平洋事务局将很大程度上还在炒概念、不成形、无抓手、待摸索、非急切的印太事务交付其处理。此次行程也很怪异。黄之瀚并非专程访台，而是从雅加达转道而来顺访。他在台北参加的最重要活动是 21 日出席美国商会 2018 年谢年饭，与其主管范围关系不大。也就是说，他按说不一定要有此次访台行程。一种说法是，黄此访有相当的"私人色彩"，并非完全意义上的公干。在台湾的美国商会会长章锦华是黄在哈佛法学院的同学，在黄 2017 年底涉入亚太工作后，邀请其到"管片"公干时顺道探友。无论黄之瀚访台何以成行，就其本身层级而言，此访难以解读为因为新的"与台湾交往法"而较之以往出现突破。

"与台湾交往法"生效后，马英九时期的台驻美机构负责人沈吕巡曾进行推演，依次列出台湾应争取的具体清单：6 月"AIT 台北办事处"新馆落成，美国派内阁级官员或国务院高层出席；"汉光演习"美国派现役将领带队观摩；台湾地区副领导人陈建仁 9 月率领所谓"加入联合国"宣达团赴纽约活动；蔡英文和台湾地区行政机构负责人赖清德分别在年内或任内访问母校康奈尔大学、哈佛大学，同时访问华盛顿并会晤美国高层；台"外交"、防务部门负责人年内到华盛顿洽公，视察驻美机构；驻美人员可进入现在仍受到限制的美国官署洽公。[27] 其中，定于 6 与 12 日举行的"AIT 台北办事处"新馆落成典礼是美台关系的年度大事，美方出席人员格外引人关注。

"AIT 台北办事处"新址投资 2.16 亿美元，是近年美国国务院在海外兴建的较大馆所。项目 2009 年动工，经历杨甦棣、司徒文、马启思、梅建华四任处长。随着落成典礼临近，杨甦棣兴奋异常，投书《自由时报》，盛赞"内湖新馆将成为凝聚美台关系最新的鲜活象征"，欢呼"21 世纪的 AIT 新馆、献给 21 世纪的美台关系"。[28]5 月 15 日，蔡英文带着外事部门负责人吴钊燮等要员提前参观，以显重视。在黄之瀚难称突破的台湾行之后，美国派何人出席这一"盛典"成为焦点议题。

在华盛顿，国会急欲抓住此次契机，落实刚通过的"与台湾交往法"。参议员卢比奥、科宁、殷霍夫（"台湾连线"主席之一）、贾德纳（外委会亚太小组主席）联名致信特朗普，要求派出阁员出席落成典礼。在台北，沈吕巡盘点了马英九任内美国高官访问台湾的记录，认为"以这样的记录，现在又有了'与台湾交往法'的加持，期盼美国这次派 1 个部长来主持盛典，而后有更多的助理部长（含）以上的官员应业务需要访台，似不为过，大陆也不应该太紧张"。[29]普遍的看法是，美国卫生部长、劳工部长、运输部长、退伍军人事务部长等不具有敏感性，或许可以成为选项。其中，卫生部长 5 月刚在世界卫生大会期间在场外与台湾地区卫生部门负责人会面，美国也一直支持台湾参与世界卫生大会。而运输部长赵小兰是台湾裔。如果这些部长不行，环保署署长等部长级别虽低，但也算阁员级，且以往有访台记录的官员如能出席典礼，也算近年来的重量级了。而在伦敦，《经济学人》甚至大胆预测总统国家安全事务助理博尔顿会出席。

最后出席典礼的是美国国务院主管教育文化的助理国务卿罗伊斯，被台湾媒体以不屑的口气称为"级别上不高不低、又是管文教的"。同为助理国务卿级别，她的分量、意义与地区局的助卿尤其东亚暨太平洋事务局助卿不可同日而语。而且，她的资历很浅，2018年3月30日才就任这一职务。此行也并非专为台湾而来。6月10—23日，她连续访问台湾地区、日本、越南、韩国。换言之，台湾只是其中一站。考虑到其时美台文化交流领域没有重大事件发生，她此次到台湾更像是顺带客串一把。也许，美国国务院是如此考虑的："AIT"新馆落成了，需要有点级别的官员出席；她正好要去亚太地区，顺便就顶了这个缺。陈一新困惑不解地抱怨道：博尔顿出席会给蔡英文当局"带来麻烦，但连一位像运输部长赵小兰等级的官员都没有来台，委实令许多人觉得怪怪的……美方似乎诚意不是很足。究竟是美国认为还没有到打'台湾牌'的时机，还是特朗普认为只要国会多通过几项口惠而实不至的'友台法案'，就算是对蔡政府的'最大贺礼'"。[30] 显然，这样的安排与数月的酝酿、造势尤其"与台湾交往法"生效后的预期有很大落差，显示特朗普政府在提升美台关系方面有谨慎的一面。

截至"九合一"选举，"与台湾交往法"生效半年多之内并没有显著地适用，美台交流层级并无显著突破。难怪沈吕巡叹道："当时（指'与台湾交往法'通过时）我舆论所盼的长串清单，自美方派阁员访台，以至我'总统'过境美东母校、'外交国防首长'赴华府洽公等，到现在一件都没有发生。"[31]

美国海军陆战队是否入驻是围绕"AIT台北办事处"新馆落成的另一个焦点、指标。海军陆战队是美国现役军人，旗下的"安全卫队"（Marine Security Guard）专门负责驻外使领馆内部的安全工作。他们如果进驻"台北办事处"，某种意义上象征着美国军人在美台"断交"后重返台湾、美国变相承认"AIT台北办事处"是"大使馆"。杨甦棣一直鼓吹此事，称自己在任内与出身陆战队的时任美国国防部助理部长葛莱格森通力合作、最终促成。[32] 然而，就在岛内各界引颈以盼时，5月22日，即将离任的"台北办事处处长"梅健华举行记者会，表示新馆的维安将沿用目前的安排。6月12日落成当天，他再次表示，不会透过维安措施说明或彰显政治立场，信义路现址由美籍人员和当地警卫合作维护安全，"这个情况将会沿用到新馆……我们的做法和在世界各地的标准一致"。[33]据美国媒体报道，此后美国国务院仍然尝试提出让海军陆战队进驻的要求，外交安全局和海军陆战队进行了讨论。但最终，到 9 月，国防部长马蒂斯决定拒绝这个要求。国务院不得不表示，新馆会维持原来的安全措施。[34]至此，这一议题暂时告一段落，特朗普政府再次表现出谨慎态度。

类似的例子并不少。美国驻萨尔瓦多、多米尼加、巴拿马等三国的大使或代表，在短暂返回华盛顿后，都很快回到驻在国正常履职。美国一度扬言对萨尔瓦多实施制裁、削减援助，但最后也不了了之。在安全领域，2018 年《国防授权法》就触及美国军舰停泊台湾港口的动议，但迄今没有被行政当局付诸实施。"AIT 主席"莫健公开表达了反对立场，"若美舰停靠高雄，反而让中国乘机发动武力统一"。特朗普政府任内的第二批对台军售无疑违反了中美三个联合公报，但较之以往金额少了、性能也没有提升。尽管董云裳被迫离职，但是国务院、贸易代表署等部门的官方网站上，关于台湾地区的介绍部分仍然明显有别于国家，青天白日旗仍然没有出现。这些表明，特朗普政府在诸多涉台举措上，采取了谨慎的做法。面对现实，"台独"势力不得不承认，特朗普政府没有"剧烈改变对台政策的迹象。换言之，至少目前，美国的对台政策，台湾的追求正常国家，二者之间还存有距离"；美国对台湾的角色设定不过限于"高科技重镇、自由民主政体、印太战略若干领域的要诀、民主的模范、可靠的伙伴、慷慨的捐助者"等。"此时此刻，假使台湾当局出现躁进行动，将直接挑战到中美的利益交集，前功尽弃、得不偿失。"[35]

四

国家之间的利益，往往既有矛盾冲突，又有交叉汇合。正因此，在国际关系中冲突与合作历来是孪生兄弟，对抗与谈判也从来没有分开。除了战争时期，任何一个国家对他国的政策，鲜少毫无顾忌的全然敌对。大国之间尤其如此。中美是当代国际社会最主要的两个大国，双方在建交四十年来的发展中早已深度融合，在重大国际和地区问题上更是互为无法抛开的重要伙伴。特朗普政府纵然将中国定位为"战略竞争对手""主要威胁"，但是也无法回避双方现实的合作需要。目前，中国在朝核问题上不言自明的地位和作用，美国尤其不得不高度重视。朝核问题延续多年，历经美国多届政府，更为特朗普高度重视。这既是由于朝鲜核导能力已经有了相当的发展，被美国视为对其本土的威胁；也是由于特朗普好大喜功，力求任内办成其他总统长期以来一直想办但没有办成的事情。6 月 12 日，特朗普与金正恩了举行历史性峰会。峰会前后，掌权多年但从未访华的金正恩在短短几个月内多次访问中国，足以证明中国在朝核问题中的角色。正因此，特朗普政府在对中国的施压中，不得不有所忌惮。毕竟，一旦中国被逼到墙角、退无可退，中美走向激烈对抗，双方在朝核问题上的合作将无从谈起。正如卜睿哲所言："特朗普将朝鲜问题置于优先顺位。他能带领美国在与中国对抗的路上走多远，将因此而受到束缚。"在他看来，特朗普有可能会"牺牲"台湾的利益来换取中国在贸易、朝鲜等重要问题上做出让步；或者，因为害怕北京不快、并拒绝在朝鲜等问题上与美国合作，而不采取支持台湾的措施。[36] "AIT 台北办事处"新址举行落成典礼的当天，恰逢特朗普与金正恩在新加坡举行历史性的会晤。这成为美国没有派遣高级官员出席典礼的重要原因。显然，博尔顿或者某位内阁级官员出席典礼，将招致中国方面的激烈反应，美朝峰会将陡增变数。孰轻孰重，精于算计的特朗普自然清楚。

实际上，特朗普个人对台湾本身的兴趣并不大，在"美国第一"的旗帜下并不重视台湾。他在竞选总统期间，只提到台湾一次，还是就经济议题批评台湾。这位"推特"总统累计几万条的推特中，只有 4 次提到台湾。两次是 2011 年 10 月 18 日、11 月 18 日，内容雷同，都是批评奥巴马政府延宕台湾采购 66 架 F16–C/D 战斗机；两次是 2016 年 12 月 2 日，"广而告之"与蔡英文通话并为此举辩护。《华盛顿邮报》知名记者伍德沃德在其新书《恐惧：白宫中的特朗普》一书披露，1 月 19 日，在白宫战情室的会议上，讨论韩国问题时特朗普颇为不满地发问："我们在朝鲜半岛维持庞大军力部署，得到了什么？"紧接着，他主动问："有甚于此的是，我们保护台湾能得到什么？大家说呀？！"这一问，足见特朗普涉台政策上也是首先核算成本与收益。对他而言，在支持台湾方面，喊喊口号、发发声明、做点口惠而实不至的姿态可以，真要付出经济、外交、政治成本时，就要看值不值得、能得到什么。这也可以解释为何特朗普签署"与台湾交往法"但却在付诸实施上谨慎务实。在他的谋划中，台湾更多的还是施压中国大陆的筹码。

大陆学者邵育群认为，目前的美国对华及涉台政策存在"三种逻辑"，除了特朗普本人的逻辑，还有两党建制派的逻辑、国会的逻辑。的确，从官僚政治的角度剖析，特朗普政府内部决策执行部门间的折冲相当程度上限制了特朗普政府对台政策的躁进，使之呈现了谨慎的特征。在海军陆战队进驻"AIT 台北办事处"的议题上，国防部长马蒂斯以"资源有限"为由拒绝了国务院的要求。而在帮助台湾维系"邦交国"上，国务院又反对总统国家安全顾问博尔顿制裁萨尔瓦多的提议，担心如此行事将导致萨尔瓦多不愿意协助美国阻止非法移民的流入；而且巴拿马和多米尼加与台湾"断交"后美国没有什么负面反应，现在单单惩罚萨尔瓦多有失公平。最终，国务院的意见占了上风。卜睿哲的观察是，以往政府中存在的对台政策制度化和一体化的决策实施过程现在不复存在，特朗普政府没有以连贯的和战略的方式来界定美国的涉台国家利益，不同机构倾向于不同的政策取向。[37]

五

2018年11月，美国举行了中期选举，台湾也举行了"九合一"选举。对特朗普和蔡英文的"期中考试"过后，美国和台湾内部的政治生态都发生了不同程度的变化。

邵育群认为美国对台政策存在不确定性，原因包括特朗普本人个性、美国国内政治。她指出，在危机状态下，"总统个人的判断力、性格特质将对美国的政策回应产生决定性的影响……如两岸间有危机发生，特朗普总统的个人反应存在较大的不确定性，并因此影响到美国政府的政策回应"。台湾地区"九合一"选举之后，岛内政治生态、民意发生显著变化。尽管如此，蔡英文仍然顽固地认为此次选举中"人民并没有在两岸政策的议题上做出选择，或是有重大的改变"；因此，"我们维持现状的政策仍然不变"。蔡英文当局拒不调整两岸政策，其本人在民进党和"绿营"的地位又受到"激进台独"势力的挑战，2020年台湾地区领导人和民意代表选举也即将展开——凡此，都使得未来两岸关系潜伏危机。一旦发生某种危机，特朗普如何回应、美国因素扮演什么角色，的确有很大不确定性。

台湾学者叶晓迪从"弃台论"切入，比较了奥巴马政府和特朗普政府的对台政策，认为后者属于"激进式修正"，变化幅度大，"既能快速将台湾牌的价值提升至极致，亦能通过议题转移使台湾问题迅速降温"。据此，他预测："在特朗普未来的任期中，台湾问题将因中美大国关系好坏而保持呈现大起大落的状态……台湾地区的定位变化将落在'台湾牌'的极大化与边缘化之间。"[38]综合《国家安全战略报告》出台以来甚至特朗普当选以来的形势发展，特朗普政府的对台政策在躁进与谨慎之间运行。顺着这样的轨迹，该政策未来确实有着较大不确定性。如果经贸等特朗普更关注的议题妥善解决，中美关系大局因而整体稳定，那么特朗普政府的对台政策可能偏向谨慎一端，所谓"印太"战略或倡议下的台湾问题，可能如奥巴马政府的"亚太再平衡"一样处于相对静默的状态。反之，如果经贸等议题久拖未解，中美关系持续紧绷、走向恶化，那么特朗普政府的对台政策可能偏向躁进一端，大手笔打"台湾牌"，出现类似与蔡英文通话的恶性事件，导致中美关系和台海局势动荡不宁。特朗普后半任期尤其台湾地区2020年选举前的美国对台政策更值得观察。

注释：

[1] 郭拥军：《颠簸的"一个中国"：特朗普政府对台政策初探》，《台湾研究》2017年第2期，第12-19页。

[2] *Taiwan Travel Act*, https://www.congress.gov/bill/115th-congress/house-bill/535。访问时间：2018年4月1日。

[3] 黄介正：《当美国的一中迈向两法三公报》，《中国时报》2018年3月21日，A14。

[4] 邱坤玄：《两强对抗下的小国智慧》，《联合报》2018年3月25日，A12。

[5] "Statement from the Press Secretary on China's Political Correctness", https://www.whitehouse.gov/briefings-statements/statement-press-secretary-chinas-political-correctness/。访问时间：2018年5月7日。

[6] 《中国霸凌台湾反而巩固独立现状》，《自由时报》2018年5月9日，A2。

[7] "Statement from the Press Secretary on El Salvador", https://www.whitehouse.gov/briefings-statements/statement-press-secretary-el-salvador/。访问时间：2018年8月25日。

[8] "U.S. Chiefs of Mission to the Dominican Republic, El Salvador, and Panama Called Back for Consultations", https://www.state.gov/r/pa/prs/ps/2018/09/285792.htm。访问时间：2018年9月9日。

[9] "Remarks by Vice President Pence on the Administration's Policy Toward China", October 4, 2018, https://www.whitehouse.gov/briefings-statements/remarks-vice-president-pence-administrations-policy-toward-china/。访问时间：2018年10月6日。

[10] 《陆外交部吁"美勿忘承认一中"》，《中国时报》2018年9月11日，A9。

[11] The White House, "National Security Strategy of the United States", December 2017。

[12] "Remarks by Vice President Pence on the Administration's Policy Toward China", October 4, 2018, https://www.whitehouse.gov/briefings-statements/remarks-vice-president-pence-administrations-policy-toward-china/。访问时间：2018年10月6日。

[13] 《美军台海亮剑，新冷战开始》，《联合报》2018年10月30日，A2。

[14] 何瑞恩：《冷战再临？》，《自由时报》2018年11月4日，A7。

[15] The White House, "National Security Strategy of the United States", December 2017, p.47.

[16] "Remarks by Vice President Pence on the Administration's Policy Toward China", October 4, 2018, https://www.whitehouse.gov/briefings-statements/remarks-vice-president-pence-administrations-policy-toward-china/。访问时间：2018年10月6日。

[17] 黄介正：《从"援台反共"到"友台制中"》，《联合报》2018年9月27日，A13。

[18] 《美东亚事务助理国务卿提名人董云裳：官网撤中华民国国旗是政策》，《中国时报》，2018年2

月 17 日，A3。

[19] https://twitter.com/marcorubio/status/997120123164135424。"Without Rex Tillerson＇s protection, a top State Department Asia nominee is in trouble"，https://www.washingtonpost.com/news/ josh-rogin/wp/2018/03/15/without-rex-tillersons-protection-a-top-state-department-nominee-is-in-trouble/?noredirect=on&utm_term=.9e30057a28d0。访问时间：2018 年 11 月 4 日。

[20] 《对陆鹰牌出头，董云裳被退休》，《中国时报》2018 年 7 月 2 日，A3。

[21] 陈一新：《董云裳成反中亲台祭品》，《中国时报》2018 年 7 月 3 日，A14。

[22] What is behind Trump＇s decision to ditch a decade -old arms control treaty"，https://edition.cnn. com/2018/10/21/politics/trump-russia-inf-treaty-decision/index.html。访问时间：2018 年 11 月 20 日。

[23] John Bolton, " The U.S. can play a ＇Taiwan card＇"，https://www.wsj.com/articles/the-u-s-can-play-a-taiwan-card-1453053872。访问时间：2016 年 1 月 25 日。

[24] John Bolton, "Revisit the ＇ One-China policy＇"，https://www.wsj.com/articles/revisit-the-one-china-policy-1484611627。访问时间：2017 年 1 月 20 日。

[25] "Trump Suggests Using Bedrock China Policy as Bargaining Chip"，https://www.nytimes. com/2016/12/11/us/politics/trump-taiwan-one-china.html?_ga=2.73229139.1764637468.1543886199-1410653682.1542167258。访问时间：2016 年 12 月 15 日。

[26] 《不独就是反独，海阔天空》，《中国时报》2018 年 5 月 27 日，A15。

[27] 沈吕巡：《台旅法开始见真章》，《中国时报》2018 年 3 月 20 日，A14。

[28] 杨甦棣：《21 世纪的 AIT 新馆，献给 21 世纪的美台关系》，《自由时报》2018 年 4 月 22 日，A6。

[29] 沈吕巡：《AIT 乔迁，台湾别兴奋、大陆别紧张》，《中国时报》2018 年 4 月 24 日，A14。

[30] 陈一新：《AIT 入新厝，美国贺礼缩水》，《中国时报》2018 年 6 月 13 日，A14。

[31] 沈吕巡：《只是川普货架上的商品？》，《联合报》2018 年 10 月 24 日，A15。

[32] 杨甦棣：《21 世纪的 AIT 新馆，献给 21 世纪的美台关系》，《自由时报》2018 年 4 月 22 日，A6。

[33] 《陆战队入驻？梅健华：和世界各地标准一致》，《自由时报》2018 年 6 月 13 日，A2。

[34] "State Department risks China's ire with request for US Marines in Taiwan"，https://edition.cnn. com/2018/06/29/politics/state-taiwan-marines-request/index.html。访问时间：2018 年 7 月 2 日。 "Pentagon turns down request to send US Marines to Taiwan"，https://edition.cnn.com/2018/09/13/ politics/taiwan-pentagon-marines-request/index.html。访问时间，2018 年 9 月 15 日。

[35] 《美国对台政策还是一个 "稳"字》，《自由时报》2018 年 11 月 2 日，A2;《善用台美利益交集》，《自由时报》2018 年 10 月 3 日，A2。

[36] Richard Bush, "What Taiwan can take form Mr. Pence＇s speech on China"，https://www.brookings. edu/blog/order-from-chaos/2018/10/12/what-taiwan-can-take-from-mike-pences-speech-on-china/。 访问时间：2018 年 10 月 14 日。

[37] 《美专家卜睿哲批评特朗普政府对台政策混乱》，http://www.crntt.com/doc/1050/8/4/9/105084951. html?coluid=7&kindid=0&docid=105084951&mdate=0530125230，访问时间：2018 年 11 月 20 日。

[38] 叶晓迪:《美国"弃台论"的理论辨析：兼论特朗普时代美国对台政策的可能走向》,《台湾研究》2018 年第 3 期，第 14-25 页。

（郭拥军：中国现代国际关系研究院研究员）

"实用主义的过客"：
台湾青年在大陆社会融入的指标建构
与现状评估 *

陈　超　蔡一村　张遂新

引言

近年来，随着两岸关系和平发展进程的巩固和深化，越来越多台湾青年都有了在大陆求学、就业的经历。正如习近平所指出，"两岸青少年身上寄托着两岸关系的未来"，作为充满活力和希望的"两岸使者"，这些台湾青年不仅是两岸彼此认识和联结的重要纽带，更将在两岸关系未来发展中起到不可或缺的作用。但遗憾的是，当前对于在大陆台湾青年群体的研究尚显缺乏，我们并不确切知晓他们能否融入大陆的生活，又在哪些方面需要帮助，而本研究即试图实际了解台湾青年在大陆社会融入的基本状况，以期对今后进一步做好在大陆台湾青年工作有所助益。

为达成上述研究目的，本研究建构了一套包括"发展融入""生活融入""文化融入""心理融入"等四个维度、共十八个指标在内的指标体系，旨在对台湾青年在大陆社会融入状况进行专门评估。通过问卷调查，本研究得出两点基本结论：第一，台湾青年在大陆社会融入大多从工具性的需要出发，并缺乏扎根意愿。因此，他们是一群"实用主义过客"。这一特征在四个维度上的具体表现分别是：在发展融入上，他们意愿高，但渠道少；在生活融入上，他们能适应，但不参与；在文化融入上，他们能接受，但不认同；在心理融入上，他们有关切，但无归属。第二，台湾青年在大陆社会融入的过程，并不简单依循"从经济到身份"的线性发展模式，而是在多维度上同时展开。

一、文献综述

从研究对象上看，有关社会融入的先行研究主要聚焦于农民工与海外华人这两大群体。这些研究的核心关注点在于农民工的城市融入问题与华人在移居国的融入问题。然而，针对台湾青年在大陆社会融入状况的研究较为罕见。下面将对这三类有关社会融入的研究进行简要的回顾与总结，以期为本文理论框架的建构提供基础。

（一）农民工：城市融入

概括而言，有关农民工城市融入的问题主要有两类研究：一类是有关农民工城市融入"是什么"的研究，集中探讨城市融入的程度与状况；另一类则是有关农民工城市融入程度"为什么"的研究，重在挖掘影响城市融入程度的不同因素。

在第一类研究中，如何构建出一套测量农民工城市融入的指标体系成为许多文章关注的重点。总的来看，尽管各个研究者在城市融入的具体指标设定上颇有争议，但是在几个基本维度上存有共识。这几个维度分别是经济融入、社会融入、制度融入与文化心理（身份）融入。[1]有趣的是，学者们基于这些相似的测量维度进行研究，却得出了不同的结论。一个较为普遍的观点是，当前新生代农民工与他们的父辈没有大的差别，整体城市融入状况并不理想。[2][3][4][5][6][7]然而，通过对安徽搓澡工的深入调查，赵莉指出，当前城市部分农民工的经济适应性良好，通过老乡之间的"强关系"以及他们同客户之间的"弱关系"，他们甚至能够在一定程度上完成在城市中的社会交往适应。[8]

在第二类研究中，先行文献主要从企业、社区、社会环境与制度环境四个方面来分析对农民工城市融入状况的影响。从企业出发的研究发现，工人劳动时间与城市融入状况呈现显著的负相关，[9]而适当的员工帮扶计划则有利于推动农民工城市融入的进程。[10]从社区出发的研究提出了许多令人耳目一新的观点。罗竖元指出，社区的开放性、接纳度与共享性文化对于农民工城市融入都有显著的正向作用。[11]徐延辉、罗艳萍将社区作为一个主体，把社区文化进一步整合进了"社区能力"的概念之中，更加系统地阐释了社区对农民工城市融入的影响。[12]与关注微观企业与社区因素的研究不同，关注宏观制度环境与社

会环境的研究指出，广泛的社会信任、社会距离与制度排斥才是影响城市融入的关键因素。[13][14][15]

综上所述，虽然有关农民工城市融入的研究成果丰硕，但是在融入程度以及影响因素这两大问题上并没有形成较为一致的看法。这其中最为重要的原因或许是样本选择的问题。先行研究一个较为普遍的做法是，以一省、一市甚至是一个行业作为抽样总体，从而使得结论的外部适用性受到局限，最终导致不同研究之间的争议大于共识。但值得充分肯定的是，先行研究在有关"社会融入"的测量上实现了较为一致的观点，为本文指标体系的建立提供了有力的依据。

（二）华人：移居国融入

海外华人群体是有关社会融入问题的又一重要研究对象。围绕这一群体的核心研究问题是，海外华人融入当地社会所面临的问题有哪些？一般来说，海外华人是如何融入当地社会的？

董庆文与陈迅通过对中国留美大学生的研究发现，中国留学生在当地文化适应主要面临三个挑战，即学习方法的差异性、自我管理与发展的难题以及沟通技巧的缺乏。[16] 显而易见的是，由于研究对象的特殊性，以上三种挑战并不能概括所有海外华人在地融入所面临的全部问题。在某种程度上，如果我们可以把留学生看作海外精英华人群体构成之一的话，那么对于更多的非精英华人来说，他们在地融入面临的首要问题是如何将不同形式的非法身份合法化。[17] 在这一过程中，合法化进程的难易直接与当地政府政策相关。在对荷兰、印尼华裔群体的研究中，李明欢曾明确指出："如果所在国政府对当地华侨华人基本上采取不歧视、不排斥的政策，那么移民家庭在三代之后大多自然而然地认同于当地。可是如果当地政府采取排外主义，或一厢情愿地强迫加速同化，其结果只能是（1）迫使有能力、有可能再移民者远走高飞；（2）从反面唤醒并强化已植根于当地者的'祖籍国'意识，造成华裔心灵上的扭曲。"[18]

由此可见，如何破解难题，令海外华人实现在地融入并非易事。对于如何实现在地融入这一问题，一个较为普遍的共识是，海外华人通过构建丰富密集的社会网络来实现资源的共享与互助，从而帮助华人群体融入当地社会。[19][20][21] 社会网络的构建基础是多元的，它既包括传统的亲缘与乡缘，[22][23] 也包括现代性的业缘，甚至是源于对某种政权的认同。[24]

总之，海外华人的社会融入问题与农民工的城市融入问题差异巨大。对于海外华人而言，他们不仅需要面临相似的经济融入的问题，更要在政治、语言、文化、心理等方面经历更大规模、更高程度的调试与适应。因此，二者对比来看，海外华人的在地社会融入问题更多的围绕"群体文化"展开，而农民工的城市融入问题则更多的围绕"公民权利"展开。

（三）台湾青年：大陆融入

与农民工与海外华人相比，台湾青年在大陆的社会融入问题因兼具二者的特征而与众不同。一方面，在"一中框架"下，台湾青年移居大陆是在一国境内的迁移，他们在大陆的升学、就业与创业问题都与"公民权利"紧密相关；另一方面，两岸当前特殊的形势以及两岸在政治、经济、社会文明和价值取向等各方面的差异，使得台湾学生在大陆同样会遇到与海外华人相似的"文化冲击"。因此，台湾青年在大陆的社会融入问题具有更高程度的复杂性。遗憾的是，绝大多数的研究聚焦于青年的身份认同问题，[25] 而鲜有学者对这一复杂问题进行深入探讨。[26]

张宝蓉与王贞威的研究可以看作大陆学者在这一问题上的开创之作。在这一研究中，二位学者围绕台湾学生在大陆的社会适应性、满意度、适应策略以及问题成因等内容进行了探讨。[27] 无疑，该研究对于后续研究具有巨大的启发意义，而文章中存在的一些问题也为后续研究保留了进一步发展的空间。首先，对台生社会适应的考察不够全面，缺乏系统性的测量指标；其次，以被访人主观判断（如"很难适应""比较难适应"）为基础的测量在相似选项之间不稳定，从而在不同时期获取的数据容易产生偏差。段皎琳针对珠三角青年台商群体的研究，通过构建一个相对完整的测量体系在一定程度上弥补了以上不足。[28] 但是，由于该研究关注对象的特殊性，因此，并不能反映在大陆台湾青年的整体状况。

综上所述，有关农民工城市融入与海外华人在地融入的研究，不仅为台湾青年在大陆社会融入指标体系的构建提供了扎实的理论基础，更为理解台湾青年在大陆社会融入问题的复杂性本质提供了重要的比较群体。这在当前指标体系缺失、青年群体选取偏颇的研究现状下，具有重要的借鉴与启示意义。因此，如果说当前有关台湾青年在大陆社会融入研究的不足提出了本文研究的必要性，那么针对农民工城市融入与海外华人在地融入的研究则为下文的展开提供了可能。

二、研究框架

（一）概念界定

关于什么是"社会融入"，国内外学者有着不同的看法。英国著名社会学家吉登斯认为，"融入"意味着公民资格，即公民所拥有的实质性的民事、政治权利与相应的义务；[29] 柯林斯认为，社会融入是一种关于社会如何整合与和谐的理论，关注的是如何令社会成员在遵守社会规范与法律的前提下充分参与社会；[30] 而帕森斯则指出，"融入"不是让个人去适应已经存在的补缺性或支持性的制度安排，而是要确保制度安排能够满足所有人的合法参与需求和希望从国家制度安排中受益的愿望。[31] 国内人口研究学者杨菊华则更加具体地指出，"融入"指的是流动人口对流入地主流社会体系在经济、行为、文化和观念上的融入。[32]

从以上的不同理解可以看出，社会融入是一个内容涵盖丰富的复杂概念。在价值上，它不仅意味着公民公平地享有权利，同时也意味着不被排斥地进行社会参与；在内容上，它不仅强调经济上的整合，更强调在文化、观念与心理上的认同。鉴于此，本文认为，社会融入指的是某类流动人群在流入地公平享有、参与并能够正面认同当地生活的状态。针对在大陆台湾青年而言，社会融入指的是台湾青年公平享有、参与并能够正面认同所在大陆城市生活的状态。

（二）指标建构

根据以上各派学者的基本观点以及本文对"社会融入"概念的基本定义，本研究认为，在陆台湾青年的"社会融入"至少应当包括以下四个维度的内容：发展融入、生活融入、文化融入与心理融入。

发展融入指的是台湾青年在大陆就学与就业的机会获得与个人价值实现的状况。当前，台湾青年主要通过访问、交换、攻读学位以及创业就业的形式进入大陆社会。在这一过程中，机会获得的多寡关系到台湾青年能否"进的来"，而个人价值实现情况的好坏则影响到台湾青年能否"留得住"。因此，发展融入这一维度是台湾青年在大陆社会融入的根本性问题，直接关系到他们能否在此展开长期的生活。如果台湾青年能够在大陆获得更多的就学与就业机会、职业成就与职业发展前景，则意味着他们在个人发展层面上较为成功地融入当地社会，反之则意味着他们在个人发展方面存在问题。本研究通过三个权重相同的指标对这一维度进行测量，这三个指标分别是：就学／就业机会、职业发展、

长期在大陆学习 / 工作意愿。

生活融入指的是台湾青年在大陆居住城市中人际交往、生活资讯、社区活动等方面的了解和参与程度。具体说来，这一维度由四个权重相等的指标构成：人际交往、日常生活、组织参与以及后代期望。人际交往指的是台湾青年在大陆与同事以及朋友之间关系的情况；日常生活考察的是台湾青年在大陆的婚恋、消费、居住习惯以及新媒体使用的情况；组织参与主要测量的是台湾青年对所属居住社区信息了解与活动参与的情况；后代期望指的是台湾青年对于是否支持后代在大陆发展的意愿情况。

文化融入指的是台湾青年对在大陆居住城市的语言、风土人情、社会理念与社会规则等方面的接受程度。虽然不可否认的是，大陆与台湾共享"五缘文化"[33]，但是由于两岸长期分离，并且在政治与经济发展上均处于不同的阶段，亦受到不同外来文化与本地文化的影响，所以我们不能简单地认为当代的台湾青年能够在文化上自然而然地融入大陆社会。因此，在考察台湾青年在大陆社会融入程度时，文化融入也是不可或缺的一个重要组成部分。该维度由六个权重相等的指标构成。这六个指标分别是：对语言、服饰、饮食、价值观、节日风俗、非正式社会规则的接受程度。

心理融入指的是台湾青年对所在大陆居住地的心理归属感。在以往的研究中，大多数学者将"身份认同"而非"心理融入"作为考察社会融入的一个重要维度，并且以"你是否认为自己是 ** 人？"为具体的测量问题。[34] 显而易见的是，身份认同是一种由多方力量共同建构起来的个体认知，是一个个体长期的社会化过程。然而，对于绝大多数的台湾青年来说，他们在大陆的居住时间往往并不长久。因此，本研究认为，对于大陆进城务工人员，以"身份认同"作为考察他们社会融入的一个重要维度或许是合理的，然而对于在大陆的台湾青年而言，这一维度并不具有测量效度。本研究从五个方面对"心理融入"进行测量：对当地新闻事件的关心度、未来离开后重新返回本地的意愿度、为城市公共事务付出的意愿度、长期居住的意愿、是否认为自己是城市的一部分。以上五个指标权重相等。

综上所述，本研究认为，台湾青年在大陆社会融入状况的指标体系由四个维度、共十八个指标构成（见表 1）。那么，根据这一指标体系进行测量，当前台湾青年在大陆的社会融入状况如何呢？下文将对这一问题进行解答。

表 1：台湾青年在大陆社会融入状况指标体系

概念	4 个维度	18 个指标
社会融入	发展融入	就学 / 就业机会
		职业发展
		长期在大陆学习 / 工作意愿
	生活融入	人际交往
		日常生活
		组织参与
		后代期望
	文化融入	语言
		服饰
		饮食
		价值观
		节日风俗
		非正式社会规则
	心理融入	当地新闻事件的关心度
		离开后重新返回本地的意愿
		为城市公共事务付出的意愿
		长期居住的意愿
		是否认为自己是城市的一部分

三、研究方法

台湾青年在大陆的社会融入状况如何？本研究通过问卷调查的方法尝试对这一问题进行回答。此次问卷的发放与回收工作通过现场发送与网络调查两种途径完成。现场发送的问卷主要在厦门市完成；网络问卷开放填写的时间为2016 年 7 月 28 日至 10 月 17 日，通过两种方式共回收问卷 271 份，剔除 40 岁以上的样本以及漏答的问卷，共收集有效问卷 213 份。

从抽样的方式来说，本研究所使用的现场发送近似于方便抽样；而网络调查则更近似于滚雪球抽样，即首先寻找一定数量符合条件的台湾朋友，以他们作为初步的调查对象，待完成调查后请求他们将问卷通过手机转发给相关友人。需要指出的是，无论是方便抽样还是滚雪球抽样都属于非概率的抽样方法，以此方法获取的样本使研究者无法对抽样误差进行确认，因此并不能在统计意义上确保样本的代表性。本研究采用非概率抽样的主要原因在于，我们无法获得一个关于总体的完整清单。从本文的研究问题出发，年龄在 18 到 40 岁之间来过大陆的所有台湾青年共同构成了研究对象总体，而我们几乎不太可能获取关于这一总体的完整清单，更无法在此基础上进行概率抽样。不过幸运的是，从基本的背景与人口学特征上来看（见表 2），本研究最终获得的样本并没有表现出明显的偏误（bias）。

表 2：样本基本变量描述性分析

指标	比例（频数）	指标	比例（频数）
性别		**在陆累计居住时间**	
男	54 (115)	1 年以下	25.82 (55)
女	46 (98)	1—4 年	26.29 (56)
年龄		4—7 年	11.27 (24)
18 岁及以下	5.63 (12)	7 年以上	36.62 (78)
19—29 岁	75.12 (160)	**政治倾向**	
30—39 岁	19.25 (41)	泛蓝	25.35 (54)
婚姻状况		泛绿	4.69 (10)
已婚	7.98 (17)	中立	42.25 (90)
未婚	91.55 (195)	不表态*	27.70 (59)
离异	0 (0)	**族群**	
丧偶	0.47 (1)	外省人	23.94 (51)
受教育程度		闽南人	64.32 (137)
初中及以下	0.47 (1)	客家人	6.57 (14)
高中	4.69 (10)	少数民族	2.82 (6)
专科	0.94 (2)	新住民	2.35 (5)
大学	55.87 (119)	**在台湾原居地**	
研究所	38.03 (81)	北部	76.53 (163)
		南部	19.25 (41)
		东部	2.35 (5)
		离岛	1.88 (4)

* 需要说明的是，政治倾向指标中选择"泛绿"频次较低。鉴于研究者的大陆背景，很可能有相当一部分"泛绿"样本选择了"不表态"项。以上表格自制。

在问卷数据编码方面，由于社会融入指标体系中各个维度以及各个维度内部的各个指标之间的权重相等，因此，台湾青年在大陆总体社会融入的程度可以通过对四个维度的取值进行简单相加获得。同理，关于青年在单个维度上的融入程度，也可以通过对该维度内部各个指标取值进行简单相加获得。以此方法将问卷进行数据编码后经计算得出，在本研究中，发展融入维度的取值区间为 [4,22]，生活融入维度的取值区间为 [10,52]，文化融入维度的取值区间为 [6,30]，心理融入维度的取值区间为 [5,25]。因此，总体社会融入指标的取值区间为 [25,129]。

在对问卷进行数据编码的基础上，为了进一步考察本研究样本数据的总体特征与问卷测量质量，研究者依据 213 个样本在总体社会融入程度以及四个维度融入程度的取值分别绘制了箱线图（如图 1、图 2 所示）。总的来看，图 1 与图 2 中的箱线图呈现出以下几个特征：第一，异常值出现频数较低；第二，以各取值区间为参照，每个箱线图中的最大非异常值与最小非异常值距离相对较短；第三，矩形盒以中位线为界基本呈对称分布。由此可见，本项研究的测量结果没有明显的偏误，并且具有较好的测量信度（reliability）。综上所述，虽然本研究在抽样方法上有一定的局限性，但由于所获样本并未表现出明显的偏误，并且问卷测量具有较好的信度，因此，本文对台湾青年在大陆社会融入状况的考察可以看作一项初步、但具有一定参考意义的探索性研究。

图 1：总体社会融入程度的样本箱线图

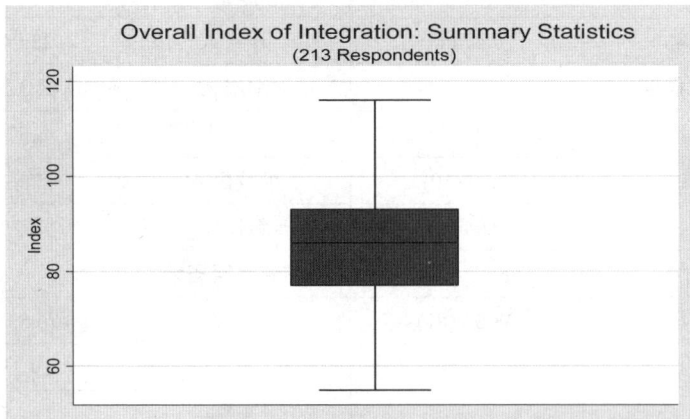

图2：四个维度融入程度的样本箱线图

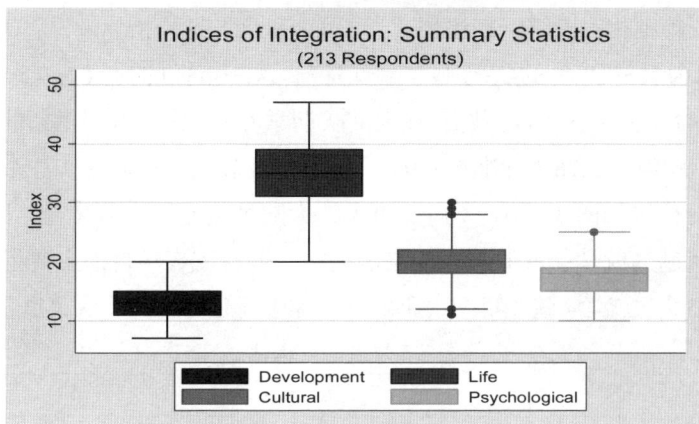

注：以上图表自制。

四、实证结果

由上文可知，总体社会融入程度的取值区间为 [25,129]。如果我们按照社会融入程度"非常低""比较低""一般""比较高""非常高"来进行划分的话，那么以上五种不同程度社会融入的取值区间分别是：[25.00,45.80][45.80,66.60][66.60,87.40][87.40,108.20][108.20,129.00]，数值越大表示社会融入程度越高。本次调查所获样本在整体社会融入程度的均值为86（标准差11.90）。因此，我们大体上可以认为，当前台湾青年在大陆的总体社会融入程度一般。沿用以上对融入程度进行五类划分的逻辑，下文将对发展融入、生活融入、文化融入与心理融入四个维度分别进行讨论。

首先，在发展融入方面，该维度的取值区间为 [4—22]，数值越大表示台湾青年在大陆能够获得越优良的就学、就业与职业发展前景。本次调查所获样本在发展融入这一维度的均值为12.95（标准差2.35）。也就是说，当前台湾青年在大陆的总体发展融入状况一般，并且在"非常低"与"比较低"方面表达出了略微强烈的倾向。在"就学/就业机会""职业发展"与"长期在大陆学习/工作意愿"这三个指标中，"就学/就业机会"的获值最低。该指标的取值区间为 [1—7]，均值为1.63（标准差0.95），该均值落在"非常低"的区间中。通过对回收问卷的进一步分析可以发现，台湾青年获得就学/就业资讯的管道比较单一，可能是影响台湾青年就学/就业机会的一个重要原因。从问卷的回答情况来看，当前台湾青年的就学/就业资讯主要通过"朋友介绍"的方式获得，

而其他获得就学 / 就业资讯的途径，如"单位招聘""网络与新媒体"和"自行投递简历"等则相对匮乏。相比"就学 / 就业机会"这一指标来说，"职业发展"（取值区间为 [2—10]）的状况则"比较高"，这一指标的均值为 7.56（标准差 1.42）；同时，台湾青年也更愿意在大陆长期学习 / 工作，这一指标的取值区间为 [1—5]，均值为 3.76（标准差 0.99），落在"比较高"区间中（三个指标融入程度的相对位置如图 3 所示）。由此可见，大陆虽然能够为台湾青年提供公平，甚至比较优越的就学、就业与职业发展前景，但台湾青年目前主要依靠各自人际关系网络获取就学 / 就业机会，仍缺乏更加多元化的信息获取渠道。

图 3：发展融入指标

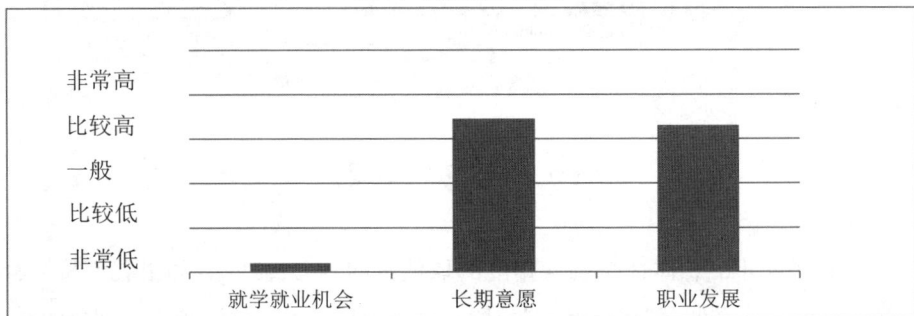

注：图表自制。

其次，在生活融入方面，该维度的取值区间为 [10—52]，数值越大表示台湾青年越能够适应在大陆的生活。本次调查所获样本在生活融入维度的均值为 34.70（标准差 5.96），因此当前台湾青年在大陆总体的生活融入状况一般。值得注意的是，尽管无一例融入程度"非常低"的样本，但融入程度"比较低"的样本占了总体的 10.33%。进一步考察四个指标可以发现，台湾青年在"人际交往"指标（取值区间为 [5—23]）的均值为 16.62（标准差 2.91），在"日常生活"指标（取值区间为 [2—14]）的均值为 9.67（标准差 2.70），在"组织参与"指标（取值区间为 [3—15]）的均值为 8.50（标准差 3.07），在"后代期望"指标（取值区间为 [3—15]）的均值为 9.48（标准差 3.37）。由此可见，台湾青年在"人际交往"和"日常生活"方面融入状况较好，但在"组织参与"和"后代期望"方面表现一般（生活融入各指标的融入程度如图 4 所示）。这说明由于共通的语言和文化环境，台湾青年大多能够适应在大陆的生活，但仍自限于"外来者"身份，很少参与社区的公共事务，也缺乏扎根落户的意愿。

图 4：生活融入指标

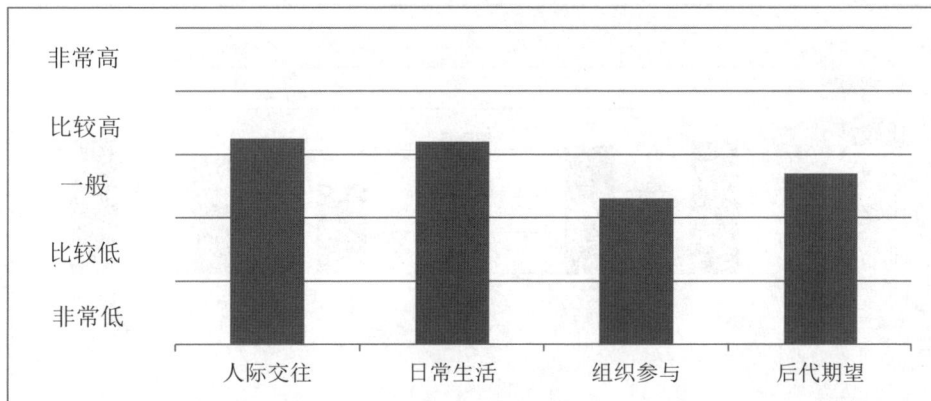

　　第三，在文化融入方面，这一维度的取值区间为 [6—30]，数值越大表示台湾青年在大陆能够更好地接受在陆居住城市的语言、风土人情、社会理念与社会规则。本次调查所获样本在文化融入这一维度的均值为 20.45（标准差 3.29）。也就是说，当前台湾青年在大陆的总体文化融入程度比较高。从"语言""服饰""饮食""价值观""节日风俗""非正式社会规则的接受程度"这六个指标（取值区间均为 [1—5]）来看，"价值观"的获值最低。该指标的均值为 2.74（标准差 0.94），该均值落在"一般"区间中，但在"非常低"与"比较低"方面表达出了略微强烈的倾向。有趣的是，虽然台湾青年对所在大陆地区的价值观认可度较低，但却在"非正式社会规则的接受程度"这一指标上，表现出了"比较高"的融入程度，该指标的样本均值为 3.64（标准差 0.79），落在"比较高"的区间，这表明台湾青年基本了解所在大陆地区人际交往中的人情世故与潜规则。六个指标中，"饮食""语言"和"服饰"指标也都落在"比较高"的区间，均值分别为 3.74（标准差 0.87）、3.59（标准差 1.14）、3.49（标准差 1.05）；"节日风俗"指标落在"一般"区间，均值为 3.25（标准差 0.93）（文化融入各指标的融入程度如图 5 所示）。综上可以看出，在文化融入方面，浅层次的文化指标如语言、服饰、节日风俗、饮食习惯等方面的区别不会影响台湾青年在大陆的社会融入；但在价值观等深层次的文化指标方面，当前台湾青年在总体上处于一种接受但不认同的状态。这可能是由两岸在政治、经济发展上的不同阶段以及两岸社会的长期区隔造成的。

图表 5：文化融入指标

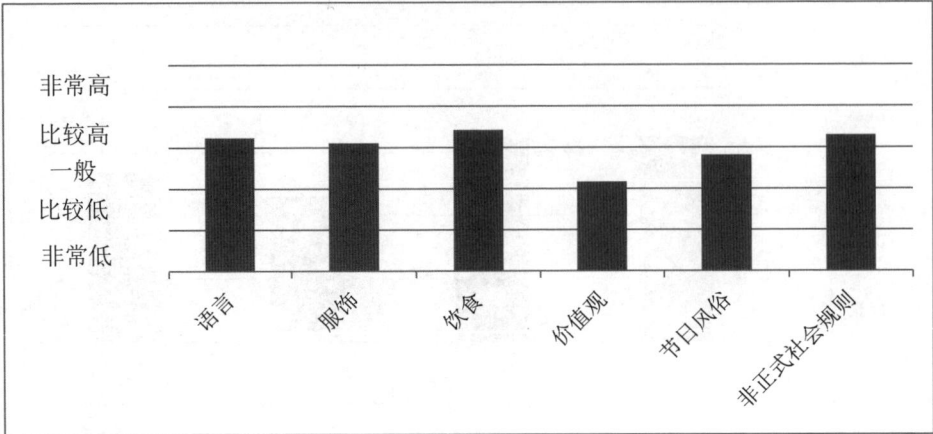

注：图表自制。

最后，在心理融入方面，该维度的取值区间为 [5—25]，数值越大表示台湾青年对所在大陆居住地的归属感越强。本次调查所获样本在生活融入维度的均值 17.54（标准差 3.10），可知当前台湾青年对大陆居住地的归属感总体较高。但是，深入考察此维度中的各个指标情况可以看出，台湾青年对大陆居住地的归属感较高，主要是因为他们在"对当地新闻事件的关心度"（取值区间 [1—5]，所获样本均值 3.45，标准差 0.93）、"重返本地的意愿度"（取值区间 [1—5]，所获样本均值 3.95，标准差 0.78）和"为城市公共事务付出的意愿度"（取值区间 [1—5]，所获样本均值 3.47，标准差 0.86）三项指标上融入程度"比较高"，并且以"重返本地的意愿度"尤其强烈。但是，他们在所在城市的"长期居住意愿"（取值区间 [1—5]，所获样本均值 3.32，标准差 1.01）和"是否认为自己是城市的一部分"（取值区间 [1—5]，所获样本均值 3.35，标准差 0.95）两项指标的融入度却表现"一般"（心理融入各指标的融入程度如图 6 所示）。由此可见，一定时期的生活经历能够孕育对当地基本的关切，因此不少台湾青年都愿意关怀当地发展，甚至为此付诸行动，但这样的情感体验未能完全内化为"乡情"，对于所在城市他们往往自视为"过客"，并没有产生稳固的身份认同。

图6：心理融入指标

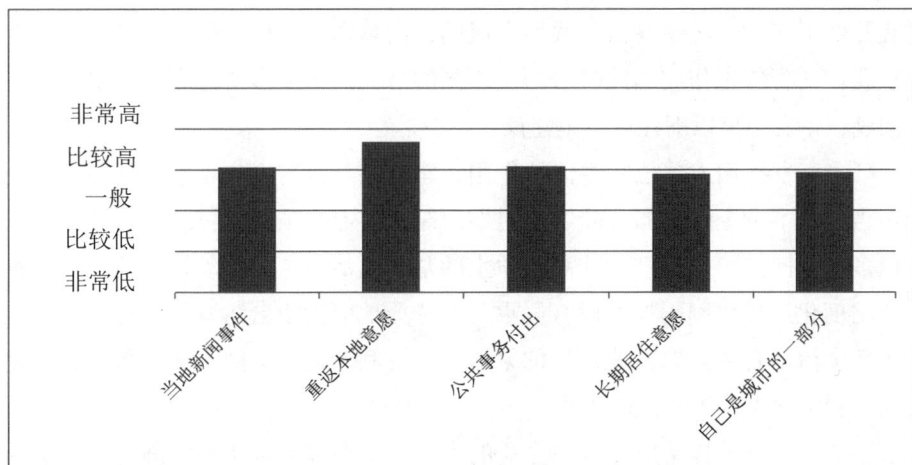

注：图表自制。

五、结论："实用主义的过客"

当前，在大陆就学、就业与创业的台湾青年已经是一个数量庞大的群体。如何认识这一群体在大陆的社会融入状况，是地方各级政府做好在陆台湾青年工作的基本前提。为了能够更加准确地对这一问题进行考察，本文尝试建立了一套测量台湾青年在大陆社会融入状况的指标体系。以该指标体系为基础，并借助问卷调查的方法，本文对台湾青年在大陆社会融入的现状进行了初步的评估。

总的来看，台湾青年在大陆的社会融入程度一般。这种一般性主要表现为，台湾青年群体是大陆中的"实用主义的过客"。说他们是"实用主义"的，因为台湾青年在大陆的社会融入仅停留于工具上的需要性，而没有进一步拓展为认知上的亲近性；说他们是"过客"，因为他们既鲜有进城务工人员那种去留的纠结，更少有海外华人移民那种扎根的决心，而是呈现出一种暂时性、流动性和不确定性的特征。因此，台湾青年在大陆的社会融入，更接近于杨菊华对融入模式进行分类当中的"选择型融入"模式，即"流动人口在劳动就业、经济收入、社会福利等方面可能与当地人群并无明显二致，其行为举止也符合目的地的规范要求，但在文化方面却既接受流入地的文化，也保留自己的文化传统与特色，二者兼具，且在身份认同方面与自己的家乡更为亲近，保持着与流入地的心理距离"[35]。

台湾青年在大陆社会融入的状况再一次向我们展示，流动群体社会融入的过程并非沿着"经济—身份"线性发展的，而是在多维度上同时展开的。这就要求我们的青年工作应当同时着力于不同的方面。根据本研究实证结果中发现的问题，本文提出以下几点政策建议：

第一，发挥用人单位的主体性作用，建立起与台湾青年相连接的制度化机制。当前，不少企业面向大陆学生定期组织"实习生项目""夏令营计划"，或者以多种不同的形式资助大陆高校学生的基本生活与课外活动。这些企业与青年的制度化连接机制同样可以有侧重、有选择地应用于台湾青年。这样不仅有利于拓宽台湾青年获取就业信息的渠道，更有利于树立大陆企业的形象，并建立起与台湾优秀青年的长期联系。

第二，充分发挥基层社区与企业的力量，提高台湾青年在大陆日常生活与工作中的参与度。对于那些有台湾青年居住的社区和有台湾青年工作的企业，相关单位应大力支持并鼓励他们积极参与到社区建设与企业发展的过程中来，听取并落实他们提出的有建设性的意见与建议。对于在社区与企业中组织的文娱、公益与社交等活动，也要充分调动台湾青年的积极性，将他们真正纳入大陆的社会生活中。

第三，进一步推动政策"松绑"，为台湾青年在大陆就学、就业、旅行、婚姻、设籍、参政议政创造便利条件。当前台湾同胞在大陆时常受到"特殊待遇"，不论这些待遇对他们而言是便利抑或限制，都会在无形中固化"他群"意识和对祖国大陆的距离感，不利于台湾同胞在陆社会融入乃至两岸社会整合。因此有关部门可逐步改革过往的区别政策，消弭台胞证和身份证在功能和效力上的差别，使台湾同胞在社会生活中享有与大陆民众同样的便利条件，不再因台湾人身份而受到不同对待。在这一方面，福建公安部门或可率先放宽台湾居民旅行、就业、婚姻、设籍等方面的限制，力争使台胞证在福建省内的使用效力等同于居民身份证，同时简化户政手续，帮助台湾人才在福建落户，鼓励两岸青年往来，促进两岸通婚。相关政策可从金门、马祖居民开始试点，再逐步放宽至台湾其他地区。

第四，珍视台湾青年对所居地事务的关切之心，着力塑造台湾青年对所居城市的认同感与归属感。诚如上文所示，本次调查的一项重要发现是，虽然当前台湾青年并没有产生对大陆的认同，但是他们却对居住城市有较强的关切之心。这对我们有关台湾青年工作的一个重要启示在于，在最终形成对大陆的认同之前，我们的工作或许可以首先着重落实台湾青年对大陆某一城市的认同。

从这一逻辑出发，各级地方政府对台湾青年的工作，需要在方针与思路上进行一次"从全局到局部""从面到点"的转变。换句话说，在面对台湾青年时，各地工作人员不仅是"大陆"的代言人，更是不同城市的代言人。例如，在语言上少用"大陆"作为交流的主体，而是选择"上海""厦门""苏州"等城市称呼来展开对话。

注释及参考文献

[1] [7] 王佃利、刘保军、楼苏萍：《新生代农民工的城市融入——框架建构与调研分析》，《中国行政管理》，2011 年第 2 期。

[2] 张庆武、廉思、冯丹：《新生代农民工经济融入状况研究——以北京为例》，《学习与实践》，2015 年第 12 期。

[3] 孙国峰、张旭晨：《欠发达地区新生代农民工社会融入实证分析》，《调研世界》，2014 年第 8 期。

[4] 张庆武、卢晖临、李雪红：《流动人口二代社会融入状况的实证研究——基于北京市的问卷调查分析》，《中国青年研究》，2015 年第 7 期。

[5] 李培林、田丰：《中国农民工社会融入的代际比较》，《社会》，2012 年第 5 期。

[6] 熊易寒：《整体性治理与农民工子女的社会融入》，《中国行政管理》，2012 年第 5 期。

[8] 赵莉：《新生代农民工多维性社会适应研究》，《中国青年政治学院学报》，2013 年第 1 期。

[9] 潘泽泉、林婷婷：《劳动时间、社会交往与农民工的社会融入研究——基于湖南省农民工"三融入"调查的分析》，《中国人口科学》，2015 年第 3 期。

[10] 张宏如、李群：《员工帮助计划促进新生代农民工城市融入模型——人力资本、社会资本还是心理资本》，《管理世界》，2015 年第 6 期。

[11] 罗竖元：《城市社区文化对农民工随迁子女城市融入的影响——基于厦门、长沙、贵阳等地的调查》，《中国青年政治学院学报》，2014 年第 2 期。

[12] 徐延辉、罗艳萍：《社区能力视域下城市外来人口的社会融入研究》，《社会科学辑刊》，2015 年第 1 期。

[13] 徐延辉、史敏：《社会信任对城市外来人口社会融入的影响研究》，《学习与实践》，2016 年第 2 期。

[14] 闫伯汉：《制度排斥、社会距离与农民工社会融入——基于广东省东莞市的分析》，《北京社会科学》，2015 年第 5 期。

[15] 杨磊：《资源、支持与适应：失地农民市民化的影响因素研究——基于多样本的扎根理论分析》，《华中科技大学学报（社会科学版）》，2016 年第 2 期。

[16] 董庆文、陈迅：《中国留美大学生学业和文化适应性问题研究——以美国加州太平洋大学为例》，《中国高教研究》，2015 年第 7 期。

[17] [19] 王春光、Jean Philippe BEJA：《温州人在巴黎：一种独特的社会融入模式》，《中国社会科学》，1999 年第 6 期。

[18] 李明欢：《一个特殊的华裔移民群体——荷兰印尼华裔个案剖析》，《华侨华人历史研究》，1993 年第 2 期。

[20] [22] [24] 李明欢：《群体效应、社会资本与跨国网络——"欧华联会"的运作与功能》，《社会学

研究》，2002 年第 2 期。

[21] [23] 李明欢：《"侨乡社会资本"解读：以当代福建跨境移民潮为例》，《华人华侨历史研究》，2005 年第 2 期。

[25] 例如，郭艳《大陆台湾的认同变迁：一种基于理论的探讨》，《北京联合大学学报（人文社会科学版）》，2008 年第 4 期，第 40-43 页；王茹：《"两岸族"台胞的社会身份认同与两岸命运共同体——从社会认同理论的本土文化心理机制出发的阐释》，《台湾研究集刊》，2010 年第 1 期。

[26] 严志兰与胡苏云分别对台商与上海台湾人在大陆的社会融入问题都颇有研究，但是他们研究的主要对象都并未放在青年这一特殊群体上。相关研究参见严志兰：《跨界流动、认同与社会关系网络：大陆台商社会适应中的策略性——基于福建台商的田野调查》，《东南学术》，2011 年第 5 期；胡苏云：《上海台湾人的社会融入分析》，《社会科学》，2006 年第 8 期。

[27] 张宝蓉、王贞威：《在大陆的台湾青年社会适应性与满意度分析》，《台湾研究集刊》，2014 年第 5 期。

[28] 段皎琳：《大陆地区青年台商社会融入问题与对策研究：以珠三角青年台商群体调查为中心》，《中国青年研究》，2016 年第 3 期。

[29] 安东尼·吉登斯：《第三条道路——社会民主主义的复兴》，郑戈译，北京大学出版社，2000 年。

[30] Parsons, Carl, "Social Inclusion and School Improvement", *Support for Learning*, 1999, Vol. 14(4).

[31] Collin, Hugh, "Discrimination, Equality and Social Inclusion", *The Modern Law Review*, 2003, Vol. 66(1.

[32] [35] 杨菊华：《从隔离、选择融入到融合：流动人口社会融入问题的理论思考》，《人口研究》，2009 年第 1 期。

[33] "五缘文化"指的是：地缘相近、血缘相亲、文缘相承、商缘相连、法缘相循。

[34] 例如张文宏、雷开春针对城市新移民的研究、崔岩针对流动人口的研究以及杨菊华对流动人口的研究。参见张文宏、雷开春：《城市新移民社会融合的结构、现状与影响因素分析》，《社会学研究》，2008 年第 5 期；崔岩：《流动人口心理层面的社会融入和身份认同问题研究》，《社会学研究》，2012 年第 5 期；杨菊华：《流动人口在流入地社会融入的指标体系——基于社会融入理论的进一步研究》，《人口与经济》，2010 年第 2 期。

（陈超：厦门大学台湾研究院助理教授　蔡一村：广州大学台湾研究院助）

外国法院判决中台湾的法律地位

王鹤亭

　　台湾的法律地位是两岸政治定位的核心难题。而国际社会如何看待台湾的法律地位以及"他者"的实践也是实务工作和学术研究必须注意的问题。司法判决常被视为中立、客观与权威的，而且在英美法系中还具有一定程度的造法功能，而外国法院涉台法律地位的判决也就可以成为两岸政治定位相关问题的参考指标。与其他国家的行政部门涉台政策与立法部门涉台立法相比，大陆学界对于涉台司法实践的研究相对不足。本文拟在充分搜集外国法院涉台判决的基础上，梳理涉台司法判决的法律适用、事实认定与结论推导，进而探讨台湾在外国法院中的程序权利和实体地位等，以期丰富对于相关问题的认知。

一、台湾的程序权利

　　按照国际法习惯规则，非被承认政府不得出诉于非承认国法院。在涉及外交、领土主权等问题时，按照国际法基本准则，法院通行做法是遵循政治问题原则和"一个声音"原则。政治问题原则是指法院对外交关系、国家安全与领土主权等问题不具有管辖权，行政部门对于此类问题的决定具有政治而非司法的性质，而且"司法机构在其政府行政机构已明确表态的场合，无权就他国或他国政府的地位及状况作出独立的原始的判断"[1]。"一个声音"原则是指，一国法院在审理案件涉及此类问题时，必须首先遵从该国政府的立场，与行政部门、外交部门保持一致，而"给予承认的国家首先应在被承认国的新旧政府之间作出政治判断和外交抉择，承认国法院只能根据本国政府的意见或证明行事，同本国政府在外交上保持'一个声音'，未被承认的政府无权在外国法院起诉，承认国政府应单独对外负责，不得以本国宪法或法律为借口拒不遵守习惯国际法准则和所承担的国际条约义务，各国外交和审判实践通常都是遵循上述原则行事的"[2]。

因此，对于承认中华人民共和国的国家和政府而言，被撤销承认的所谓"中华民国"在法律上已经消亡，在非承认国法院不应享有诉讼资格，不具有一般性的诉讼当事人能力，这也是转换政府承认所产生的法律后果。这一点在光华寮案的判决历程中得到检验，此案在1972年9月前被认为"原本只是单纯的土地建物返还物的民事诉讼，因此（指《中日联合声明》）变成被告8名住宿生质疑"中华民国"存在与否的国际法关联诉讼"[3]。京都地方法院1977年判决，因原告（"中华民国"）权利保护资格的丧失而驳回其诉讼，但却判定没有必要连原告的当事人能力也加以否定；大阪高等法院1982年判决，光华寮不具有与国家职能直接相关的性质，其所有权有无丧失，并不与权利保护资格或当事人适格的存否有关，撤销原判决，发回重审；京都地方法院1986年判决，光华寮的经营未必是"国家所为之权力行为"，所有权也并未从"中华民国"脱离而由中华人民共和国所继承，承认原告请求也认可其当事人资格。大阪高院1987年判决，光华寮不能被认为是"外交财产"或为了行使"国家权力"的财产，驳回寮生上诉，并将判决文书中被上诉人"中华民国"直接变更为"台湾"。而最高法院2007年判决，最终明确表示"中华民国"曾是中国这个国家的国名，旧的"中华民国"因《中日共同声明》而丧失代表"中国"国家的权利，对于属于中国这个国家的光华寮产权也就不再拥有诉讼权，因原告欠缺中国这个国家的必要授权，当然不具有诉讼当事者能力，进而失去作为原告的资格，依法本件诉讼在日本转变政府承认之日中断，此后所进行的判决均无效，遂将此案发回京都地方法院重审[4]。英国法院（尤其是在1980年以前）也坚持提起诉讼须以受到英国承认为条件。英国法院称在台湾的"政府"为"台湾当局"，不承认其为中国政府，甚至也不承认其是台湾地区的合法代表，而台湾当局或代表在英国法院被起诉后须担任被告[5]，不适用"豁免"。

当然，也有法院从保障台湾地区人民利益的角度出发，对于台湾"至多仅限于某些私法案例中基于法令的适用或裁判豁免权的给予，间接显示台湾为异法域地区"[6]，进而在其国内法意义上同意台湾当局的"出诉权"。其中较为特殊的仍是美国《与台湾关系法》相关安排，以独特的国内立法形式处理与台湾的关系，第四条第二项七款特别规定台湾在美国法院起诉或被控告的资格不应因不存在外交关系或承认而被废除、侵害、修改、否认或受到其他任何影响，其目的是"在台湾的政府不被国际公法承认的情况下，使台湾人民能够享有法律权利和保护"[7]。但也要求台湾当局在美国联邦法院内，无论为原告或被告，均以"北美事务协调委员会"或"驻美台北经济文化办事处"为代表，而不能如 1979 年以前那样使用"中华民国"。台湾方面以代表机构出庭也被认为是不符法理，因为代表机构只是 1979 年台湾方面设定的行政单位，"实无代表整个政府之权限"[8]。而且"北美事务协调委员会"或"驻美台北经济文化代表处"则被美国法院界定为"代表台湾人民处理与美国公民事务的公共关系代理人和经纪人"。值得注意的是，少数个案中，台湾当局仍得以"中华民国政府"的名义作为被告甚至原告出诉于美国法庭，如在 1986 年的"江南案"中"The REPUBLIC OF CHINA"被列为被告；而在 2011 年 8 月的"中华民国"（台湾）政府控金纪玖案中，台湾方面首次以"The Government of The Republic of China（Taiwan）"的名义在洛杉矶高等法院提起民事诉讼，要求法院承认新加坡高等法院关于追回金纪玖等人侵占台湾"公款"的判决，获得美方法院承认，进而台湾可以在美国通过诉讼向金纪玖追讨未归还的款项。

而其他国家法院在不得不处理"中华民国"或台湾的诉讼资格时，不同于美国以国内法来通案处理，多采取权宜措施个案处理。较为特殊的是，在"中华民国政府"诉金纪玖等人的"巴纽案"[9]中，台湾方面得以"中华民国（台湾）政府"名义在 2008 年 4 月向新加坡高等法院提告金纪玖等人，并透过律师向高等法院取得资产禁制令，冻结金纪玖等人在新加坡所有资产，新加坡高等法院 2010 年 5 月判决"中华民国政府"胜诉，判决并未提及诉讼资格问题。而在台湾以"ROC(Taiwan)"名义起诉 ISO 案[10]中，瑞士联邦法庭虽然确认了缺乏承认的台湾在瑞士法庭具有起诉 ISO 的法律能力，但仍驳回其诉求。即便外国法院裁定台湾当局具有该国国内法意义上的诉讼当事者能力，但也明显采用了特殊方式，并非常谨慎地限定其适用范围。如在巴贝特不动产案中，法国法院 1978 年判决与 2004 年判决均未特别讨论"中华民国"当事人能力问题，而 2008 年巴黎上诉法院判决则特别说明"中华民国"是 2004 年判决中的当事人，是因为出于保障其"前"人民的财产利益而可以上诉，不因其特殊"外交"处境未获法国或国际社会承认而受影响，但 2010 年最高法院翻案法院则进一步指出，此当事者民事诉讼上诉人能力仅是因中华人民共和国方面发起了针对"中华民国"的第三者撤销诉讼程序而生成，而且在判决后，法国外交部发言人随即澄清，对判决无从评论，但法国一贯坚持"一个中国"立场。而所谓"中华民国"在这种民事诉讼中作为被告或上诉人的当事人能力，并非因法国的国家或政府承认所衍生，仅仅是作为诉讼法上保障与所争标的有利害关系的当事人权益的救济途径而已[11]。

二、台湾的实体地位

（一）法律身份

在相关案件中，法院会就"中华民国"或台湾地区的身份地位进行推断，基本上遵从行政部门尤其是外交部门的立场，不承认"中华民国"或台湾地区具有"国家地位"，而一些另类判决也并不能或并未支持所谓"中华民国"的"国家"法律身份，不少法院判决则直接认定台湾应为（或应解释为）中国的一部分。

首先，"中华民国"在大多数的判决中被判定失去了或不具备所谓的"国家地位"。在与中华人民共和国建交后的判决认定"中华民国"为"被取消承认的旧政府"，并因被继承而丧失了相应的法律实体地位。不少判决还梳理了中国内部的政府继承以及该国政府的承认转换过程，如日本最高法院对光华寮案的判决认为"中华民国"的法律身份和诉讼权利消失。比较特殊的是巴贝特馆产案，2004年法院判决"法国承认中华人民共和国，此则意味着所有"中华民国"之权利与义务，由中华人民共和国所继承"，虽然2008年巴黎上诉法院推翻了2004年判决，但仍适用了继承与承认逻辑，在事实上认为法国虽然在1964年已经承认中华人民共和国政府，但直到1994年才与中华人民共和国发表联合声明承认一个中国原则，所以中国的政府继承与国家连续原则对于法国法院而言，从1964年无法适用，但自1994年后可以适用[12]。因此，"中华民国"被中华人民共和国政府继承的事实获得相关国家承认后，也就在该国法院丧失了此前所拥有的"国家资格"或"合法政府"地位，而且这一类判决中不言自明的前提是"台湾是中国的一部分"。

其次，对于台湾的法律身份，不少判决直接明示台湾应为或应解释为中国的一部分，强调中华人民共和国政府相关涉外法律行为的效力应及于台湾，台湾应受中华人民共和国所缔结的公约责任体制约束。在那些判定中华人民共和国签订的国际公约应适用于台湾的判决均持这种观点，如大西洋互助保险公司诉西北航空案[13]、Lee诉华航案[14]、华航名古屋失事赔偿案[15]等。在大西洋互助保险公司诉西北航空案中，原告因其承保的从威斯康辛州交运至台北的机器零件受损进而起诉西北航空公司，美国法院指出，美国政府承认中华人民共和国为中国合法政府，因此台湾是属于中华人民共和国的一部分，中华人民共和国在 1958 年批准加入《华沙公约》时声明公约适用于包括台湾在内的整个中国领土，所以台美之间航班适用《华沙公约》。2003 年名古屋地方法院在华航失事赔偿案中判决指出，台湾应解释为中国的一部分，从"包括在中国内之台湾"到名古屋的航班就属于中国到日本的航班，因此自然适用中华人民共和国已经加入的《华沙公约》。

第三，涉及台湾主权归属的判决也并不支持台湾的所谓"国家地位"。有些法院虽然认为应遵从行政部门的立场，但是对政府立场做出自己的判断。如在林志昇控美案[16] 中，虽然判决书中已清晰地确认了"自 1972 年以来，美国承认（recognized）中华人民共和国关于'台湾是中国一部分'的主张并拒绝挑战这一立场"，但法院却并未遵从这一立场，而是认为这种政策在《与台湾关系法》通过后发生改变，行政部门故意对台湾主权归属问题保持沉默与模糊，因此法院受政治问题原则限制而缺乏事项管辖权故不予受理。法院实质上基于对美国政府立场的解读而做出矛盾的判决，但仍间接否定了所谓台湾的"国家地位"。在明台产物保险公司诉联合包裹速递服务公司案中，法院也警告称，判决仅仅是遵从行政部门的立场，即台湾不受中华人民共和国加入华沙公约的约束，而且这一观点在任何情况下，不能被解读为对台湾地位的独立决定[17]。

第四，台湾在个别判决中被认定为"具有国家的特征"，以强调台湾具有"独立的管辖能力"和"行为能力"。这种情形往往是法院采取推定的方式，用 putative、equivalent to、as if 以及 qualified as 等来限定，而非直接断定。如在"台湾控国际标准化组织（ISO）案"中，台湾请求法院禁止国际标准化组织将所谓"中华民国"标记为"台湾，中国的一省"，瑞士联邦法院认为，台湾"具有国家的特征（characteristics of a state）"，确认台湾有起诉国际标准化组织的法律能力（legal capacity），但法院裁定对于台湾寻求国际承认的、具有政治企图性的主张没有司法权，因此不予受理。这些判决与裁定显然不能也不是要确认或支持台湾作为所谓"国家"的法律实体地位。

（二）行为能力

对于外国法院来说，尤其是在民商事案件中，涉及私法关系上的台湾行为能力与管辖效力是被基本认可的。当然，此类判决给了"台独"主张一定的想象空间，但事实上相关法院及其外交机构多明确表示认可管辖效力和行为能力并不等于承认或赋予台湾的法律身份。

首先，在台湾方面作为间接当事人的一些民商事案件中，台湾在其领域内独立的涉外管辖权力被认可。如在 Marilu 货轮运费案[18]中，承运人（意大利公司）从天津前往欧洲，在金门附近被台湾军舰拦截并将或货物卸下，承运人依据契约的战争危险条款约定主张已经完成运送义务而应得到运费，但托运人（捷克公司）认为扣押货物的台湾当局并非英国承认的政府，因此承运人根据其命令而变更航线及卸货不能被视为"根据政府命令或指示"。英国法院判决原告胜诉而应获得运费，认为根据英国准据法中战争危险条款的语意结构，能发出所谓命令及指示的主体应具有在特定领域内行使立法及行政权的能力，在台湾当局因能行使此种权力而符合条款中所称的"政府"的标准，而不论其是否可控制全中国领域及人民。本判决虽然以台湾当局为条款中的"政府"，但并非中国之代表政府[19]。与此案相似的是，台湾领域内的涉外生育、婚姻、契约等民商事关系的行政管辖与司法裁决的有效性也在外国法院中得到承认。

其次，在仅涉及台湾方面与外方作为诉讼当事人的判决中，台湾的对内管辖能力尤其是司法管辖权受到外国法院的尊重。在林克颖引渡案中，2014 年英国爱丁堡地方法院引渡庭的法官意见书首先肯定台湾是可以向英国请求"引渡"的主体，还认为引渡和外交目的不同，英国是否承认台湾的"引渡主体地位"，关键即在于请求方与被请求方对彼此司法制度之信赖[20]。2016 年苏格兰高等法院判决确定台湾的"主体地位"及林克颖在台湾获得公平审判，但仍判决林克颖暂时不需被"引渡"。台"法务部"随后请求苏格兰检察总长上诉，英国最高法院在 2017 年 6 月判决上诉有充分理由，全案发回苏格兰高等法院重新审理。而针对被害人家属向林克颖提出民事求偿部分，英国皇家法院在 2014 年 5 月承认并执行了台湾法院的相关民事判决。在若干案例中，外国法院也会以迂回方式适用不受承认政府的法律，其目的为在涉及一般人民权益的私法案件中"寻求正义"，而非以司法承认该"政府"[21]。

第三，在一些两岸均为当事人且不涉及国际公法、主权、承认等问题的判决中，台湾方面在特定领域内处于大陆管辖之外的行为能力也基本获得承认。在"国际业余田径联合会（IAAF）代表案"[22]中，因章程规定"一个国家只能有一个成员席位"，1978 年国际田联通过决议：据联合国标准，中华人民共和国政治疆域包含台湾在内；台湾选手在中华人民共和国 All China Athletic Association(ACAA) 的管辖之下同样可以参加国际比赛，承认 ACAA 是管辖大陆与台湾选手的唯一代表，取代台湾的"中华民国田径联合会（ROCTFA）"。台湾方面在英国法院起诉，请求判决决议无效，并裁定台湾是否具有会员资格。

法院认为无须考虑国际法和主权问题，仅需依据田联章程中关于会员资格以是否受到别的运动团体控制为标准的相关条款，章程中的"国家"（Country）应是指一个业余运动员管理协会独立管理的区域，与 State 和 Nation 不同，并举例苏格兰、威尔士都可以是"国家"。考虑到中国大陆的运动员组织并不能管辖台湾的运动员，台湾方面的会员资格成立。本案强调了会员资格无关主权，并特意引用田联章程第 9-7 条"会员可以是殖民地"，还举例来解释"国家"的含义，强调确立台湾的会员资格无关于法律或外交上的承认。

三、"豁免"的参照适用

台湾并不享有国家所具备的一般豁免权，不适用《维也纳外交关系公约》等，但因海峡两岸的实际情况，外国法院为了维护本国公民权益、管理与台湾的非官方往来时，不得不务实面对台湾当局的事实管辖与行为能力，也可能会对台湾有条件参照适用非绝对豁免的"功能性豁免"。

比较常见的情形是首先将此问题与该国政府的立场挂钩，根据政府的立场等来具体判定台湾是否及如何适用豁免权。但是法院也可能会对政府立场加以解读，进而可能裁定对台湾适用特别的"豁免"，加拿大与新加坡法院就对于 2000 年的新加坡航空台北空难中的台湾行政部门是否适用"豁免"做出了不同判决。在加拿大法院的 Patent 等诉新加坡航空案 [23] 中，被告新加坡航空认为台湾"民航管理局"应承担责任，而台湾"民航管理局"则主张自己在加拿大法院具有"司法豁免权"，并要求法院基于 1982 年加拿大豁免法案驳回新加坡航空的相关诉求。而新加坡航空则申请加拿大外交部长发布证明文件确认"台湾在事实上是一个国家"或者"民航管理局是不是中华民国（或是中华人民共和国）的一个下属机构"，加拿大外交部长则回应：外交部对此要求不能正面回应，也不能发布此种文件，加拿大奉行一个中国政策，与台湾或"中华民国"没有外交关系。法庭据此判定，外交部门并没有提供台湾地位的答案，根据豁免法案条文，对于一个外国实体能否作为国家适用豁免法案而言，外交部的证明是可采纳的而非必需的，缺乏外交部门的证明并不等同于否决其豁免权，在此情况下，将由法院根据所有可获得的证据来决定，法院认为台湾在适用豁免权意义上是一个"外国"，因此驳回了新加坡航空公司追究台湾"航空管理局"责任的请求。但当这一空难案在新加坡法庭审理时，在 Woo 等诉新加坡航空案 [24] 中，新加坡航空和台湾"民航管理局"都分别根据新加坡国家豁免法案第

18 条提请新加坡外交部提供台湾"是否是国家"的证明，新加坡外交部门分别对新加坡航空和台方"民航管理局"回复，拒绝发布相关证明。新加坡高等法院认为这种拒绝即是外交部的声明，即台湾不是一个国家，法院不能处理国际关系问题，法院不能进行独立调查，因新加坡一个中国政策一直是清晰的。新加坡上诉法院确认了这一裁定，即外交部拒绝发布台湾"是否是国家"的证明就是已经清晰明确地否定了将台湾视为外国并适用豁免权的主张，外交部没有回应这些请求，即是对这个问题给出了一个清晰、不模糊而且决定性的答案，即台湾不是一个国家。在此问题上，行政部门和司法部门应用一个声音说话、保持一致，而无须考虑根据国际法一般原则法院怎么看待一个外国实体的法律地位[25]。加拿大与新加坡法院的同案不同判，原因在于两国法院所依据的豁免法案相关规定不同。加拿大法院首先也明确接受"一个声音原则"，即行政部门的意见明确时，法院就必须以相同立场来裁定"豁免"问题。加拿大豁免法案第 14 条赋予了外长发布证明书的权力，这个证明书允许被作为决定性的证据，但如果外交部发布证明书的内容不清或没有发布时，法院就可以解释证明书或者展开独立调查，也正是因此法院解释了加拿大外交部的立场并裁定台湾"航空管理局"适用"豁免"。与加拿大不同，新加坡豁免法案第 18 条规定应将外交部的证明文件作为唯一决定性证据，法庭不能进行独立调查和裁决，即便是外交部门的回应是模糊的，法院应按正当程序再次要求外交部门提供更为确定的答案。因此，不同的豁免法案对于外交部证明文件法律效力的规定不同，加上不同法院对于外交部立场的解释不同，使得判决结果截然相反。

较为特别的是美国法院依据《与台湾关系法》，在国内法意义上参照赋予台湾相关机构在特定范围内有条件的"等同豁免"待遇。如在杜邦社区居民协会诉城市规划委员会案[26]中，依照国务院首席法律顾问意见，"北美事务协调委员会"不是美国《外国使馆法》所指的"外国使团"，法院 1987 年判决中同意国务院说法，"北美事务协调委员会"本身不具有使团地位，《外国使馆法》未对台湾地位有特别说明，国务院有权决定代表台湾的机关并非是"外国使团"，因此依照都市规划法令不能认为"北美事务协调委员会办公室"为"外国使馆"，但引用《与台湾关系法》第四条"凡当美国法律提及或涉及外国和其他民族、国家、政府或类似实体时，这些字样应包括台湾在内"，据此裁定城市规划委员会应将（shall）"北美事务协调委员会办公室"当作美国法律所称的"使馆"。判决清晰表明"台湾驻美机构"不是使馆，不具有实质意义上的使馆地位和豁免权利，对相关问题的解决仅采用一种参照处理方式，并为后续类似案例所沿用，如米兰工业案[27]、"美加营"案[28]等。美国法院在审理"中国钢铁公司案"[29]时也认定台湾的公营事业适用相关豁免规定。需要注意的是，对台湾相关机构的"豁免"适用等仅仅是以美国国内法和美台非官方机构双方约定的方式而确立和维持的，与国际社会对于主权国家的豁免权处理惯例有本质区别。这一点在2011年的"台北驻堪萨斯经济文化办事处处长"刘姗姗虐佣诈欺案中得以验证，台方主张刘享有"外交豁免权"被拒绝，"办事处"与美国的关系属于非官方性质，而且刘持"E1"签证，而非"A1""A2"签证。此案清晰表明，虽然台湾与美国签有"特权豁免协定"，实质上仅是一种非绝对豁免权的"功能性豁免"[30]。

此外，还有一些国家的法院采取最宽松的"豁免权"定义和标准，进而将其适用于台湾，但这种"豁免权"并非是一般意义上的豁免权，这以澳大利亚法院的立场最具代表性。澳大利亚法院对豁免权的适用并不以主权国家为必要条件。1985年制定的外国豁免法案规定，豁免可以适用于外国的一省、州、自治实体或其他政治实体等。1992年通过的《商业双边互助法案》把"一个外国的殖民地、部分领土或保护国"都视为"外国"。1995年通过《海外代表团（特权与豁免）法案》则授予不被澳大利亚官方承认的代表团体类似于外交豁免的权利，基于此法案，分别于1996、1998年制定"香港经贸办公室（特权及豁免）条例""台北经济与文化办公室（特权及豁免）条例"。同时为避免与澳大利亚一个中国政策相冲突，与台之间"豁免"的协定由双方非政府团体签订，常常采用"理解备忘录"的形式，不受《维也纳公约》约束，也并未被列入澳大利亚官方条约目录[31]。

四、结　语

在外国法院判决中，台湾当局丧失了或缺乏代表中国的权利，其在中国局部的行为能力和管辖效力得到部分认可，台湾当局的诉讼当事人能力有时也被接受，具有一定程度的权宜性程序行为能力；台湾的法律身份仍是中国的一部分，而中华人民共和国政府之于台湾的主权权利也被尊重；所谓"中华民国"或台湾的"国家地位"并不被支持，也不具有一般性的实体权利能力；台湾也在某些判决中得以参照适用"功能性豁免权"。但这些不等于法院默认或支持所谓台湾"事实独立"及其主张。

首先，法律适用的特殊方式、特例性判决并不能证明台湾具有了一般性的法律身份或权利能力。最为典型的例证即是美国，《与台湾关系法》使得台湾可以在美国国内法意义上的法律待遇不受"断交"影响，但这绝不是所谓的"缺乏外交承认对台湾法律地位并无影响"，也非"美国法院在法律适用上确立台湾之国家地位不受美国政府不承认中华民国政府之影响"[32]，因为台湾在美国法院获得的法律待遇不等于是一般意义上的法律地位，而且台湾享有"如同（as if）国家般"的法律待遇也不等于是因为"是国家"而当然具有的法律地位。事实上，《与台湾关系法》产生的渊源正好说明这一点。"依国际法及美国法之原则，中国作为'国家'而言仅有一个，此国家地位不因政府更替而有所变动，断交前中华民国为中国政府，断交后，在法律上中国即成为中华人民共和国。此种政府承认的转换，产生政府继承，最直接的效果乃是所有原属于中华民国政府的财产，其所有权将移转至继承之中华人民共和国政府。"[33]被移转的当然还包括此前由"中华民国政府"所代表的各项权利，尤其是作为中央政府对包含台湾在内的整个中国的管辖权。因此，《与台湾关系法》的目的之一是排除美国对中国的政府承认转换之于美国法院所产生的约束力，让台湾有机会在美国法院规避国际法上政府继承的法律效果。但即便是依照《与台湾关系法》的相关判决基本都用 as if、shall 等而非 is 来界定台湾的法律定位，既无法否认台湾属于"一个中国"，也没有为"台独"主张提供佐证。可以说，即便是采用从个别到一般的归纳方法，对个别的、特殊的涉台判决进行分析，也无法归纳出台湾具有国家层面的法律地位。

其次，对台湾特别行为能力的认可与接受不等于承认或赋予台湾"事实独立"的权利能力。外国法院在涉台案件中，基于保护当事人合理权益、便利原则等原因而认可台湾在特定范围、特定事务上的管辖效力和行为能力，同时也特别强调这不等于是对台湾或"中华民国"的正式承认。但这也常常被曲解为"外交承认对一国之国家地位并无影响，中华民国的主权地位及政府权能亦不应以缺乏外交关系而受质疑"[34]，甚至以此作为"台湾是'事实独立'的国家"等谬论的论据。当代国家在外交承认上的实践确实发生一些变化，但这不等同于不被承认的就都是国家和合法政府，"不被承认"与"不能被承认"是有着根本区别的，"不被承认"的类型涵盖了"不能被承认"，而"不能被承认"的根本原因则是不具备相关资格与条件，与对象国出于主观考虑而不愿意承认也是不同的。就台湾而言，它是中国的一部分，并不是一个国家，这在相当多的判决中是不言自明的或是明示的，台湾不被承认是因为它不能被承认。而且无论是用"构成说"还是"宣告说"来判定承认的效力，其关键都不在于承认与否能否改变一个政府或实体的状态与性质，而是在于它改变了双方交往行为与关系的性质，更决定着彼此在对方领域内的是否具有法律地位和权利能力。而行为能力只是判定法律行为效力的一种前提要件，并非是确认主体资格的规则，更不应当被视为取得权利能力的充分要件。在涉台判决尤其是民商事判决中，台湾方面的行为能力实质上是一种意思表示的能力，认可其管辖效力和行为能力的基本功能在于界定相关当事人行为的效力，为法律行为的效力判断提供依据，即从其意志属性而不是从其法律地位来判断涉案当事人行为的效力，因此也并不是对台湾法律地位的认定和权利能力的承认。

此外，台湾在外国法院的程序性权利也并不能证明或支持台湾所主张的实体性权利。"程序先于权利"的观念确实有利于台湾获得外国法院对其程序性权利的支持，而且一些国家如德国诉讼法也认可无权利能力团体至少在形式上的当事人能力，而台湾方面则常将出诉于外国法院视为提升"国际能见度"的胜利，将参照适用"豁免权"视为"事实承认"等，存在着企图以程序权利来论证其"独立""实体权利"的建构逻辑。事实上，重程序、轻实体的结果是台湾在外国法院尤其是英美法系法院中较容易取得程序上的当事人机会，但"程序优先"本身不重视实体的特性使得这种程序上的机会并无特别意义。尤其是一些判决中，外国法院并不进行审查而直接对台湾参照适用某种程序法条，仅在于启动及保障诉讼程序本身的顺利进行，并不与台湾的"实体地位"进行关联。"可诉的"并不等于台湾的相关主张是"合法的"，而且台湾在外国法院的当事人角色常常止步于程序意义上的"诉权"。而之所以会认可台湾程序意义上的诉权，源自法院要给当事人提供司法救济的机会和场所。而外国法院对于台湾适用"豁免权"，也不等于是判定台湾为主权国家、台湾当局为合法政府，而是采取了变通的办法，仅以参照适用的方式来处理，而让台湾在特定范围内享有类似的法律待遇，这与因承认某个国家的实体权利进而必然适用一般性程序权利是不同的。

厘清台湾在外国法院中的法律地位，有助于阻遏和解构"台独"意识在国际层面的建构，正如时任台湾国际法学会副秘书长的李明峻在评价"光华寮案"判决时所言，"许多台湾人仍认为'台湾是国家，国号为中华民国'，但从日本光华寮判决可知此种至少目前并未为国际社会所接受"，"台湾不是一个国家……这样的说法根本是国际社会的常识与事实，但对台湾内部却造成极大的震撼"[35]。立足于已被普遍承认的"一个中国"国际政治共识，"一个中国"的国际司法共识仍需持续构建。在大多数外国法院涉及台湾地位与权利的案件中，中华人民共和国政府可能并不是直接相关人或诉讼当事人，但应积极维护主权领土完整的国家利益，可以通过外交途径敦促对方政府坚持"一个中国"，为司法判决提供明晰的参照标准（尤其是在法院向行政部门征询意见时），还可以通过各国政治体制或法律所允许的合法途径去影响法庭判决，进而推动法院做出符合一个中国原则、不危害中国国家利益的判决。

注释：

[1] 申建明：《台湾当局无权出诉于日本法院——评"光华寮"案》，《国际问题研究》1987 年第 3 期。

[2] 刘文宗：《从国际法论日本法院受理光华寮案的非法性》，《中国法学》1988 年第 1 期。

[3] 小田滋：《光华寮诉讼始末记：关于平成 19 年 3 月 27 日最高法院第 3 小法庭判决》，《台湾国际法季刊》，第十卷第三期，2013 年 9 月。

[4] [6] [35] 李明峻：《论政府承认与国内法院的诉讼权——从国际法看光华寮诉讼》，《台湾国际法季刊》（台北）第三卷第 3 期，2006 年 9 月。

[5] [8][19][21] 傅崐成：《"我国政府"在英美国内法上之地位》，《台大法学论丛》（台北）第二十三卷第 2 期，1994 年 6 月。

Bank of China v. Wells Fargo Bank & Union Trust Co., 209 F.2d 467 (1953). http://www.leagle.com/decision/1953676209F2d467_1543/,2015-12-21.

[7] Nelson, Timothy G. "The Taiwan Relations Act, 30 Years On — Encounters and Successes in the U.S. Courts", Journal of World Investment & Trade,9(vii):370,2008.

[9] "The Government of the Republic of China(Taiwan)" V. Ching Chi Ju Charles and Another,[2010] SGHC 147.

[10] "ROC (Taiwan)" v. ISO (Switzerland's Federal Court, 2010) (in French), *Chinese Taiwan Yearbook of International law* & Affair,2010,Vol.28.

[11][12] 许耀明：《"中华民国"（台湾）在法国法院之地位：以巴贝特馆产案为例》，《台湾国际法季刊》（台北）第六卷第 2 期，2009 年 6 月。

[13] Atlantic Mut. Ins. v. Northwest Airlines, 24 F.3d 958 (1994), www.leagle.com/decision/199498224 F3d958_1840,2015-12-22.

[14] Lee v. China Airlines, Ltd., 669 F.Supp. 979 (C.D. Cal. 1987). www.leagle.com/decision/1987164866 9FSupp979_11469,2015-12-22.

[15] 黄居正：《国际航空运送人责任规范之理论与实践——名古屋地裁华航空难诉讼判决评释》，《台湾国际法季刊》（台北）第二卷第 2 期，2005 年。

[16] Lin v. U.S. 561 F.3d 502 (2009), http://www.leagle.com/decision/In%20FCO%2020090407106/LIN%20v.%20U.S.#; Lin v. U.S. 30 S.Ct. 202 (2009). http://www.leagle.com/decision/In%20SCO%2020091006B29/LIN%20v.%20U.S.；LIN v. U.S. 177 F.Supp.3d 242 (2016). https://www.leagle.com/decision/inadvfdco170215000205,2017-10-12.

[17] Mingtai Fire & Marine Insurance Co., Ltd. v. United Parcel Service, et al., 177 F.3d 1142 (9th Cir. 1999), cert. denied, U.S., 120 S.Ct. 374 (1999). http://www.leagle.com/decision/19991319177

F3d1142_11184,2017-10-12.

[18] Liugi Monta of Genoa v. Cechofracht Co.,Ltd.([1956] 2 Q.B. 552).

[20] 洪欣升:《"我国"引渡制度之现状与展望——兼论林克颖案》,《司法新声》,第 114 期。

[22] Reel v. Holder and another, High Court, Queen's Bench Division,2 April 1979,[1979]3 ALL ER 1041;[1979]1 WLR 1252;Court of Appeal,30 June 1981[1981] 3 All E.R. 321;[1981]1 WLR 1226. http://www.justis.com/pdf2/lrpdf/WLR/19811/19811162.PDF,2016-1-14.

[23] FranCois Parent, Specnor Tecnic Corporation et Corporation Specnor Tecnic International v. Singapore Airlines Limited (22 October 2003), Montreal 500-05-074778-026, (Sup. Ct. Q.), St.Pierre J.C.S.

[24] Anthony Woo v. Singapore Airlines [2003] 3 Sing.L.R. 688 (Sing. H.C.).Civil Aeronautics Administration v. Singapore Airlines[2004] SGCA 3.

[25] Olufemi A. Ellas, "The International Status of Taiwan in the Courts of Canada and Singapore", Singapore Year Book of International Law and Contributors,2004,pp.93-95,p96.

[26] Dupont Circle Citizens Ass'n v. D.C. Bd. of Zoning Adjustment, 530 A.2d 1163 (D.C. 1987). www.leagle.com/decision/19871693530A2d1163_11681,2016-1-12.

[27] Millen Industries, Inc. v. Coordination Council, 855 F.2d 879(D.C.Cir.1988).

[28] Sun v. Taiwan, 201 F.3d 1105 (9th Cir. 2000). www.leagle.com/decision/20001306201 F3d1105_11168; Sun v. Taipei Eco. &Cultural Representative Office, 34 F.App'x 529 (9th Cir. 2002),2016-1-12.

[29] Kao Hwa Shipping Co., S.A., v. China Steel Corp., 816 F.Supp. 910.

[30] 张玮心:《从时事浅谈司法互助——MLA（Mutual Legal Assistance）》,《军法专刊》,第 60 卷第 2 期。

[31] Ivan Shearer, "International Legal Relations between Australia and Taiwan: Behind the façade", *Australian Yearbook of International Law*, Vol.21, 2000, p129,123.

[32] [33] [34] 谢笠天:《台湾于美国法院之法律地位》,《台湾国际法季刊》（台北）第六卷第 2 期,2009 年 6 月。

（王鹤亭：河南师范大学政治与公共管理学院副教授）

台湾地区"大法官解释"中的两岸关系：
变迁与隐忧

马　密

　　台湾地区"大法官"承担着"宪法解释"的重任，具有广泛的"宪法解释权"，包括"规范"审查权、"宪法争议"解释权及"宪法"疑义解释权，其所扮演的角色犹如"沉默的制宪者"，在其"宪政"体制的发展上，发挥了制度类型抉择的功能。[1] 由此，在两岸关系定位上出现了一个令人担忧的问题：虽然现阶段台湾地区在"宪法规范"层面维持了"一个中国"的底线，但"释宪"与"宪法规范"之间是否能保持一致？即"大法官"是否会通过解释突破规范层面的"一个中国"底线？2016年上任的"司法院院长"许宗力上任前公开宣称两岸乃"特殊的国与国关系"，这一问题更加值得关注。本文拟在既有研究的基础上，从规范的进路分析台湾"大法官"所做出的涉及两岸关系的23个解释 [2]，归纳"大法官解释"中两岸关系定位的变迁，以及"大法官"解释两岸关系的规律，并进一步分析"释宪台独"的主要突破方式。

一、"大法官解释"中两岸关系定位的变迁

　　台湾地区"大法官解释"中的两岸关系定位经历了从"一国一团体"到"一国两区"的转变。"一国一团体"定位时期，"大法官"坚持绝对主观的"一个中国"定位，将中国共产党视为"叛乱团体"，大陆视为"光复区"。在20世纪90年代以前的司法政治化阶段，"一个中国"的两岸关系定位也是大众民意的普遍认知，"大法官解释"中的两岸关系定位服膺于两岸政治定位。20世纪90年代以后的政治司法化阶段，台湾"大法官"解释两岸关系呈现复杂化的面

相，1990年6月，"大法官解释释字261号"将两岸关系定位变更为"一国两区"，截至2017年底，"大法官"尚未突破"一国两区"的两岸关系定位。

（一）司法政治化阶段："一国一团体"定位

1947年，国民党在大陆颁布了管辖领域及于大陆和台湾的"中华民国宪法"。同年，国共两党内战爆发，国民党下令开始"动员戡乱"，将大陆定位"叛乱团体"，这一定位延续至1991年李登辉终止"动员戡乱条例"。在"动员戡乱"时期，"宪法"被执政当局当作一种法统的象征与延续，使得"修宪"成为一种禁忌。[3]台湾地区一些重要的政治纠纷通过司法的途径解决，司法独立性和中立性并未得到保障，故台湾地区这一阶段称为司法政治化阶段。这一时期，台湾共做出6个涉及两岸的"大法官解释"，从这些"解释"来看，"大法官解释"中的两岸关系定位与两岸政治定位[4]一致，"大法官"坚持着"一个中国"的绝对主观主义定位。

首先，"大法官"在解释文中，坚持以"大陆光复区"称呼祖国大陆，以"台湾省"或者"中央政府所在地"称呼台湾地区。例如，"大法官"在1954年10月的"释字第40号解释"和1984年10月的"释字第189号解释"中，将台湾称为"台湾省"，在1960年2月的"释字85号解释"将台湾称为"中央政府所在地"，在1977年9月，"大法官"的"释字第150号解释"称呼大陆为"大陆光复地区"。从"大法官"对两岸的称谓来看，这一时期"大法官解释"中的两岸关系定位是"一国一团体"，即两岸同属于"中华民国"，大陆存在一个"叛乱团体"，属于"沦陷"的"光复区"。

其次，"大法官"通过调整"民意代表"任期、数额等方式维护"一国一团体"的定位。"大法官"通过"释字第31号解释""释字第85号解释""释字第117号解释""释字150号解释"维持绝对主义的"一个中国"的法统。1954年，第一届民意代表任期届满[5]，但无法在台湾再次开展"全国性"的选举，"大法官"就此做出了"释字31号解释"，提出"第二届委员未能依法选出集会与召集以前，自应仍由第一届'立法委员''监察委员'继续行使其职权"[6]。由于"大法官"对于两岸关系的定位也受到侍从主义思想的影响，这一时期的"大法官"对于所声请的案件，往往直接给出答案，既并未对问题做出过多的解释，也并未附有相同或不同的"大法官"意见书。

"大法官"坚持"一国一团体"的定位是由政治行动者基于本身的利益考虑所形塑。"宪法"赋予了国民党统治的"正当性"，国民党需要论证坚持"一国一团体"的定位以维持其在台湾统治的"正当性"和"延续性"，将大陆视为"叛乱团体"的目的即论证国民党"统治全国"的"正当性"。由于冻结"宪法"后无法启动"修宪"程序，为解决两岸隔绝导致的"民意代表"无法换届、补缺不足等问题，国民党只能诉诸"大法官""释宪"达维持统治的目的。在威权体制下，司法精英经常是统治精英的一部分，"大法官"所做的解释是迎合当时执政者的所需。然而，20世纪90年代以后，政治意识形态浓厚的"一国一团体"的两岸关系定位难以得到认可，"大法官"必须寻求新的定位以适应两岸关系的发展。

（二）政治司法化阶段："一国两区"定位

政治司法化，是指司法对政治争议的选择性介入，司法审查通过形式合理性的说理方式处理政治纠纷，将政治问题转化为司法问题。20世纪70年代初，台湾当局被驱逐出联合国，中华人民共和国成为中国的唯一合法代表，台湾地区人民遇到了严重的认同危机。正如谢政道所总结的，国民党的统治至此出现了三大危机，认同危机、合法性的危机和参与性危机。[7] 在1990年6月，"大法官"为了解决三大危机，做出了"释字第261号解释"。自"大法官解释释字第261号解释"开始至2017年底，"大法官"共做出17个涉及两岸关系的解释。从"释字第261号解释"开始，"大法官"确立了"一国两区"的两岸关系定位，后续的解释逐渐强化了"一国两区"的内涵。

"大法官"延续了"动员戡乱临时条款"[8]中对于台湾地区的称谓，开始将大陆称为"大陆地区"，台湾称为"自由地区"。除了对两岸名称的改变外，"大法官"在这一解释中对民意代表的选举方式做出了限制。"大法官"在"释字第261号解释"理由书中指出，"中央政府"自应依"宪法"的精神、本解释的意旨及有关法规，妥为规划，在"自由地区"适时办理含有"全国不分区"名额的次届"中央民意代表"选举，以确保"宪政"体制的运作。[9]"全国不分区"名额的设置解决了如何在"一个中国"底线下，仅在台湾地区办理直接选举的难题。"大法官"这项主张在之后的"修宪"得到了遵从，"宪法增修条文"第四条规定，"立法委员"的选举包括"全国"不分区及侨居国外"国民"共34人。正如翁岳生所言，若无"释字第261号解释"，"国民大会"不会自行修改"宪法"或者废除"临时条款"。[10]1991年台湾地区第一次"修宪"遵循了"大法官解释"中两岸关系定位的论调，即使经过七次"修宪"后，这一定位也从未改变。

"一国两区"的两岸关系定位肯定了两岸同属于一个中国，对于现阶段两岸交流和两岸关系的和平发展具有积极的意义。然而，"一国两区"定位并没有解决现阶段两岸关系中历史遗留的政治分歧，国民党当局对于"一国两区"的理解或定位可以用以下的等式表述："一国两区"="一个中国"="中华民国"="台湾地区＋大陆地区"。[11] 同样，遗留的政治分歧也为两岸关系的未来发展埋下了隐忧。

二、变迁中的司法克制与隐忧

在"一国两区"定位的政治司法化阶段，"大法官"的自主性相对于第一阶段有所增强，许多政治问题纷纷通过"大法官""释宪"的渠道解决。"大法官解释"开始影响政治社会各个层面，在两岸关系领域发挥着极为重要的作用。"大法官"这一时期所做出的涉及两岸关系的解释较第一阶段更为复杂，既不突破"一个中国"底线，也不积极维护"一个中国"。在政治司法化阶段，"大法官"对"一个中国"的根本性问题进行回避，虽然并未明确捍卫"宪法一中"，却也守住了"一个中国"的底线。自"释字第 261 号解释""大法官"将大陆界定为大陆地区后，就再也未曾明示界定两岸关系，甚至回避了两岸关系的直接界定。

（一）"一个中国"的司法克制

第一，"大法官"限缩了解释两岸关系的权限。1993 年 4 月，陈婉真等 18 位"立法委员"声请解释"宪法"第四条"中华民国"的"领土"范围，"大法官"于是做出"释字第 328 号解释"，"国家领土之范围如何界定，纯属政治问题；其界定之行为，学理上称之为统治行为，依权力分立之宪政原则，不受司法审查"[12]。依照原旨主义解释，并不难界定固有疆域的具体范围。固有疆域的范围这一解释文根据政治问题不解释的理论回避了对"固有疆域"的阐释，一方面，摒弃了"独派"试图通过"大法官解释"限缩"宪法"第四条"固有疆域"的范围为台湾地区的企图，从而使得"领土"的变更回归到遵循"宪法"规定的程序轨道上；另一方面，却也罔顾"立宪"者的意志，回避了"固有疆域"包含大陆地区的基本事实。[13] 以利益衡量予以推测，"大法官"并不具有民意基础，也不拥有执行解释的强制力，这种先天的政治体制的限制使得"大法官"难以成为重大政治问题的解释者。尤其是面对统"独"议题，"大法官"选择回避是维持自我权威性的较好方式。

第二，间接地否定了两岸属于"国与国"的关系。虽然"大法官"并未解释"固有疆域"的范围，但是在 1993 年 12 月的"释字第 329 号解释"间接地否定了两岸属于"国与国"的关系。一是"大法官"再次肯定了"领土"变更的方式。"大法官"在"释字第 329 号解释"理由书中指出，"至条约案内容涉及领土变更者，并应依'宪法'第四条之规定，由'国民大会'议决之"[14]。二是"大法官"否定了两岸签订的协议是国际书面协定，"台湾地区与大陆地区间订定之协议，因非本解释所称之国际书面协定，应否送请'立法院'审议，不在本件解释的范围"[15]。故而，"大法官"并未改变"一个中国"底线的"宪法"定位。

尽管一种宪法理论的灵活性与适应性允许日后的解释者考虑不同时期日益变化的需要并使他们能够应对新出现的无先例的问题，但是出于保护一部宪法的精髓及其完整性的必要，这种灵活性与适应性就必须有其范围的界限。[16]"大法官"对于两岸关系定位依然受限于"宪法"所确立的"一个中国"的底线，并不能超越"宪法一中"进行革命性的他项解释。

（二）"去中国化"的司法绥靖

"大法官"在"一个中国"问题上的司法克制，虽然暂时避免"独派"人士试图通过解释两岸关系间的根本问题达到"台独"的目的，但是"释字 467 号解释""释字 479 号解释""释字 644 号解释"中的"暧昧"或"不作为"表现出"大法官"在隐秘地"去中国化"中的司法绥靖，主要表现为：

第一，省级地位的改变。1997 年制定的"宪法增修条文"第九条，将民选的省长和省议会议员改为省政府的主席及委员以及省咨议会的议员。上述人员均由"行政院院长"提请台湾地区领导人任命，其主要职责是根据"行政院"的命令，监督县自治事项。1998 年 10 月，"大法官"在"释字第 467 号解释"中指出，"修宪"后，省不再拥有"宪法"规定的自治事项，亦不具备自主组织权，自然并非地方自治团体性质的公法人。[17]刘铁铮"大法官"对这一解释提出质疑，"宪法增修条文"第九条第一款规定因应"宪法增修条文"前言"为因应国家统一前之需要"所做的过渡性的安排，"国民大会"未予否定省的地位，"释宪机关"不可为"宪法"明文规定以外之目的。[18]

第二，允许"全国性"社团改名为区域性社团。1995 年，台湾地区"中国比较法学会"向台行政部门声请改名为"台湾法学会"，"内政部"以其作为人民团体的主管监督机关根据相关法规拒绝其改名而声请解释。1999 年 4 月，在"释字第 479 号解释"中，"大法官"以结社自由的理由，认定"内政部"订定的"社会团体许可立案作业规定"第四点关于人民团体应冠以所属行政区域名称的规定，逾越母法意旨，侵害人民应享的结社自由而失效。[19] 毋庸置疑，人民团体的命令权应该受到保护，然而这一解释涉及更深层次的问题。正如董翔飞、刘铁铮、黄越钦三位"大法官"提出的不同意见书中所言，改名后"台湾法学会"是"全国性人民团体"抑或已经变为地域性人民团体？若为前者，则"台湾"是否意含"国家名号"。[20] "大法官"并未区分其中之内涵，纵容了隐蔽性地"去中国化"。

第三，放开"台独"团体结社限制。1998 年，陈师孟向台北市政府社会局申请筹组"台北市'外省人'台湾独立促进会"社会团体。该局认为声请人所筹组的政治团体以"支持以和平方式，推动台湾独立建国"为宗旨，与"人民团体法"第二条规定不符，不予通过其申请。2001 年台湾"最高行政法院判字第 349 号判决"认为，根据"宪法"第四条"领土"条款规定以及"人民团体法"第二条规定，人民团体的组织与活动，不得主张共产主义，或主张分裂国土。[21] 人民不能以主张分裂领土为宗旨结社。2008 年 6 月，"大法官"做出"释字第 644 号解释"，推翻了台湾"最高行政法院"的判决，将"宪法增修条文"第五条第五款关于政党解散的条件，限定于"政党成立后"。[22] "宪法法庭"的设立，实与民进党通过所谓"台独党纲有关"。[23] 这意味着"修宪者"原意是通过这一条文限制"台独"团体的活动。虽然"大法官"是以保障人民权利的方式进行论证，但是，客观上解除了"独派"建立人民团体的束缚，影响两岸关系的和平发展。"大法官"凭借保障人民权利的方式，将"宪法增修条文"第五条第五款的规定限缩，为台湾地区的"台独"组织活动提供了屏障，违背了"修宪者"的原意。

第四，大陆人民权利解释泛政治化。随着两岸交流的不断深化，涉及大陆人民权利方面的解释逐渐增多，并逐渐成为 20 世纪 90 年代后期"大法官解释"内容的重点。"大法官"共做出 11 个涉及两岸人民权利的解释，主要包括："释字第 242 号解释"（1989 年 6 月 23 日）、"释字第 265 号解释"（1990 年 10 月 5 日）等[24]。自 1990 年"释字第 242 号解释"开始，"大法官"首开两岸人民的权利区别对待的先河，后期以台湾地区"宪法增修条文"第十一条为依据，作为区别对待两岸人民的合法性依据。一是"大法官"因原籍不同而采取不同的审查基准。譬如"大法官"在 2003 年 4 月的"释字第 558 号解释"中，使用严格审查基准宣告限制台湾人民出入境的 1992 修正后的"国家安全法""违宪"。但是该号"解释理由书"中却指出，大陆人民进入台湾地区境内，依据"宪法增修条文"第十一条，可以为不同处置。[25]"大法官"对大陆人民的权利限制，基本采取尊重立法者的态度，使用宽松的审查标准，甚至是对于已经设籍在台湾的陆配也是如此。在"释字第 618 号解释"中，"大法官"同样采用宽松的审查基准审查立法机构对考取公职陆配的任职限制。二是目的解释方法运用的泛政治化。正如"大法官"陈碧玉在不同意见书中指出，"两岸虽在分治状态，然强制出境及暂予收容之处分，攸关经许可合法入境大陆地区人民之居住、迁徙、人身自由暨婚姻家庭等基本人权之保障。"[26]在大陆人民基本权利保障方面，应该保障大陆人民的基本人权，减少政治意识形态对权利保障的侵犯。"大法官"过于尊重立法者的自由裁量权，采取消极的态度姑息立法者对大陆人民权利的限制，有损"大法官"的司法权威。

三、"释宪台独"未来可能的突破方式

宪法是否发挥规范作用，关键不只在宪法条文本身，更重要的是宪法的现实面，也就是宪法意旨是否被真正地具体落实。在台湾地区，虽然目前"大法官解释"尚未突破"一个中国"底线，但也并非"一个中国"底线坚实的守护者。按照宪法法理，宪法解释不能超越宪法的文艺范围，"大法官"理应不能通过"释宪"实现"法理台独"，但是，也不能排除"大法官"突破以往解释限制的可能性。有关法律的每一次解释、每一个裁决、每一个法律行动，都是逻辑、价值与权力的混合。[27] 故而，"大法官"可能通过"释宪"实现"法理台独"。譬如，现行"大法官"黄昭元认为，如果我们能在"宪法"层次上解释出"我国领土只及于台湾地区""两岸已经是两个不同国家""现在的'中华民国'和一九四九年前的'中华民国'在法律上也不是同一个国家"，这些结论就够了。[28]经过七次"修宪"后的"增修条文"确立了高要求的"修宪"启动机制，"释宪"成为"独派"寻求法理"台独"的重要手段。从台湾地区"大法官解释文和意见书"以及现任和往任"大法官"学术性论述中分析，台湾地区"大法官"推动"释宪台独"的可能形式，包含人民身份突破、"领土"范围突破两种主要形式。

（一）人民身份突破

人民身份突破是指"大法官"通过解释否定大陆人民是"中华民国"构成人员，从而达到"法理台独"目的。1947年"宪法"的适用对象并未区分大陆人民与台湾人民，其规范对象自然包含大陆人民和台湾人民。在以往的"大法官"解释文中，"大法官"承认大陆人民属于"中华民国"的人民，并未否定大陆人民的"主权地位"。但是，根据是否在台湾地区设有户籍的标准，区分两岸人民权利保障的程度，为突破"一个中国"埋下了隐忧。

第一，词汇转换突破。词汇转换突破的表现形式在于，并不更改"人民"和"国民"的解释范围，而是重新创立独属于台湾人民的词汇，确立台湾人民身份的特殊性。一直以来，"大法官"在解释中以"人民"或者"国民"称呼两岸人民。在"释字第644号解释"中，"大法官"开始以"公民"称呼台湾地区人民而区别于大陆地区人民。结社自由除保障人民得以团体的形式发展个人人格外，更有促使具公民意识的人民，组成团体以积极参与经济、社会及政治等事务的功能。[29] 公民是国民中享有某些公法上权利及负担特定公法上的义务者。[30] 在台湾地区的语境中，大陆人民并不是"中华民国"的"公民"。作为"非公民"的大陆人民究竟何以被"矮化"？"大法官"以大陆人民"不理解自由民主宪政体制"的理由限制大陆人民的权利，增加大陆人民的义务。

第二，限缩"中华民国"人民的范围。限缩"中华民国"人民的范围，表现为将大陆人民解释为"外国人"，或者将"中华民国人民"限定为台湾地区人民。一些"大法官"的意见书对大陆人民的身份进行了进一步的不同的界定。"大法官"对"宪政"发展的影响，不仅限于各解释案结果的效力，各个"大法官"作成的个别意见书，也蕴含对未来解释案可能的影响。[31] 台湾地区"大法官"的解释文中的意见需要通过"大法官"的多数决通过，个别"大法官解释"意见书虽然并不具有规范效力，但是待这种意见成为多数意见时，则会形成具有规范效力的解释。若是"大法官"在解释文或解释理由中将大陆人民视为特殊的非"本国人"和非外国人，则是"释宪台独"的潜在表现。目前，"大法官解释意见书"中存在三种以下关于大陆人民身份的意见：一是，"一个中国"下的"非外国人且非台湾地区人民"的大陆地区人民。代表性人物是"大法官"罗昌发。他认为，大陆地区人民非外国人且非台湾地区人民之特殊地位是由"宪法"基于"固有疆域"而制定，故在"宪法"与"增修条文"之架构下，大陆地区人民虽与拥有其他国籍之外国人不同，然其亦非属在法律下享受与台湾地区人民完全相同待遇与保障之国民。[32] 在这一定位下，大陆人民的"宪法"

上权利之保障，除有保护"国家安全"等必要而符合"宪法"第二十三条规定之情形外，不应低于外国人之保障。[33] 二是，"非本国人"且非外国人。代表性人物为"大法官"陈春生。陈春生在"释字第 710 号解释"的协同意见书中表明，"大陆地区人民之法地位较为特殊，大陆地区人民依'宪法增修条文'既非外国人、又非本国人（不具'中华民国'国籍）、亦非无国籍人，故其自由权利的保障与限制，无法立即与'本国人'或'外国人'一概而论。"[34] "大法官"在以往的解释文和解释理由书常常表明，大陆人民是"中华民国的人民"，并未否定大陆人民非属于"本国人"。而陈"大法官"直接在意见书中认定"大陆人民是非外国人且又非'本国人'"的说法与许宗力的"特殊国与国"关系的定位并无二致。三是，模糊性的定位。代表人物为"大法官"陈碧玉。"因定居而为户籍登记之大陆地区人民，为'中华民国国民'"。[35] 陈"大法官"这一定义确立了大陆人民成为"中华民国国民"的标准是必须在台湾地区设立户籍。反而言之，未设有台湾地区户籍的大陆地区人民则非为"中华民国国民"。虽然并未能够直接进行论断，但是，陈"大法官"这一定义已经隐含地排除了"未设立户籍的大陆人民是中华民国国民"的选项。因此，"大法官"极有可能通过解释确立大陆人民非属于"本国人"且不属于"外国人"的身份，在权利保障方面的解释倾向于建立与外国人一致的保护体制，甚至，在一些方面给予大陆人民更多的限制。

第三，将大陆人民权利保障等同外国人。人民权利保障突破是指"大法官"对大陆人民权利保障的范围、标准和论证方式完全等同于外国人。在"宪法一中"的框架下，大陆人民享有"宪法"第二章规定的人民的基本权利。虽然经过七次"修宪"的"增修条文"对大陆人民权利授权立法者予以限制，但大陆人民依然是属于被限制的"本国人"，与外国人权利保障范围不能等同。然而，在涉及大陆人民权利保障的"大法官解释"中，"大法官"均秉持着与对台湾地区人民权利积极保障完全相反的态度，对大陆人民权利解释以尊重立法者自由裁量为原则，极少宣布"法律"或"命令""违宪"。譬如，在"大法官解释释字第 618 号解释"中，"大法官"纵容了立法者对于原籍为大陆人民的台湾人民歧视。即使 2013 年 7 月"大法官"在"释字第 710 号解释"中，首次做出行政机关发布的命令"违宪"的解释，但该号解释做出的背景在于外国人相应权利保障的确立。甚至"大法官"在"意见书"中将二者予以对比，并以国际公约的基本人权论证大陆人民权利的保障。"本号解释与释字第 708 号解释意旨，可谓与欧洲人权公约第五条规定相契合。"[36] 因此，"释字第 710 号解释"在保护大陆人民权利方面实现突破，但是其所使用的论证方式存有隐忧。"大法官"将大陆人民的权利保障对比外国人，借由国际公约的人权保障作为解释理由，而非现行"宪法"关于同一国家下的人民权利保障的基本原理。故而，虽然在"释字第 710 号解释"中，"大法官"对大陆人民权利保障有所突破，但是，依然漠视了"一个中国"对大陆人民权利保障的规范效力。

（二）领土范围突破

领土范围突破，即"大法官"通过直接或间接的方式，对"固有疆域"突破性解释，突破"一个中国"的底线。领土作为界定国家由主权而产生之统治权之范围，因此拥有排他的权利。[37]虽然"大法官"至今并未公然做出有悖于"一个中国"的解释文，但是在"释字第 328 号解释"中，"大法官"回避了"固有疆域"具体范围的解释。"大法官"本应该通过原旨主义解释的方法阐释"固有疆域"的具体范围，维护"一个中国"的"宪法"底线，却使用政治问题不解释的理论回避了这一问题。虽然这使得"大法官"能够脱离于政治的纷争，却也是为"两岸一中"埋下了隐忧。即使"大法官"在"释字第 328 号解释"中，运用了"政治问题不解释"的原理回避了"固有疆域"范围的问题，依然不能排除"大法官"会通过"情势变更"和"台湾人民的公共利益"等理论限缩"领土范围"的可能性。即使"释字第 329 号解释"将这一回答的解释权交回"国民大会"手中，但是，不能排除"大法官解释""领土范围"的可能性。

第一，"大法官"可能通过直接解释"领土范围"，达到"释宪台独"的目的。这种直接解释突破的可能性较小，受到两岸政治形势的影响。但是，这种可能性并非不存在，在以往的"大法官"在"意见书"存在这种倾向。"大法官"许玉秀说到，至于分裂国土的主张，看起来似乎是使国土减少的意思，但是认知国土减少之前，必须先认知到国土的范围，如果国土的范围已经有争议，也就难以确知何谓分裂国土。[38]这种表述以领土范围的争议为根据论证限缩领土的正当性，可以看出将来"大法官"直接通过解释领土范围达到"释宪台独"的可能性。例如，现任"大法官"黄昭元指出，大陆虽然名义上为"中华民国领土"，但实际上仍然是"外国领土"，等于是一种"特殊的外国领土"。[39]他从"宪法增修条文"前言的"国家统一前"论述两岸属于分裂的"两个国家"，以"宪法增修条文"第十一条论述现行"宪法"不及于大陆，将台湾现行的机关由台湾地区选举三个方面，论证"固有疆域"的范围已经"限缩于台湾地区"。[40]现任"司法院院长"许宗力也主张，"宪法"地域效力范围的限缩，则必然造成"领土范围"的限缩。[41] 实际上，自20世纪90年代以来，"大法官"从未坚定拥护"宪法一中"。2016年以后，"大法官"人员组成的更为复杂，不同意识形态的"大法官"对待"宪法一中"的态度并不一样，而具有"独派"色彩的"大法官"的数量越来越多，直接解释"领土范围"限于台湾的可能性并非不存在。

第二，"大法官"也可能论证"中华民国等同于台湾"。目前，"大法官"常常以"两岸分治"作为论证区别对待大陆人民权利的合法性基础。"两岸关系条例"第十条第一款规定，"大陆地区人民非经主管机关许可"，不得进入台湾地区是在两岸分治之现况下，大陆地区人民入境台湾地区之自由受有限制。[42] 大陆为台湾地区治权所不及的地区。譬如许宗力说到，自1991年"修宪"后，"中华民国"相对于世界各国独立的事实，不仅仅是"事实上的独立"而已，而且是"法律上的独立"。[43] 许宗力不仅在其著作中秉持这一主张，而且在"大法官意见书"中阐述了"台独"理念。"至于分裂国土，由于台湾特殊历史、政治因素使然，'中华民国'与台湾这两个符号的关系，是等号，或包含，不同政治立场者有不同解读，且均各自引经据典，从'宪法'本身寻获其立论依据，致其适用可能陷入与共产主义一词的解读类似之困境。"[44] 这一论调实际上解构了"宪法一中"的规范意涵，断定"宪法一中"并不具有规范上的拘束力，间接承认"中华民国等于台湾"。其下一步可能是直接表明"中华民国等于台湾"，实现"释宪台独"的目的。现任"大法官"黄昭元以朝鲜与韩国做比较，认定即使并不更改"固有疆域"的范围，以大陆和台湾在法律上只及于各自有效控制的地区，对非有效控制的地区的所有权主张只是政治性宣示。[45] 对两岸关系定位究竟进行革命抑或改良与台湾地区的政治格局息息相关。早先"大法官"依然受到国民党政治定位的影响，随着民进党势力的增强，国民党主导"大法官"解释两岸关系方向的局势不再。因此，我们不能忽略"大法官"通过"释宪"达到"法理台独"的可能性。

四、应对"大法官解释"中隐忧的路径

无论是"动员戡乱"时期的"一国一团体"的两岸关系定位，还是20世纪90年代后的"一国两区"定位，"大法官"均未突破"一个中国"的底线。"大法官"也并非是"一个中国"的守护者，"大法官"纵容了隐蔽的"去中国化"的行为，对两岸关系的和平发展有所损害。因此，大陆方面应该建构一套应对

"大法官解释"中隐忧的体系。

第一，挖掘台湾地区法秩序中维护"一个中国"的法理资源。自20世纪90年代开始，台湾地区通过一系列的研讨会发表了一些通过学理解释突破"一个中国"的学术性论文，对台湾地区学界造成了一定的影响。与此相反，台湾地区挖掘台湾地区法秩序中"一个中国"的法理资源的论文则不多，大陆方面多侧重于从政治方面分析"一个中国"的突破，较少从台湾地区法秩序中挖掘维护"一个中国"的法理资源。对两岸宪制性规定中"一中性"的挖掘，有利于推动"九二共识"从一个政策共识向具有操作性和明确性的法理共识发展。[46]除此之外，台湾地区法律及其他法律规范，甚至是司法判决中均蕴含丰富的"一个中国"法治资源。最为明显的是，台湾地区"两岸人民关系条例"第二条明确规定了大陆和台湾同属于"一个中国"。因此，系统性地梳理台湾地区法秩序中的"一个中国"，有利于从台湾地区维护台湾地区法秩序中的"一个中国"的本土法治资源。

第二，从"释宪"的界限维度出发，论证"大法官"不能突破"一个中国"。虽然释宪者能够根据社会的变化通过解释实现宪法的变迁，但是宪法解释所导致的宪法变迁存在一定的界限。一是严格区分宪法解释和宪法修改。宪法明文规定必须通过修宪启动程序才能改变，释宪者不能越俎代庖。台湾地区所谓"宪法增修条文"第四条规定了"固有疆域"的更变程序，"大法官"不能通过解释变更。二是宪法解释不能突破宪法文义的涵射范围。台湾地区所谓"宪法"第四条规定，关于"固有疆域"的范围从未改变，故该法坚持大陆和台湾同属"一个中国"。"宪法"规范所蕴含的"一个中国"对"大法官""释宪"产生拘束力，"大法官"并不能违背"宪法"规范的明确旨意，"释宪"受到"宪法"所确立的制度的限制。两岸问题是重要的政治问题，基于权力分立原则，"大法官解释"并不能突破"一个中国"底线。此外，挖掘以往"大法官解释"中坚守"一个中国"界限的资源，用以论证突破"一个中国"的反法理性行为。台湾地区"大法官解释释字第328号解释"将"固有疆域"范围的界定视为政治问题，并不属于"大法官解释"的范围。

第三，建立影响"大法官解释"的评估体系。一是全面地梳理"大法官"涉及两岸关系的所有解释，从而归纳相关的规律，预测"释宪台独"的可能性。建立针对"释宪台独"的中长期评估预测机制，结合对台湾地区既有涉两岸关系"宪法解释"和"大法官"个人特点的认知，构建"释宪台独"活动的数据分析体系，并借助这套体系形成对台湾当局在未来推动"释宪台独"活动可能性的中长期预判。[47] 除此之外，系统地梳理往任、现任"大法官"以及台湾地区学界关于两岸关系的经典性学术性见解，归纳分析"释宪台独"可能的解释方向。二是关注"大法官""释宪"程序的变化，尤其是"释宪"门槛的降低。审查"大法官"人数的变化影响"大法官"审理案件的选择难易。根据"司法院大法官审理案件法"第十条，"司法院"接受声请解释案件由推定"大法官"三人审查，降低审查"大法官"人数，则更容易使得"台独"性案件进入"释宪"程序。"释宪"案表决人数的变化影响"释宪"案通过的难易。根据"司法院大法官审理案件法"第十四条，"大法官"解释"宪法"，应有"大法官"现有总额三分之二之出席，及出席人三分之二同意，方得通过。但宣告命令抵触"宪法"时，以出席人过半数同意行之。"大法官"统一解释"法律"及命令，应有"大法官"现有总额过半数之出席，及出席人过半数之同意，方得通过。若是表决门槛的降低，降低了"释宪台独"实现的难度。三是预防台湾地区一般法院的法官对于涉及"一个中国"案件中的"非合宪性"解释，这些案件造成了隐蔽性、个案性的"法理台独"的实现，对于整体的"释宪台独"可能造成潜移默化的影响。

第四，强化两岸交流，诉诸台湾地区民意反制。台湾地区"大法官"是否通过"释宪"突破"一个中国"，并非只是单纯的法律问题，更与岛内民意密切相关。一方面，根据"宪法增修条文"第五条第一款的规定，"大法官"的选任需要台湾地区领导人提名，立法机构同意任命。根据"立法院职权行使法"第二十九条规定，"立法院"行使同意权时，须经超过全体"立委"二分之一同意为通过。强化台湾地区民众对于"一个中国"的认同，能够减少"独派""立法委员"和"大法官"的出现。另一方面，台湾地区"大法官"并不具有民主正当性，"大法官"如何解释依然基于对自身权威性的考量，会受到岛内民意的影响。长期以来，受到岛内政治和媒体的渲染，岛内民众对于大陆了解不多，或者多为负面。因此加强两岸交流，强化台湾民众"一个中国"的民族意识，有利于台湾民众正面了解大陆，正确看待两岸关系。

注释：

[1] 黄德福等：《"大法官释宪"对"我国宪政体制"的形塑》，(台)《台湾民主季刊》2007 年第 4 卷第 1 期。

[2] 截至 2017 年 12 月 1 日，"大法官"共做出 756 个解释，其中涉及两岸关系的解释共 23 个解释。即第一阶段："释字第 31 号解释"（1954 年 1 月 29 日）、"释字第 85 号解释"（1960 年 2 月 12

日）、"释字第 117 号解释"（1966 年 11 月 9 日）、"释字第 150 号解释"（1977 年 9 月 16 日）、"释字第 242 号解释"（1989 年 6 月 23 日）、"释字第 260 号解释"（1990 年 4 月 19 日）；第二阶段："释字第 261 号解释"（1990 年 6 月 21 日），"释字第 265 号解释"（1990 年 10 月 5 日）、"释字第 328 号解释"（1993 年 11 月 26 日）等，"释字第 329 号解释"（1993 年 12 月 24 日）、"释字第 454 号解释"（1998 年 5 月 22 日）、"释字第 467 号解释"（1998 年 10 月 22 日）、"释字第 475 号解释"（1999 年 1 月 29 日）、"释字第 479 号解释"（1999 年 4 月 1 日）、"释字第 481 号解释"（1999 年 4 月 16 日）、"释字第 497 号解释"（1999 年 12 月 3 日）、"释字第 558 号解释"（2003 年 4 月 18 日）、"释字第 618 号解释"（2006 年 11 月 3 日）、"释字第 644 号解释"（2008 年 6 月 20 日）、"释字第 692 号解释"（2011 年 11 月 4 日）、"释字第 708 号解释"（2013 年 2 月 6 日）、"释字第 710 号解释"（2013 年 7 月 5 日）、"释字第 712 号解释"（2013 年 10 月 4 日）。

[3] 叶俊荣：《法统的迷思：台湾民主代表性的操控与重构》‖《民主转型与宪法变迁》，台北：元照出版社，2003 年，第 3—21 页。

[4] 两岸政治定位是指政治部门对两岸关系做出的定位。"大法官解释"中的两岸关系定位，是指"大法官解释"对两岸关系所做出的定位。

[5] "宪法"第六十五条规定"立法委员"的任期为 3 年，第一届"立法委员"任期至 1951 年 5 月 7 日届满。"宪法"第九十三条规定"监察委员"的任期为 6 年，自其首次集会之日计起至 1954 年 6 月 4 日即届满 6 年。

[6] 台湾地区"大法官解释释字第 31 号解释文"。

[7] 谢政道：《"中华民国修宪史"》，台北：扬智文化事业股份有限公司，2001 年，第 21 页。

[8] 台湾地区"动员戡乱临时"条款第六条第一款规定，在台湾地区增加"中央民意代表"名额，定期选举，其须由侨居国外国民选出之"立法委员"及"监察委员"，事实上不能办理选举者，得由台湾地区领导人订定办法遴选之。

[9] 参见台湾地区"大法官解释释字第 261 号解释文"。

[10] 翁岳生：《台湾民主宪政的发展与法律概念及立法功能的演变》，（台）《月旦法学杂志》2012 年 1 月，总第 200 期。

[11] 张文生：《"一国两区"与两岸关系的政治定位》，《重庆社会主义学院学报》2012 年第 5 期。

[12] 参见台湾地区"大法官解释释字第 328 号解释理由书"。

[13] 彭莉，马密：《台湾地区司法判决中的两岸政治定位——以台湾地区"宪法"第四条为核心》，《台湾研究集刊》2016 年第 6 期。

[14] 参见台湾地区"大法官解释释字第 329 号解释理由书"。

[15] 参见台湾地区"大法官解释释字第 329 号解释理由书"。

[16] ［美］E· 博登海默：《法理学——法律哲学和法律方法》，邓正来译，北京：中国政法大学出版社，2004 年，第 542 页。

[17] 参见台湾地区"大法官解释释字 467 号解释文"。

[18] 参见台湾地区"大法官解释释字第 467 号解释刘铁铮大法官不同意见书"。

[19] 参见台湾地区"大法官解释释字第 479 号解释解释文"。

[20] 参见台湾地区"大法官解释释字第 479 号解释董翔飞、刘铁铮、黄越钦大法官不同意见书"。

[21] 参见台湾地区"最高行政法院 2001 年判字第 349 号判决"。

[22] 参见台湾地区"大法官解释释字第 644 号解释理由书"。虽然台湾地区"宪法增修条文"第五条第五款规定：政党之目的或其行为，危害"中华民国"之存在或"自由民主之宪政秩序"者为"违宪"。唯组织政党既无须事前许可，须俟政党成立后发生其目的或行为危害"中华民国"之存在或"自由民主"之"宪政"秩序者，经"宪法法庭"作成解散之判决后，始得禁止，而以违反"人民团体法"第二条规定为不许可设立人民团体之要件，系授权主管机关于许可设立人民团体以前，先就言论之内容为实质之审查。

[23] 林铭德：《第二届公民大会"修宪"躬历记》，收录于《"大法官""释宪"五十周年研讨会》，（台）"司法院" 1999 年版，第 223 页。

[24] 其余涉及大陆人民权利的主要解释包括："释字第 454 号解释"（1998 年 5 月 22 日）、"释字第 475 号解释"（1999 年 1 月 29 日）、"释字第 479 号解释"（1999 年 4 月 1 日）、"释字第 497 号解释"（1999 年 12 月 3 日）、"释字第 558 号解释"（2003 年 4 月 18 日）、"释字第 618 号解释"（2006 年 11 月 3 日）、"释字第 692 号解释"（2011 年 11 月 4 日）、"释字第 710 号解释"（2013 年 7 月 5 日）、"释字 708 号解释"（2013 年 2 月 6 日）、"释字第 712 号解释"（2013 年 10 月 4 日）。

[25] 台湾地区"大法官解释释字第 558 号解释理由书"。

[26] 台湾地区"大法官解释释字第 710 号解释陈碧玉大法官部分协同部分不同意见书"。

[27] 廖元豪：《司法与台湾民主政治——促进、制衡，或背道而驰？》，（台）《台湾民主季刊》2007 年第 3 期。

[28] 黄昭元：《"两国论"的宪法分析——宪法解释的挑战与突破》，《"两国论"与"台湾国家定位"》，台北：学林文化事业有限公司，2000 年，第 26 页。

[29] 参见台湾地区"大法官解释释字第 644 号解释"。

[30] 李震山：《论宪政改革与基本权利保障》，（台）《中正大学法学集刊》2005 年第 18 期。

[31] 叶俊荣：《2015 年宪法发展回顾》，（台）《台大法律论丛》2016 年 11 月，第 45 卷特刊。

[32] 参见台湾地区"大法官解释释字第 710 号解释大法官罗昌发部分协同部分不同意见书"。

[33] 参见台湾地区"大法官解释释字第 710 号解释罗昌发大法官部分协同部分不同意见书"。

[34] 参见台湾地区"大法官解释释字第 710 号解释陈春生大法官协同意见书"。

[35] 参见台湾地区"大法官解释释字第 710 号解释陈碧玉大法官部分协同部分不同意见书"。

[36] 台湾地区"大法官解释释字第 710 号解释蔡清游大法官部分协同意见书"。

[37] 陈新民：《宪法学释论》（第八版），台北：三民书局，2015 年，第 94 页。

[38] 台湾地区"大法官解释释字第 644 号解释许玉秀一部协同、一部不同意见书"。

[39] 黄昭元：《"两国论"的宪法分析——宪法解释的挑战与突破》，《"两国论"与"台湾国家定位"》，台北：学林文化事业有限公司，2000 年，第 15 页。

[40] 黄昭元：《固有疆域的问题》，（台）《月旦法学杂志》2000 年总第 64 期。

[41] 许宗力：《两岸关系的法律定位——现状与未来发展》，《宪法与法治国行政》，台北：三民书局，1999 年，第 470—471 页。

[42] 台湾地区"大法官解释释字 710 号解释理由书"。

[43] 许宗力：《两岸关系法律定位百年来的演变与最新发展——台湾的角度出发》，《"台湾主权"论述论文集》（下），台北："国史馆"，2001 年，第 565 页。

[44] 参见台湾地区"大法官解释释字 644 号解释许宗力大法官协同意见书"。

[45] 黄昭元:《"两国论"的宪法分析——宪法解释的挑战与突破》‖《"两国论"与"台湾国家定位"》，台北：学林文化事业有限公司，2000年，第24页。

[46] 周叶中，祝捷:《论宪法资源在两岸政治关系定位中的运用》，《法商研究》2013年第5期。

[47] 段磊:《"释宪台独"的政治意涵、表现形式与应对策略》，《台海研究》2017年第1期。

（马　密：厦门大学法学院博士研究生）

多重困境下的台湾经济走向与思考

曹小衡

进入 21 世纪以来，周期性、结构性和机制性等多重原因累积叠加困扰着台湾经济的发展，使台湾经济一直在低位徘徊。台湾岛内外市场需求不振、产业结构调整前景黯淡、债务累计已达临界点，加上岛外市场开拓能力有限和两岸关系难解的僵局，使岛内外各方对台湾经济前景疑虑加深。台当局试图通过政治加经济的手段"亲美联日"、全面弱化与大陆的联系等举措来摆脱困境，实在是南辕北辙，只能加重台湾经济的困境。

一、持续低迷的台湾经济回暖乏力

进入 21 世纪以来台湾经济低位徘徊已是常态。1981—1990 年十年间，台湾经济年均增长率曾达 11.5%，在"亚洲四小龙"中位列前茅。1991—2000 年均 GDP 增长有所下降，但仍能以年均 8.8% 的增长率较快增长。自进入 21 世纪以来，台湾经济开始先于其他"四小"进入低速增长，其中，2001—2010 年平均 GDP 年增率 3.2%；2011—2017 年平均 GDP 年增率 3.1%，在"四小"中台湾经济增长继续垫底。

进入 21 世纪以来亚洲四小龙经济增长情况（表一）

	中国台湾	韩国	新加坡	中国香港
2001—2010 年均增长率	3.2	7.0	7.1	2.9
2011—2017 年均增长率	3.1	3.5	4.1	5.8

资料来源：作者根据台湾行政部门"主计处"；韩国银行；新加坡统计局；香港特区统计处发布数据整理；2017 年增长率为预测值。

从岛内宏观经济层面看，岛内投资不足，岛外资本投资台湾持续萎缩，岛内消费动能弱化是拉低台湾经济增长的基本原因。

1. 岛内投资不足与资本闲置情况并存。首先，岛内总投资从 2012 年到 2016 年连续 5 年下降，岛内投资占 GDP 比率（投资率）分别为：21.82%、21.46%、21.23%、20.26% 和 20.17%，（见表二）这在台湾经济发展过程中是罕见的；其次，岛内"超额储蓄率"（储蓄率 – 投资率）持续上升，2012—2016 年分别为：8.63%、10.53%、12.35%、14.44%、13.74%，也是近 30 年所少有。如 2001 年为"超额储蓄率"仅为 6.07%，而到 2011 年增长至 8.45%，2016 年更达 13.74%。（见表二）这一指标显示近年来岛内投资不足、资产闲置情况严重。而且由于台当局债务已超越法定上限，难以复制 20 世纪 80 年代通过举债来进行投资、稀释储蓄，另外，当前岛内企业岛外生产比已超过 50%，加之岛内投资环境难以优化，岛内投资空间，尤其是制造业投资空间有限，使岛内民间投资尤其是占比较高的制造业投资很难提振。

2. 岛外资本投资台湾持续萎缩已成常态。在吸引境外投资方面，台湾自国际金融危机后就面临萎缩，2014 年岛内吸引外商投资金额比 2007 年大幅缩减 62%。除个别年份的特殊投资案拉动，如 2016 年由于美光科技（美国）和阿斯麦（ASML，荷兰）对台湾半导体企业的大手笔收购，使台湾当年在获得境外投资方面有较大的提升，当年台湾吸引境外投资达 110.3 亿美元的历史高点，其余年份均在低位徘徊，2008 年—2015 年台湾年均获得境外投资仅为 53.4 亿美元。再者，尽管 2016 年外资在岛内投资达 110.3 亿美元，与当年台湾对外投资相比，仍呈资金净流出。另一值得关注点是，美国、日本等与台湾经济关系密切且为台湾产业链上游的经济体，近十年来对台湾的投资也是持续下降，如美国 2007 年对台湾投资为 31.4 亿美元，2008 年为 28.5 亿美元，而 2015 和 2016 年分别降至 1.3 和 1.4 亿美元；日本 2006 年 15.9 亿美元，2016 年降为 3.5 亿美元。

3. 岛内消费动能持续弱化。岛内消费动能趋弱难以拉抬的主因是受岛内经济不振、就业困难、薪资增长停滞、股市低迷、贫富差距扩大等结构性因素影响。由于对经济前景悲观，台湾民众持币而不敢消费，如近年来台湾人民储蓄总额在 5 万亿—6 万亿新台币之间，连续 7 年储蓄率（储蓄总额 /GDP）超过 30％（见表二）。同时，台湾劳动者的工资增长缓慢，2007—2014 年 8 年间，台湾工业与服务业受雇人员薪资增长总额仅为 6.6%，而同期消费者物价指数增长 9.3%，薪资增长落后于物价增长。据台湾"主计处"数据，2016 年岛内民间消费增长率仅为 1.36%，创下 2010 年以来的最低值，而台湾民间消费占 GDP 总量 50% 以上。在岛内经济发展结构性矛盾解决以前，消费拉动经济增长效果必然会弱化。

近年台湾储蓄及投资情况（表二）

时间	储蓄率	投资率	超额储蓄率（储蓄率 − 投资率）
2009 年	29.3%	19.3%	10.0%
2010 年	33.1%	24.2%	8.9%
2011 年	31.5%	23.0%	8.5%
2012 年	30.4%	21.8%	8.6%
2013 年	32.0%	21.5%	10.5%
2014 年	33.6%	21.2%	12.4%
2015 年	34.7%	20.3%	14.4%
2016 年	33.9%	20.2%	13.7%
2017 年预测	33.6%	20.6%	13.0%

资料来源：台湾"行政院主计处"作者整理

二、对外贸易周期性与结构性难题并存

台湾是高度依赖对外贸易的经济体，国际贸易占其 GDP 比重在 100% 以上，高度受制于国际经济周期性的波动。2014 年，台湾商品出口占 GDP 的比重高达 60.3%，2015 年和 2016 年稍有回落分别为 54.3%、52.9%，而同期韩国为 45.0% 左右，美国和日本也仅为 9.4% 和 15.2%。面对近年国际贸易格局的深刻调整，台湾外贸备受冲击。

1. 国际经济周期性因素对台湾对外贸易的影响增大。从此轮经济周期的需求面看，国际贸易对全球经济增长的拉动明显减弱。如 2012—2015 年全球经济年均增幅 3.3%，而全球贸易年均增长 3.1%，低于全球经济增幅。作为曾经对全球经济和贸易增长作用最强的美日欧等发达经济体对全球贸易拉动效应也明显减弱。根据美国商务部数据，2016 年美国货物进出口总额 37059.78 亿美元，同比下降 2.9%，其中出口同比下降 3.2%，进口同比下降 2.8%；日本海关统计，2016 年日本货物进出口额为 12521.4 亿美元，同比下降 1.6%。其中，出口同比增长 3.2%，进口同比下降 6.3%；据欧盟统计局统计，2016 年，欧盟 27 国进出口额为 38355.6 亿美元，比上年同期减少 2.1%。其中，出口同比下降 2.7%；进口同比减少 1.5%。

与上述情况相对应，台湾对外贸易振幅加大。从总量情况看，2011 年台湾对外贸易达到近年峰值，当年对外贸易总额达创纪录的 6009.9 亿美元，而 2016 年则直降至 5108.9 亿美元，两者相差 901 亿美元，降幅达 15%。如无稳定增长的两岸贸易，其对外贸易的大幅波动对岛内经济的冲击将更大。再者，长期以来台湾对外贸易长期处于不平衡，近年以来更为严重，2010—2016 年 7 年间年年贸易顺差，且累计达 2452.2 亿美元，年均顺差达 350 亿美元。

必须强调的是，当前国际贸易格局正处在深刻调整时期，对外贸易在全球经济中的比重和增长速度明显回落将是常态。据 WTO 数据测算，全球外贸依存度 1970 年为 27.9%，1990 年为 38.7%，2000 年升至 41.7%，2003 年已接近 45%，而 2016 年则回落至 42.2%。与此同时，2010 年世界贸易增长率为 13.9%，其中发达国家为 13.4%，此后一路下滑，2013 年世界贸易增长率为 3.1%，其中发达国家更降至 2.5%，2016 年增长速度更降为 1.7%，2017 年的预测为 1.8%—3.1%[1]。因此，岛内推动经济增长已经很难寄望于外部周期转好、外需大幅提升的拉动时代的重现了。

2. 优化贸易结构难以突破。台湾对外贸易在量上难有大的突破，但如台湾对外贸易在结构上顺应市场，有所提升和优化，对外贸易的扩大还是有一定空间，至少不会出现衰退隐忧。但我们从台湾进出口贸易结构看，近十年来在这方面的变化有限，从贸易产品的要素密集度角度分析，台湾资本密集度高的产品进口额有所降低，2011 年为 1544.6 亿美元，2016 年降至 1107.2 亿美元；技术密集度高的产品也由 2011 年的 1124.7 亿美元降至 2016 年的 997.9 亿美元（见表三）。从出口情况看，资本密集度高和技术密集度高的产品出口均有所降低，如资本密集度高的产品由 2011 年的 1783.6 亿美元降至 2016 年的 1592.2 亿美元，技术密集度高的产品由 2011 年的 1612.3 亿美元降至 2016 年的 1555.4 亿美元，而能源密集度中等和劳力密集度中等的产品则分别由 2011 年的 1197.4 亿美元和 1364.8 亿美元分别上升至 2016 年的 1322.9 亿美元和 1411.7 亿美元（见表四）。这在一定程度上反映了岛内产业结构和产品的竞争力难以提升，甚至有所倒退。

按要素密集度分台湾进口产品情况（表三）

单位：百万美元

年份	资本密集度			技术密集度			能源密集度			劳力密集度		
	高	中	低	高	中	低	高	中	低	高	中	低
2011 年	154460	110088	23514	112466	160834	14761	115963	93043	79056	82871	90601	114591
2012 年	152042	103082	22200	105091	157820	14413	117035	85482	74807	77446	83866	116012
2013 年	152674	104366	20970	106952	157038	14020	114701	86421	76888	78462	85305	114243
2014 年	152765	106425	22660	111606	155518	14726	110374	91231	80245	80744	90864	110242
2015 年	116337	100119	20763	97863	125735	13621	73751	85597	77871	76880	85540	74799
2016 年	110719	98736	21113	99786	117975	12808	64822	85221	80525	79357	84517	66694

数据来源：台湾"财政部"

按要素密集度分台湾出口产品情况（表四）

单位：百万美元

年份	资本密集度			技术密集度			能源密集度			劳力密集度		
	高	中	低	高	中	低	高	中	低	高	中	低
2011 年	178363	124288	10272	161230	131913	19780	80344	119744	112835	100637	136476	75810
2012 年	176267	119385	10757	153392	134023	18994	80251	119620	106539	100151	131040	75218
2013 年	185240	115739	10449	158159	134443	18826	82635	123432	105361	99521	133975	77932
2014 年	189878	118934	11280	166603	134229	19260	79656	134189	106247	102337	142969	74785
2015 年	158964	115087	11293	152050	114985	18308	59530	127701	98112	91602	137494	56247
2016 年	159215	109956	11151	155544	107834	16943	55506	132290	92526	85723	141168	53430

数据来源：台湾"财政部"

3. 发展前景堪忧。当前全球制造业发展格局的重大变化已经开始。美国已经开始推动制造业回流，德国工业 4.0 看好，日本《2015 年版制造白皮书》正在落实，大陆的庞大的《中国制造 2025》计划也在全面进展中。我们知道，台湾经济竞争力的强项是在信息技术、石化产业和精密机械等方面。但从目前来看，台湾这些具有竞争力优势的产业正面临愈来愈大的挑战与压力。以信息产业为例，现在世界正进入后 PC 时代，国际上的竞争重点已不再是台湾具有一定优势的信息硬件技术、标准化产品与价格方面的竞争，而是正在过渡到以下一代通信网络、物联网、三网融合、新型平板显示、高性能集成电路和以云计算为代表的高端软件等为主的新一代信息技术平台上的竞争，在这些方面，一向以代工为主的台湾相关产业，在技术创新方面的储备明显偏弱，除了高性能集成电路方面的代工外，其他产业方面的优势有限。

三、岛内产业结构调整缺少亮点

2016 年 5 月蔡英文上台后随即提出其产业政策方面的具体举措：打造亚洲硅谷、智能机械、绿能科技、生技医药以及军工产业等五大创新产业。为此，台湾行政部门 2017 年 2 月颁布 "2017—2020 年四年发展规划"，其关注点主要在两大产业：一是将台湾具有国际竞争力优势的半导体产业，确定为 "提振岛内经济的第一主轴"；二是重点为岛内生技医药产业规划了具体的发展路径，将其定位为 "建置台湾成为亚太生医研发生产重镇"，提出持续大力度培育生技医药产业作为下一个产业亮点，并在捉襟见肘的预算额度中少有地划拨了 2017 年度 109.47 亿元新台币的专项预算支持。

从某种程度上看，这两大产业责任重大，既有保持既有产业优势、稳固岛内经济发展的重责，又有培育堪当大任新兴产业、维持岛内经济持续发展的期待。但这两大产业的前景如何呢？

1. 岛内各界对台湾 IC 产业心态复杂。当前岛内约有 250 家 IC 设计厂商、15 家 IC 制造厂商（包含晶圆代工及内存制造）、27 家专业封装与测试厂商。其中，当前台湾晶圆代工世界第一（占有率约 70%）、IC 封装测试世界第一（占有率约 50%）、IC 设计世界第二（占有率约 20%）。毫无疑问，IC 业是台湾最重要的支柱产业。以台湾，也是世界最大的晶圆代工企业台湾积体电路制造股份有限公司（简称台积电、TSMC）为例，其 2016 年全年营收为创纪录的 9479.38 亿新台币，占台湾制造业产值的 20%，而且过去五年，台积电的加权平均毛利率更达为 48.6%。可见 IC 业对台湾经济的影响举足轻重，但台湾 IC 业的短板也显而易见，还以台积电为例：

首先，台积电是在瓦森纳协议 [2] 的保护或制约下生存，自主性很低。如台积电的材料、设备、制程均在瓦森纳协议体系的清单中，换言之，台积电的经营权的独立性、自主性是受质疑的。其未经相关国家特别是美国允许，是不能与其他企业、经济体、机构合作的，甚至台积电在海外设立晶圆制造厂区（FAB），都要按照瓦森纳协议条款审核，决定权不在企业手里，台当局也不可掌控。

其二，实质上台积电现今已是一家在岛内运营的外资公司。当前台积电股本结构主要为外资（包括外资金融机构、法人、证券投资基金和自然人）占

78.98%，台湾当地投资人（当地法人、自然人、官方以及该公司全体董事、监察人、经理人）仅占股份的 21.02%，其中，岛内自然人股东仅为 8.09%，因此，说到底，台积电是一家设立在台湾以外资为绝对主导的电子公司[3]；

其三，当今台积电已是带动整个台湾 IC 产业的核心和支柱，也是台湾经济的基石，没有台积电，台湾 IC 全产业的竞争力就会打一个巨大的折扣，甚至引致整个产业链的断裂。现在台积电已经占了台湾股票市场近 20% 的权重，台积电股票涨，台股就涨，台积电股票跌，台股就跌，直接、间接将其经营情况传导到台湾整个产业和经济。

2. 生技医药产业作能否成为台湾下一个支柱产业充满变数。台湾地区早在 20 世纪 80 年代便将生技医药产业列为重点发展的十大科技领域之一，2007 年在亚太地区率先颁布实施了"加强生物技术产业推动方案"，2009 年又颁布"生技起飞钻石行动方案"，以加速生物医药相关产、学、研机构研发成果的商品化，鼓励岛内企业资本对于生物医药产业园区和产业集群建设的投资。2014 年，台湾共有 850 家生物制药公司，其中 500 家为生物技术公司，其余为药企。民进党当局希望岛内生技医药产业年增长率达 6%—9%，高于同期 GDP 增长，并计划 2020 年使岛内生技医药产值达到 5008 亿元新台币。

2015 年全球医药市场规模已超过 1 万亿美元[4]，未来 5 年的年增长率在 4%—7%，预计在 2020 年，全球医药市场规模将达到 1.4 万亿美元。但台湾能否在这一产业中占据一席之地，并推动台湾生技产业成为又一个支柱产业主要取决于两点：

一是能否另辟蹊径，以小博大，异军突起，完成不对称发展。以生技产业中相关新药的研发为例，这是一个收益及风险都很大的项目。当前由于研发过程更为复杂，相应的研发费用投入也越来越多，2011 年美国获得批准的生物药品研发费用需要花费 12 亿美元，传统小分子化合物药品需花费 13 亿美元，[5] 近年更在 15 亿美元以上。美国塔夫茨大学医学院塔夫茨药物研究中心 2014 年 11 月发布的一项研究结果称，如果将直到上市的全部费用计入，那么开发一个处方药的费用最高估计可达 25.6 亿美元或 28.7 亿美元。台湾基本没有以上硬条件，只有另辟蹊径才可能有所成就。

二是能否将相关企业整合成一个跨领域、跨团队，从全球竞争与合作着眼的产业团队。一个新药的研发除了高昂的费用支出外，创新药物从研发到上市的产业链是一个漫长且复杂的过程。据研究，平均每 5000—10000 个化学或生物分子中可筛选出 250 个先导化合物进入临床前研究阶段，其中约 5 个可以进入临床研究阶段，最终仅有 1 个被批准上市，而这一个新药从发现到成功上市通常要经历 10—15 年的时间 [6]。岛内业者均属中小型企业，本身缺乏完整药物开发过程，因此岛内生技医药产业起步虽早，但至今没能拿出一个像样的产品，其症结之一在于没有培育出一个相关旗舰企业及一批舰队企业。

根据以上分析，台湾五大产业中除了电子、精密机械在瓦森纳协议保护之下还有若干年的领先优势外，其余产业若想通过蔡当局产业政策的推动异军突起，难度极大。

四、持续恶化的岛内债务问题难以改善

近年来岛内财政支出增长持续下降。2009 年台湾财政总支出为 26708.9 亿元新台币，8 年后的 2016 年台湾财政总支出为 27457.0 亿元新台币，仅微增 7.5 亿元新台币，这种近乎于零增长的财政投入对岛内经济的持续发展已造成严重影响。台湾财政的恶化，首当其冲的是社会福利、退休抚恤及其他民生支出的能力降低，同时，也开始影响岛内社会稳定以及民众对台湾经济未来发展的预期，制约台当局利用财政工具促进经济持续增长，并对岛内经济未来发展造成伤害。

首先，已导致科技研发展水平降低。台当局在整个经济发展方面的支出，2009 年为 6018.9 亿元新台币，而 2016 年大幅降至 3947.2 亿元新台币，8 年间直降 2071.8 亿元新台币。其中，由于当局在财政方面支持乏力，岛内整体科技经费的支出大大降低。其一，当局研发经费 2009 年支出为 1061.5 亿元新台币，2015 年为 1075.6 亿元新台币，仅增长 14.1 亿元新台币，基本上原地踏步；其二，当局研发经费支出的降低也间接影响了岛内企业、岛内的外资企业科技研发经费的投入。2009 年台湾为整体科技研发经费为 226.5 亿美元，2014 年也仅为 323.1 亿美元，而同期 2009 年韩国全部研发经费投入为 459.9 亿美元，2014 年为 722.7 亿美元 [7]，远远超过台湾。

其次，也使基础科学研发水平降低。台湾在教育科学文化方面的支出 2009 年为 5815.4 亿元新台币，2016 年的支出为 6649.3 亿新台币，8 年增长 104.2 亿元新台币，相较其他经济实体而言增长缓慢，加上效率等方面的原因，台湾在基础科学研究方面的水平全面下降。从相关科技成果在国际上的排名看，2009 年台湾科技工作者在 SCI 论文发表篇数为 2.4 万篇，世界排名第 16 位；EI 论文发表篇数为 1.9 万篇，世界排名为第 9 位；而 2016 年台湾科技工作者在 SCI 论

文发表篇数为 2.6 万篇，世界排名降为 21 位，下滑 5 位；EI 论文发表篇数为 1.8 万篇，世界排名为第 16 位，下降 7 位。

尽管改善财政收支恶化状况一直是台当局试图解决的问题，但一直难以找到"良药"，原因主要有三点：

第一，财政问题的根本在于经济发展，只有经济持续较快发展，才能够创造更多的财富与财源，才能获得更多的税收。但台湾经济发展动力与后劲严重不足，很难达成这一目标。同时经济低速增长的基本态势和较高的岛内各种支出的需求，又衍生出各种社会矛盾，对经济的发展形成障碍。

第二，已无空间通过积极的财政政策刺激经济发展。增加债务推动经济增长从而增加财政收入是各经济体常采用的政策举措。但台湾的财政赤字在过去 20 多年大多数年份都在 3% 以上，个别年份赤字占 GDP 比重超过 6%。[8] 截至 2015 年 5 月末，台湾地区债务总额达 6.5 万亿元，若加上各种隐型债务 18 万亿元，债务总额近 25 万亿元 [9]，远超当年台湾 GDP 总额 (16 万亿元)，总体债务占 GDP 的比例达 156%，已超过 2010 年希腊的债务水平，[10] 也大大超过马斯特里赫特条约的财政赤字安全线标准 [11]，在债务方面持续宽展风险加大、空间有限。

第三，非经济因素严重制约台湾财政改革。要恢复岛内健全的财政功能，必须从"开源、节流"即财政收入和支出两方面来推动。但从岛内政治大环境看，岛内各政治势力为争取选票，不仅不敢加税以增加财政收入，反而通过诸如废除证所税、艺术品拍卖所得税、减免综合所得税等减少税源，以照顾特定的政治势力；在财政支出方面更是以增加"中央"支出的形式直接"关照"属于"本党"的地方政权。这种在政党政治的社会背景下，选票考量重于一切，财政回归正常相当困难。因此，岛内财政危机爆发的可能性似悬在头上的利剑，而财政困境将又是难以克服的执政困境，这是笼罩在台湾上空的又一片经济和政治阴霾。

五、参与国际经济合作困难重重

台湾是外贸导向的经济体，为实现其竞选承诺，蔡英文上台后即刻开始推动其"降低对单一国家、单一市场的依赖""亲美远中"的经贸布局，其主要举措有三：一是推动台湾参与区域经济一体化进程；二是争取与其他经济体签署 FTA；三是启动所谓"新南向政策"。但由于台当局这些政策虽有推动国际经济合作之名，但实质是"台独政治工作者"们获取政治利益的手段，因此这三大举措难以落实。

首先，台湾参与区域经济一体化进程已走入僵局。其一，推动加入 TPP 受挫。过去几年，加入 TPP 一直被视为台湾加入区域经济整合的目标。到了蔡英文时期，TPP 一度成了唯一的战略目标。蔡英文在就职前后的多次谈话中，都一再重申加入 TPP 的决心，试图通过加入 TPP 强化与美国关系，并获取政治利益。直到美国总统特朗普签署行政命令，确定退出 TPP，支撑到最后的蔡英文才不得不暂时放下 TPP；其二，台湾参与 RCEP 和"一带一路"难以实现。台湾经济本身发展以及台湾业界均盼望参与 RCEP（区域全面经济伙伴关系）和"一带一路"倡议，但由于两岸相关部门交流的停摆，这条路也是个"断头路"；其三，台湾其他相关期待也没有现实可能。如蔡当局试图在前期就参与日本等国正在研究的、由日本主导的 TPP 以及日本、印度合作建设"自由走廊"计划的可行性。研究显示，即使日本领头主导 TPP 计划，但此 TPP 已以非彼 TPP；"自由走廊"计划更是尚未启动便已走入僵局，即使这般，台湾的加入也不被看好。

其次，台湾与相关国家和地区签署 FTA 难以如愿。在加入 TPP 受挫后，蔡英文在会见日本业界人士时公开表示，希望尽快与日本展开"台日自由贸易协议（FTA）"的协商；台湾当局也表示将在"台美贸易暨投资架构协定（TIFA）"基础上，为签署"台美自由贸易协定（FTA）"做准备，并表示台湾将"自我主导经济国际化之路"。显示台湾签署 FTA 既是其重振台湾经济，防止经济"边缘化"的需要，也是其意图抗衡祖国大陆，弱化与祖国大陆联系的政治布局。

但现实是 2016 年美台贸易总额 324.4 亿美元，仅占当年美国对外贸易总额 3.7 万亿美元的 0.08%，大陆与美国则互为最大的贸易伙伴，其中，2016 年中国大陆对美贸易占美国对外贸易总额的 21%。很难有经济上的理由假设，没有中国大陆的首肯，美国特朗普政府会与台湾签署政治意涵远远大于经济利益的 FTA。就日本而言，从经济层面看，日本也已表示过，台湾当前平均关税已经较低，加上日本与台湾贸易数额也不大，仅占日本贸易总额的 4.8%，没有理由与台湾签署 FTA。

第三，"新南向政策"前景渺茫。"新南向政策"是蔡当局对外战略的重要组成部分，该政策一方面试图将台湾经济触角延伸至东南亚及印度等南亚国家和地区，以扩大外经贸合作空间；另一方面意欲与上述国家"建构 21 世纪新伙伴关系"，实践其"从世界走向大陆"，弱化与祖国大陆关系。

从经济上看，由于台商已在东南亚国家的多年经营，有一定基础，但能否使台湾与东南亚国家的经济联系更进一步，取决于以下三点：其一，如何处理"新南向政策"与 RCEP 的关系。当前，大陆与东盟之间关税已大幅下降，RCEP 的推动将使大陆与东盟经贸关系更为紧密，而且其内容除了贸易及投资开放，亦包含经济及技术合作。如台湾不能加入这一区域合作的进程，其"新南向政策"带来可能只能是资本单向流出、岛内产业的空心化及失业率的扩大；其二，如何处理"新南向政策"与"一带一路"的关系。国际社会对"一带一路"倡议的反应被认为"超乎想象"。从当前情况看，台湾如不能参与"一带一路"建设、善用大陆与东盟之间的经济一体化利基的情况下是很难推进和提升台湾与东南亚国家的经贸关系的；其三，如何处理两岸产业在东南亚市场的关系。如果两岸产业合作思路没有转变，两岸产业，尤其是传统产业在东南亚市场的竞争很可能大于合作，而且如果产业趋同性过高的话，不排除这种竞争会演变成恶性竞争，综合来看，结果必然是台湾企业难占上风。

在两岸没有政治互信的前提下，台湾"新南向政策"必然面临重重挑战，其成败在刚刚起步就已成定局。即便如此，蔡当局仍会"硬"推"新南向政策"，因为这盘棋局进可收获台商自身努力及前任的成果，退可将责任推给大陆，确保民进党当局在政治上进有所得，退无可失，稳赚不赔，台湾经济的未来并非其考虑重点。

六、两岸经济合作面临挑战

自 2016 年 5 月民进党上台，拒绝承认体现一个中国原则的"九二共识"，导致两岸关系出现僵局，两岸经济合作面临冲击。

首先，两岸合作制度化进程中断。2008 年以来，两岸两会恢复协商，达成23 项协议，使两岸经济合作与交流由过去的间接单向走向直接双向，在众多领域建立起合作平台，使涉及两岸公权力的制度化经济合作取得了重大突破。但自 2016 年 5 月民进党正式执政后这些平台工作完全停摆，如两岸两会领导人的制度化协商中止；两岸经济合作委员会停止运作（该委员会是推动 ECFA 落实的两岸公权力授权机构）；两岸达成的 23 项协议存量部分暂时没受影响，不过一旦遇到问题时公权力部门很难介入；相关协议执行效率也不会乐观。

其次，两岸经济政策协商模式转为博弈模式。蔡当局明确宣示："我们要力抗中国的压力，发展与其他国家的关系。我们要摆脱对于中国的过度依赖，形塑一个健康的、正常的经济关系。"[12] 其目的在改变两岸经济互补互利、联系日益密切的经济合作模式。蔡当局上台至今没有出台任何一项有助于两岸经贸政策措施,反而抛弃了旨在实现两岸经贸园区对接的台湾经济自由示范区,并强化管制、积极推动所谓"两岸协议监督条例"的立法工作,试图用相关法律牵制两岸经济合作,一旦通过,两岸协商和所达成协议的权威性必会受损,两岸经济政策协商模式将转为博弈模式。

第三,大背景的变化将使民进党"远大陆"的政策备受挑战。随着中国特色社会主义进入新时代,两岸经济合作的深化与扩大势必也会融入大陆经济结构的升级的大潮之中。多年的磨合使两岸经济合作已有其自身特有的运行规律、积蓄了抵御风险的能量,受市场规律的作用。因此,在两岸民间经济交流日益深化的前提下,两岸经济合作会进一步加强、扩大,台湾"远大陆"的经济政策将备受挑战,同时,未来的两岸经贸交流、产业合作恐将更往大陆倾斜,越来越以大陆为主场。

七、结　语

综上所述,当前台湾经济叠加困境既有周期性原因,也有结构性和机制性原因,同时还有政治和意识形态原因,多重原因的累积叠加困扰着台湾经济的发展,台湾经济增长持续低迷是大概率事件。台湾要摆脱经济困境,最可行之路就是重回承认"九二共识",认同两岸同属一个中国轨道,推动两岸经济合作持续深化,共同打造命运共同体,这是历史大势,顺之者昌、逆之者衰。但根据各种情况判断,岛内政治经济前景的不确定性仍在加剧,社会不安情绪弥漫,政治对立升级,引致台湾经济困境的各种因素短期内不会消失,这都将增加台湾经济摆脱困境的难度。

注释:

[1]　WTO 网站:世界贸易预测。https://www.wto.org/english/news_e/pres17_e/pr791_e.htm。

[2]　全称为《关于常规武器和两用物品及技术出口控制的瓦森纳安排》(The Wassenaar Arrangement on Export Controls for Conventional Arms and Dual-Use Good and Technologies)。

[3]　台积电创立之初,台当局曾持有台积电 40% 股份,其后陆续对外释股,至今只剩下 6.38% 左右的股份。

[4]　据艾美仕市场研究公司(IMS Health)数据显示。

[5]　李晓婉:《新药研发成本评估的必要性与现实性初探》,《中国药事》2014 年第 2 期。

[6]　高　婧:《全球创新药物研发趋势分析》,《中国新药杂志》2015 年第 24 期。

[7]　台湾"科技部":《科学技术统计要览》。

[8]　殷存毅:《台湾财政困境分析》,《台湾研究》2015 年第 6 期。

[9]　2016 年 7 月台湾《"财政部公库署当前财政状况"报告》。

[10]　单玉丽:《台湾地区经济发展面临的困境与出路选择》,《福建金融》2016 年第 7 期。

[11]　马约规定的欧盟国家财政红线，被认为是财政赤字安全线：一是赤字占当年域内生产总值的比重不应超过 3%，二是政府债务总额占域内生产总值的比重不应超过 60%。

[12]　蔡英文:《给民主进步党党员的信》,《联合报》(台)，2016 年 9 月 30 日。

（曹小衡：南开大学台湾经济研究所教授）

2008 年以来台湾民粹主义的经济学逻辑探析

苏美祥

一、研究背景

与 19 世纪专注于解放运动的民粹主义不同，当今民粹主义往往意味着对现有制度的不信任，对主流精英阶层的怨恨，对自由市场和自由贸易的怀疑，由此产生社会对抗、政治恶斗和经济排外等结果，导致民主弱化，甚至退化。近年来，西方民主制度下民粹主义者的表演愈发熟练，受关注度与日俱增，加上媒体推波助澜，故而在引发甚至固化民众危机感方面得心应手，民粹主义在全球政治范围内大有"泛滥"之势。经济发展与政治民主存在内生关联，政治现象的出现背后往往蕴藏着经济动因。近年来学界对民粹主义的经济学分析明显增多。如高连奎（2014）认为，[1] 民粹主义者利用民众的恐惧、怀疑，仇恨、自私等负面情绪，在经济领域均有明显表现；马丁·沃尔夫（2017）认为，[2] 特朗普当选美国总统以及英国人选择退出欧盟的原因在于，文化变迁和工人阶级经济地位下降加剧了人们的不满，但金融危机为民粹主义者人气激增打开了大门。2008 年国际金融危机带来的严重冲击，加剧了民众对精英阶层的不信任感，民粹主义者借此夸大通胀危害，仇恨政府主张的财政紧缩等，其发展结果一般呈现在两个方面：一是欧美等国家和地区在应对与缓解经济危机时受到民粹力量的极大牵制，致使全球经济复苏进程也因此一再延滞；二是民粹主义风潮明显高涨，若干民粹主义主张得以实现或民粹力量走上执政地位，英国脱欧和特朗普上台即是其中的典型例证。

2008 年以来，台湾民粹主义从升温到泛滥，俨然是岛内选举政治的动员模式，呈现出较为显著的选举民粹主义形态特征。从表象上，台湾民粹主义既有2008 年金融危机以来西方民粹主义风潮的一般性特征，但从其形成的经济学逻辑分析，岛内因素的作用更加明显，背后的政治经济原因值得探究。

二、台湾民粹主义的形态演变及其观察视角

台湾民粹主义与台湾政治转型相伴而生，从 1987 年到 2008 年间出现了两种典型的政客民粹主义：李登辉的"民粹威权"与陈水扁的"民粹式民主"。台湾民粹主义主要表现为政党或政客的民粹主义，这种民粹主义实质是政党、政客为了获取选票或压制对手而采取的一种政治策略或政治动员手段。而在政党民粹主义中，民进党是一个"以民粹起家"的政党。[3] 2008 年国民党强势重返执政之时，正值民进党因台湾经济低迷、陈水扁贪腐弊案等陷入低潮，岛内民粹主义一度进入短暂的沉寂期。但时隔不久，2009 年莫拉克台风灾害（岛内指"八八风灾"）降临之后，在野党以民粹式攻击马当局对灾害"漠不关心"，有效打击了马英九的政治形象。此后，民粹主义作为反对党政治工具的有效性日见明显，2014 年台湾部分团体和学生"反服贸抗争"事件（又称"3·18"学运或"太阳花学运"）爆发，成为岛内政治变局的转折点。2014 年底"九合一"选举之后，惨败的国民党不仅无力遏制民粹主义思潮，反而为讨好选民而向民粹主义妥协，进一步助力岛内民粹主义风潮。蔡英文参与竞逐 2016 年"大选"，从其家庭背景、受教育经历及从政经验等，并不是一位民粹主义者，但因为有民进党的强力奥援，在操作民粹议题上驾轻就熟，并最终胜选取得了台湾地区领导人的地位。

从不同视角分析，台湾民粹主义的生成逻辑亦有所不同。岛内学者胡全威认为，"全民政府"在理想与现实中的巨大落差，是造成台湾民粹主义的重要原因；黄光国从结构主义的视角探析了台湾民粹主义的成因，认为台湾民粹主义是东方文化传统与西方式民主政治相结合而产生的一种怪胎。[4] 张佑宗以实证主义的研究方法分析台湾民粹式民主的群众基础，发现台湾社会有近六成以上的群众具有民粹式民主的倾向，只有不到两成的人具有自由民主的取向；进一步分析发现，台湾民众民粹式民主，或自由民主、开明专制与传统威权等不同的政治取向的原因，最重要的是教育程度的高低。[5] 以上从政治、文化和社会层面分析台湾民粹主义的生成逻辑，鲜有从经济学视角进行探析。

2014 年"3·18 学运"是台湾近几年来影响较重大的政治事件，所透视的台湾民粹主义动态引起学界关注。严安林（2014）认为，[6]"3·18 学运"既是一场反对马英九当局的运动，更是一场民粹社会运动，其成因复杂，涉及台湾固有的制度体制、政治文化、经济背景、社会结构与媒体舆论等多方面深层根源。郭中军（2014）认为，[7]台湾"反服贸风波"是一次典型的民粹主义运动，折射出台湾岛内根深蒂固的民粹主义政治。顾旭光（2016）[8]等对港台民粹青年运动进行比较分析，认为自"太阳花学运"和"占中运动"以来，港台青年经历了从远离政治到当前的通过社交媒介积极参与政治的过程，其结构性诱因依然是被压缩的生存空间和严苛的社会环境。邓利娟等（2014）撰文指出，[9]台湾爆发"3·18 学运"的一个深刻背景原因是近年经济持续低迷不振，并深入分析了台湾经济困境及导致困境的原因，但经济困境与学运爆发之间的内在逻辑联系并不是该文的重点。

三、2008 年以来台湾民粹主义的经济学逻辑

民怨加剧，民众求变，民粹主义高涨乃至泛滥，根本原因是贫富差距拉大，但台湾并不具备导致民粹主义泛滥的基本经济逻辑——财富分配的两极分化。对于美国民粹主义兴起的国内经济原因，有学者指出，[10]一方面财富分配的两极分化，另一方面用来分配的财富增长速度严重低于了两极分化增长的速度。通俗理解，用于财富分配的蛋糕不能做大，民众可得部分还比以前更小，必然引发民众对未来焦虑、对政府怨恨的情绪。此情绪随着财富分配两极分化的程度扩大而不断累积，"求变"愿望也愈加强烈，因此，当特朗普在大选中将议题聚焦于经济领域时自然对民众拥有强大的号召力。作为外向型经济体，台湾自 2008 年世界金融危机后，受世界经济持续低迷影响，深陷"闷经济"困境，此意味着用于财富分配的蛋糕无法做大。据统计，1991—2000 年台湾经济平均成长率为 6.3%，但经历亚洲金融风暴和 2008 年国际金融危机冲击，21 世纪以来台湾经济整体表现明显呈下挫态势（如图 1），2001—2007 年平均增长率 4.64%，2008—2016 年降到平均 2.67%，尤其在马英九第二个任期内年均增长率仅 2.25%，并于 2015 年低于 1%（0.72%）收官，[11]也加剧了岛内经济悲观主义情绪。

图 1：2001—2016 年台湾经济增长率变化

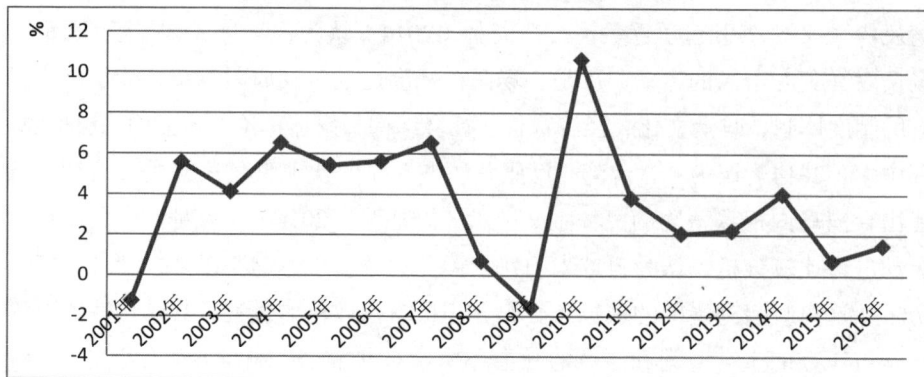

资料来源：台湾"行政院主计总处"网站。

那么，台湾财富分配是否出现严重两极分化？台湾在经历工业化的高速发展阶段，实现了较高的经济增长率和收入分配的比较公平，所得分配有明显的均等化特征，被国际社会视为"奇迹"。[12] 后国际金融危机时代，台湾仍没有贫富分化加剧的明显迹象。根据台湾"行政院主计处"数据，用以衡量贫富差距的主要指标"5 等分位差距倍数"及"基尼系数"来看，从 2009 年起连续 5 年缩小。[13] 以 2013 年为例，台湾地区的基尼系数为 0.336，比 2012 年（0.338）略有下降，也略低于 2004 年（0.338）。[14] 基尼系数是国际上常用的定量测定社会居民收入分配的差异程度的重要指标之一，台湾地区的基尼系数不仅低于国际"警戒线"（0.4），且远远低于美国、新加坡等发达国家和地区，如在瑞士洛桑管理学院（IMD）的世界竞争力调查的 58 个国家和地区中，台湾地区排名第25。[15] 家庭所得 5 等分位差距倍数是衡量社会贫富差距的另一个重要指标，即将全体家庭依每户所得收入由小至大排序后，按户数分为 5 等分，最高 20% 家庭之所得除以最低 20% 家庭所得的倍数，倍数愈大，表示所得分配愈不平均。2013 年台湾家庭所得分配按 5 等分位统计，其高低所得差距 6.08 倍，较 2012 年的 6.13 倍下降 0.05，略高于 2004 年的 6.03 倍。[16] 为剔除户内人口数增减变化的影响，将每户所得分别除以户内人数得出每人可支配所得，经重新排序后计算所得的差距倍数，自 2009 年以后同样呈下降态势（如表 1）。对于台湾的"均富"表现，马英九执政团队甚引以为豪。不可否认，由于缺乏国际通用的计算标准可供参照，各个国家和地区对"家庭所得 5 等分位差距倍数"和"基尼系数"的统计也不完全一致，官方数据有可能低估社会贫富分化程度。在台湾，民间强烈批评官方基尼系数等统计是在"掩盖贫富分化"。但根据"全球顶尖所得分配数据库"（WTID）统计的结果，尽管台湾地区的贫富差距在官方统计中因技术原因被低估，但与其他地区相比，这一现象并不是单一存在且不严重，如最高 1% 人群的收入在所有人群收入中的占比，台湾地区与法国、日本、韩国、新加坡、美国、英国相比，还是相当缓和的。[17] 由此，以台湾地区目前的贫富分化程度，尚不足以引发台湾社会剧烈动荡。

表 1：台湾地区每户（每人）可支配所得差距

	每户		每人（每户所得 / 户内人数）	
	家庭所得 5 等分位倍数	基尼系数	家庭所得 5 等分位倍数	基尼系数
2000 年	5.55	0.326	4.15	0.294
2001 年	6.39	0.350	4.57	0.312
2002 年	6.16	0.345	4.59	0.313
2003 年	6.07	0.343	4.39	0.306
2004 年	6.03	0.338	4.28	0.301
2005 年	6.04	0.340	4.24	0.300
2006 年	6.01	0.339	4.18	0.295
2007 年	5.98	0.340	4.16	0.296
2008 年	6.05	0.341	4.23	0.300
2009 年	6.34	0.345	4.35	0.302
2010 年	6.19	0.342	4.25	0.296
2011 年	6.17	0.342	4.29	0.296
2012 年	6.13	0.338	4.14	0.290
2013 年	6.08	0.336	4.08	0.288
2014 年	6.05	0.336	3.98	0.282
2015 年	6.06	0.338	3.91	0.279
2016 年	6.08	0.336	3.89	0.278

资料来源：台湾"行政院主计总处"网站。

从台湾贫富分化的指标数据看，台湾贫富差距的客观状态并不严重，但台湾民众对贫富分化的感受远远超过其客观事实，[18] 主因在于民进党等政治势力的渲染与操弄。近年来，由民进党担纲主力，岛内"社运领袖"极力鼓噪，岛内一些有影响力的媒体自觉充当民粹"喉舌"，有效营造了台湾贫富分化的危机与恐慌，实现从经济到民粹的逻辑联结。

一是台湾经济转型所衍生的低薪水、高房价、高失业率、贫富差距拉大等经济现象长期如梦魇般存在，在经济低迷形势之下便愈发严峻。与 20 世纪 80 年代相比，30 多年来的台湾贫富分化确实呈现出扩大的趋势，如家庭 5 等分位差距倍数从 1980 年的 4.17 倍，上升到 1990 年的 5.18 倍，再到 2001 年以来的 6 倍以上（其中 2007 年为 5.98 低于 6 倍），一定程度上存在"原贫者无法脱贫、一些中产阶级掉入贫困人群成为新贫者"的情况。当然，这种贫困并不严重，毕竟台湾的所谓"贫困"仍是"丰裕社会"（affluent society）的贫困，即以相对贫困为主，兼有极少数绝对贫困。然而，由于台湾经济持续低迷，岛内低薪水、高失业率的问题日益突显，尤其是青年群体受冲击最大。据调查，1999 年台湾的大学生起薪为 27462 元新台币（约合 5438 元人民币）。2013 年台湾大学毕业平均可得 26915 元新台币（约合 5329 元人民币），专科毕业则仅得 23890 元新台币（约合 4730 元人民币）。[19] 从 2015 年台湾的失业人群结构分析，按工作年龄层观察，15 至 24 岁年龄层失业率 12.05%；25 至 44 岁年龄层失业率 3.95%；45 至 64 岁年龄层失业率 1.99%，显示年龄越低的人群失业率越高。[20] 高失业率、低薪水等问题自然是民粹主义者用于激发民众焦虑和危机感的必选项，尤其是针对青年群体成功营造了"新一代年轻人对低薪、高失业的迷茫"氛围，导致近年来台湾青年参与"学运"的热情高涨，这在一定程度上反映出岛内青年群体希望通过政治参与摆脱困境的纯朴愿望，但最终在"社运领袖"鼓噪之下演变成为民粹青年运动。

二是利用民众对官方的不信任感，另辟经济数据的解读路径，诱导民众对贫富分化产生完全不同于官方的感知。如岛内学者朱敬一认为，[21] 台湾的家庭收入按 5 等分层级对比的数据不会有太大的改变，但这样的数据是不合理的，应将家庭收入进行更细的切分。他以"台湾财税数据中心"所得数据按 20 等分计算家庭所得最高 5% 与最低 5% 的倍数，由 1998 年的 32 倍多暴增到 2011 年的 96 倍多。此计算方法与官方统计的不同在于数据来源和划分层级。参照国际一般惯例，台湾地区官方发布的家庭所得差距与基尼系数，基础数据来自对家庭收支的抽样调查，并将"家庭可支配所得"资料分为 5 等分，最后计算出最富 20% 以及最贫 20% 家庭的所得比。此统计方法因本身存在的缺陷而备受民间批评：一是贫富差距程度可能因统计资料取得的技术条件而有意或无意低估，毕竟任何一种抽样调查方法自身都会有一定的误差，何况调查员较难取得顶级富豪的完整资料；二是将家庭收入划分为 5 个层级，跨度较大，有可能将一些中产者与顶级富豪划入同一个层级。相对 5 等分位计算方法的缺点而言，有学者认为将家庭所得分为 20 个层级自然更加细致，且以年度综合所得税的申报资料为基础数据，貌似又避免了抽样调查的随机性，但此数据并不能覆盖尚未缴税的低收入家庭以及社会救济等移转收入。岛内"学运"人物黄国昌仿效此法计算，台湾家庭所得差距倍数自然是一路飙升，到 2013 年高达 99.39 倍，数字之大的确触目惊心。[22] 由于基础数据与划分层级不同，得出的家庭所得差距倍数几近天壤之别，岛内《天下》杂志等媒体引用 20 等分位所计算的数据，对台湾贫富分化加以大肆渲染，直指当局掩盖"贫富悬殊"真相。但究竟是哪一种方法计算所得结果更能代表社会贫富分化程度，却没有多少人关心和讨论。

三是民进党等政治力量，以民众最关心的贫富分化问题作为落脚点，对大陆及两岸经贸关系极力抹黑。蔡英文在其文集《英派》里宣称："全球化经济加大贫富差距，在台湾已产生阶级及社会矛盾；此时两岸加速经济交流，又出现扭曲的政商利益结构。两者产生的分配问题产生加乘效应，终于演变成世代之间的冲突。"[23] 2010 年 9 月，蔡英文发表《马政府执政下的贫穷图像》一文，以数据佐证马英九当局治理下的台湾"贫者越贫、富者越富，史上最严重"；[24] 为反对 ECFA，民进党称"ECFA 将引发台湾有史以来最大的经济结构的调整、最大的财富重新分配，而这样的调整跟重新分配，最不利于弱势团体、弱势产业、广大的劳工、农民和工薪阶层"。[25] 以上种种，蔡英文及民进党俨然以台湾弱势群体的"保护神"自居。2014 年台湾"3·18 学运"爆发，岛内有激进青年组织在"反对黑箱服贸行动宣言"中对两岸服贸协议极尽妖魔化，如"服贸最大的问题在于，自由化下只让大资本受益，巨大的财团可以无限制的、跨海峡的扩张，这些跨海峡的财团将侵害台湾本土小型的自营业者"，并声称"由大财团、大企业、少数执政者所组成的跨海峡政商统治集团，就像吸血鬼一样，吸干台湾青年的血汗"。同年 4 月初，蔡英文接受境外媒体采访时指出，两岸服贸协议"台湾只为少数大企业争取到极有限的利益，但却大开门户，让弱势产业及中小企业遭受巨大的冲击"，而且将威胁台湾"安全"，加速台湾的人才和技术外流，并拖累台湾经济。在民进党等"台独"势力炒作歪曲之下，两岸经贸合作对台湾经济的正面带动作用不仅被抹杀，ECFA 等两岸协议还被抹黑。

四是民进党文宣巧妙迎合了民众"不患寡而患不均"的普遍心态，通过舆论宣传、政治鼓噪，不断强化民众的"相对被剥夺感"。根据台湾《天下》杂志 2015 年度"国情"调查，民意认为台湾"贫富差距扩大"的比例高达 91%

（2014年为93.8%），其中认为"非常严重"的比例更占了72.1%，将贫富分化视为危及台湾政治稳定的"不定时炸弹"。由于贫富差距拉大，民调显示近七成民众认为努力赚钱也难翻身。[26] 由此可见，台湾民意对贫富分化问题反应程度已相当尖锐，成为民进党攻击国民党的有力工具。

四、台湾民粹主义的走向判断及对两岸关系的影响

台湾民粹主义为民进党政治营销带来极大成功，同时导致台湾民主政治进一步滑向"选举主义"深渊，其未来走向及对两岸关系的影响值得关注。

（一）民进党上台后民粹主义的动向

短期内，由于民进党在岛内"完全执政"，国民党势力式微，政党政治对抗的激烈程度不再，台湾民粹主义可能因此可能暂时降温。然而，民粹主义与民主政治长期客观共存，执政党如何对待、控制民粹主义，将直接影响台湾社会和两岸关系发展的态势。

一是对台湾政治制度发展和社会安定稳定的伤害将进一步发酵。江宜桦对台湾民粹主义表示担忧："动辄以民意为名，依恃着选票的力量，试图超越'宪政体制'的规范，做出种种不合法的事情。这些事情往往激起社会中不同族群的尖锐对立，而政治人物则从中获得利益。"[27] 民粹的政治领袖为达到投机目的，往往不理会既有的法律规范，甚至以挑战、冲击公共管理部门为噱头，提升吸引力，最后破坏了政治体制的制衡设计与法治体系，同时也对台湾社会稳定埋下隐患。有了2014年"3·18学运"的案例，台湾一旦再度发生"学运"，面对以"去建制化""反社会化"为行动目标的参与者，退让与否是对当局公权力的极大考验。

二是在野政治力量将不断向民进党发起民粹式挑战。在全球经济低迷形势下，台湾贫富分化将进一步加剧，生成民粹主义的经济条件或将趋近完备，低薪水、高失业率等经济社会困境无法摆脱。随时间推移，民进党执政当局所标榜的民主也将逐步空洞化。水能载舟，亦能覆舟。蔡英文的选前承诺必然是在野力量、选民关注和打击的焦点所在，随时可能因其"跳票"而爆发抗议事件。事实上，蔡英文执政以来先后推出了"转型正义"（实则清算国民党党产）、"一例一休"、公务人员"年金改革"、"司法改革"、同性婚姻议题，以及"长照"、"前瞻建设"计划等政策，已经不同程度遭到民众反弹，其支持率不断下降。

2016 年 11 月初，台湾高教工会、台湾政治大学劳动权益促进会等学校社团，两次冲入民进党团总召办公室，要求蔡英文对"砍七天假是否符合蔡英文承诺的工时下降、薪资增加、保障非典劳动者权益"做出回应。曾经"在野时的同伴"，已因利益需要、立场不同而分道扬镳，未来民进党难免要面对来自各方面民粹势力的挑战。

三是民进党治理模式离不开民粹手法。以民粹起家的民进党，利用民粹主义工具成功重返执政，虽然急于摆脱"民粹主义政党"标签，但在政党政治生态下，在治理模式上不可能忽略民粹主义已是台湾民主政治内核的既成事实，不排除继续利用民粹主义打压在野党的可能性，以维持和巩固自身执政地位。尤其是在"两岸议题"上，以"台独"为党纲的民进党，一方面将继续把台湾社会存在的问题归咎于"大陆打压"，鼓吹"大陆威胁论"，为其施行"台独"路线制造舆论基础，另一方面推行"文化台独"政策，利用岛内民众认同问题强行撕裂"台湾人"与"中国人"的历史、文化、血脉联结等，与此同时，将对于岛内其他政治力量搅动民粹的"台独"动作听之任之。

四是岛内媒体的民粹手法仍将延续。西方民粹主义演变经验证明，"媒体天然就具有民粹倾向"。民粹主义普通做法往往先绑架舆论，然后以舆论胁迫政府，因此舆论在其中的作用十分重要。成功绑架舆论，正是民进党重返执政的关键，但在新媒体时代，现处于执政地位的民进党能否继续把控作为民粹"盟友"的媒体，有待进一步观察。

（二）岛内民粹主义对两岸关系的影响

台湾民粹主义泛滥，严重影响了两岸关系和平发展进程。由于台湾民粹主义者诋毁大陆，制造对立的情绪，一旦民粹主义泛滥之时，两岸关系的危害程度必然加剧。一方面，经过民进党的民粹操弄，两岸议题始终笼罩着浓厚的"逢中必反"氛围。2010 年两岸签订《海峡两岸经济合作框架协议》（ECFA）之后，两岸经济合作制度化却未能顺利推进。两岸服贸协议未能生效，货贸协议谈判滞缓，ECFA 几近空洞化，最终在蔡英文上台执政后两岸沟通协商机制中断，两岸经济一体化进程遭到重创。另一方面，两岸问题历来是岛内"台独"势力炒作民粹主义的砝码，台湾民粹主义已被夹杂进更多"台湾主体意识""台湾独立自决""抗中拒统"等因素，实质成为民进党及社会团体推行"台独"活动的"保护外衣"。民进党在野期间为掣肘国民党执政，频频利用台湾民众"爱台湾"的善意污名化国民党的大陆政策，挑拨两岸民众的关系，尤其是网络上形成民粹对抗，滋长两岸经济融合发展的不利因素。

基于对台湾民粹主义经济学视角分析，应立足当前两岸关系的现实环境，客观分析，准确着力，尽可能减小和避免台湾民粹主义对两岸关系的负面影响。一是客观对待台湾民粹主义现象。民粹虽然常常以"民意"示人，但并非真实民意，更不能简单理解为台湾主流民意。台湾民粹主义是客观存在的，也并不可怕，可怕的是岛内别有用心的政治人物利用民粹主义发动煽起错误的政治活动，将民粹主义导向危险境地，反过来助长一些政治人物及其团队误判形势，在"台独"的不归路上铤而走险。二是力争对台舆论宣传有突破。媒体是民粹主义"盟友"，民进党等"台独"政治力量通过操纵舆论，大肆"抹黑"大陆，歪曲大陆对台政策，岛内"反中"情绪日趋浓厚。受两岸关系影响，大陆对台宣传"进不了岛"的问题长期存在，大陆对台方针政策不能及时准确传递给台湾民众，在争夺台湾民意上缺乏着力点。在网络媒体时代，传媒舆论生态已经发生改变，应积极为两岸传播、舆论交集创造契机、开拓渠道。三是持续推进两岸经济社会融合。"国家统一是心灵的契合""将两岸统一提升到中华民族伟大复兴的高度""推动两岸经济社会融合发展"等，是习近平总书记在近几年对台讲话中的新提法新论述。党的十九大首次将"两岸一家亲"理念写进政治报告，饱含了对台湾同胞的国家关怀，也体现了以人民为中心的中央对台工作思想。在两岸关系的现实环境下，上海、江苏和福建的自贸试验区及一些台商台胞较集中地区，应创新对台先行先试，积极探索更加灵活、包容的对台政策，率先实践"愿意率先同台湾同胞分享大陆发展的机遇""逐步为台湾同胞在大陆学习、创业、就业、生活提供与大陆同胞同等的待遇"，扩大两岸经济文化交流，扩大吸引台湾民众来大陆投资就业，推进两岸经济社会融合发展，持续巩固和扩大两岸关系和平发展的民意基础。

五、结　语

学界对台湾民粹主义已有较多研究，本文从经济学视角探究2008年以来台湾民粹主义兴起的内在逻辑，不难发现，近年来岛内"台独"力量强势反弹，2016年以"台独"为党纲的民进党重新上台执政，台湾经济低迷等民生困境虽非根源之因，但是民进党等政治派别成功地联结了从经济困境到民粹主义的逻辑，加剧民怨，煽动民众求变心态，并借助民粹主义手法实现政治营销利益的最大化，两岸关系和平发展进程因此遭受重创，大陆对台工作面临严峻挑战。

　　纵然台海局势风云变幻，大陆近年来坚持既定的对台方针政策，始终主导并引领着两岸关系发展方向。党的十九大报告发出了"推动两岸同胞共同反对一切分裂国家的活动，共同为实现中华民族伟大复兴而奋斗"的伟大号召。响应这一号召，首先要准确把握台湾主流民意，顺势而为，积极有为，争取和团结绝大多数台湾同胞，共同反对一切分裂国家的活动，让"台独"势力无处遁形。然而，岛内以"台独"为主的政治力量借"民主政治"之名，以民粹主义为"保护外衣"，在两岸关系问题上不断挑起两岸对立情绪，在岛内制造"分离主义"情绪，误导民意，阻隔两岸交流。是故，揭示岛内民粹主义的形态及其生成逻辑，对判断分析和争取引导台湾民意有一定助益。今后，扩大两岸经济文化交流，推进两岸经济社会融合发展，仍将是大陆对台政策的主轴，同时应加强对台舆论工作，扭转岛内民众对大陆的敌对情绪，扩大大陆对台政策在岛内的正面效应。

注释：

[1] 高连奎：《经济民粹主义危害全球经济复苏》，《企业家日报》2014 年 8 月 25 日第 2 版。

[2] 《民粹主义兴起的经济学根源》，FT 中文网，http://www.ftchinese.com/story/001073293?full=y。

[3] 郭中军：《民主语境下的台湾民粹主义现象》，《探索与争鸣》2016 年第 4 期。

[4] 郭中军：《台湾学者对台湾民粹主义的研究述评》，《台湾研究》2011 年第 5 期。

[5] 张佑宗：《搜寻台湾民粹式民主的群众基础》，《台湾社会研究季刊》，第 75 期，2009 年 9 月。

[6] 严安林：《台湾"太阳花学运"：性质、根源及其影响探析》，《台海研究》2014 年第 2 期。

[7] 郭中军：《试论"反服贸风波"的民粹主义性质》，《台海研究》2014 年第 4 期。

[8] 顾旭光、田丰：《"太阳花学运"以来港台的民粹青年运动：特点与对策》，《中国青年研究》，2016 年第 6 期。

[9] 邓利娟、朱兴婷：《台湾学运背后的经济发展困境》，《台湾研究集刊》2014 年第 6 期。

[10] 韩爱勇：《西方民粹主义兴起的经济原因》，《学习时报》2017 年 7 月 17 日第 2 版。

[11] 数据来源：台湾"行政院主计总处"网站，网址：http://www.dgbas.gov.tw。

[12] 曹小衡、葛立祥：《台湾经济快速增长时期（快速工业化时期）的收入分配研究》，《台湾研究集刊》2008 年第 3 期；徐为民：《试析台湾经济增长与所得分配的独特关系》，《探索与争鸣》1990 年第 2 期；孔繁荣：《台湾经济起飞过程中收入分配均衡化的经验及对大陆的启示》，《台湾研究集刊》2011 年第 1 期。

[13] 《台湾贫富差距的真相》，台湾"报道者"网，网址：https://www.twreporter.org/a/taiwan-wealth-inequality。

[14] 数据来源：台湾"行政院主计总处"网站，网址：http://www.dgbas.gov.tw。

[15] 《撕裂的海岛——台湾贫富分化与政治操弄》，中国经营网，网址：http://www.globalview.cn/html/zhongguo/info_4917.html。

[16] 数据来源：台湾"行政院主计总处"网站，网址：http://www.dgbas.gov.tw。

[17] 《撕裂的海岛——台湾贫富分化与政治操弄》，中国经营网，网址：http://www.globalview.cn/html/zhongguo/info_4917.html。

[18] 刘乐、邓利娟：《台湾贫富分化的实像与虚像》，《台湾研究》2014 年第 3 期。

[19] 张雅倩：《台湾青年来大陆创业正当时》，《两岸关系》，2015 年第 7 期。

[20] 《台湾 2015 年失业率创 15 年最低水平》，中央政府门户网站，http://www.gov.cn/xinwen/2016-01/22/content_5035338.htm。

[21] 朱敬一：《台湾所得分配恶化隐藏不了》，台湾《天下杂志》，网址：http://opinion.cw.com.tw/blog/profile/261/article/1554。

[22] 《台湾贫富差距的真相》，台湾"报道者"网，网址：https://www.twreporter.org/a/taiwan-wealth-inequality。

[23] 钟厚涛：《台湾社会阶层新动向与蔡英文当局执政困境》，《统一论坛》2017 年第 4 期。

[24] 台湾民进党政策委员会：《马政府执政下的贫穷图像》，http://dpppolicy.blogspot.com/2010/09/blog-post.html。

[25] 《"双英"辩论全文摘要》，台海网，网址：http://www.taihainet.com/news/twnews/twdnsz/2010-04-26/524052.html。

[26] 《撕裂的海岛——台湾贫富分化与政治操弄》，中国经营网，网址：http://www.globalview.cn/html/zhongguo/info_4917.html。

[27] 黄光国：《民粹亡台论》，北京：中国友谊出版公司 1997 年版，第 20—22 页。

（苏美祥：福建社会科学院现代台湾研究所副研究员）

特朗普时代的中美关系与台湾问题

王伟男　周文星

自唐纳德·特朗普（Donald J. Trump）于 2016 年 11 月当选美国总统以来，关于特朗普时代中美关系将如何发展的讨论一直是学界和舆论界的讨论热点。台湾问题作为中美关系中的一个重要问题，在 2008 年 5 月国民党在台湾重新执政后，却呈现出日益淡出中美关系核心议程的趋势，以致力于许多学者认为台湾问题已经被"边缘化"了。但特朗普在候任期间在台湾问题上搞的一些"小动作"，一度引起舆论哗然，把台湾问题再次拉入中美关系的核心视野区。特朗普上任后不久，两国元首于 2017 年 4 月在美国举行首次会晤，大大缓解了此前的紧张气氛。由于在此次会晤中双方并没有公开谈及台湾问题，导致关于"台湾问题被边缘化"的讨论再次充斥相关媒体。2017 年 11 月特朗普总统首次访华，在这次元首会晤中，虽然提到了台湾问题，但由于所用篇幅不长，"台湾问题被边缘化"的声音再次升高。这些讨论的本质是：台湾问题在中美关系大局中到底是什么样的定位？特朗普上任以来，这种定位有没有实质性改变？

一、台湾问题在中美关系中的定位

当我们谈到台湾问题在中美关系中的定位时，实际上存在两层含义。一层是逻辑定位，即从辩证唯物主义的逻辑视角，探讨"台湾问题"与"中美关系"这两个变量之间的逻辑关系。另一层是事实定位，即从历史与现实出发，考察台湾问题在中美关系中实际处于什么样的位置。

在美国的国家战略文献中，对台政策常常被置于对华政策的框架中，或者紧接着对华政策的论述段落，而对华政策又常常被置于其亚太或东亚战略框架中，其亚太或东亚战略则是其全球战略的重要组成部分。也就是说，美国的对台政策服务并服从于其对华政策，其对华政策又服务并服从于其亚太或东亚战略，其亚太或东亚战略则服务并服从于其全球战略。这样的论述安排完全符合辩证唯物主义关于整体决定局部、局部服从整体的基本原理，也决定了台湾问题在中美关系大局中的逻辑定位。

然而，辩证唯物主义也强调局部或个体的主观能动性。美国的台海政策反过来会对其对华政策产生重要影响，台湾问题同样也会对中美关系大局产生重要影响。1949 年以来中美关系发展的历史事实也证明了这一点。准确地说，中美关系中的台湾问题产生于 1950 年 6 月 27 日，当时的美国杜鲁门政府通过派遣第七舰队进驻台湾海峡这个重大举动，放弃了此前对中国内战的"脱身"政策，改采武力"保台"政策，其大背景就是当时的美国决策层"尤其注重从远东全局的观点，结合其对华政策和对苏战略，把朝鲜、台湾和印度支那并列在一起，做通盘分析"。[1]

朝鲜战争结束后，中美之间的博弈主要就是围绕台湾问题展开的，台湾问题是这一时期中美关系持续紧张的主要原因。1950 年代的两次台海危机，美国在台湾问题上越陷越深。从日内瓦会谈（1955—1957 年）到华沙会谈（1958—1970 年），台湾问题是中美交锋的首要问题，"有关台湾问题的争论贯穿了整个华沙会谈"。[2] 尼克松上台后欲缓和中美关系，也是从台湾问题入手，借助减少对台军事援助和在台海巡逻的次数等行为，向中方发出和解信号。在 1972 年尼克松访华和《上海公报》谈判过程中，最大的难点就是台湾问题。正是双方最后在台湾问题上达成了一致，该公报才得以发表。

在 1978 年的中美建交谈判中，台湾问题仍然是最大障碍。最后美方接受中方提出的"断交、撤军、废约"三原则，并暂时搁置对台军售问题，才达成建交公报。中美建交后，先因《与台湾关系法》，后因里根上台并在台湾问题上挑衅中方利益，导致双边关系发生动荡，后经谈判达成《八一七公报》，中美关系才再次趋缓。1992 年美国售台 150 架 F-16 战机，1995 年李登辉访美和 1996 年台海危机，导致中美关系持续动荡。在这几次摩擦与冲突中，台湾问题仍然是主要原因。

正是这些摩擦与冲突，使得中方对台湾问题在中美关系中的地位有了深刻认知。1995 年 10 月赴美出席联合国成立 50 周年纪念活动的时任中国国家主席江泽民，在一次公开活动中做出"台湾问题是中美关系中最重要最敏感的核心问题"这个重大判断与定位。[3] 这绝非应景式外交辞令，而是中方从自身立场出发，对 1949 年以来中美关系历史经验和基本规律的深刻总结。此后，"台湾问题是中美关系中最重要最敏感的核心问题"作为一个经典表述，开始频繁出现在中国领导人的谈话和相关部门的正式发言中，有时还会加上"始终""历来""一直"这样的修饰词。也就是说，无论中美关系的发展是否顺利，都不影响台湾问题在中美关系中"最重要最敏感的核心问题"地位。

台湾问题在中美关系中的重要性，至少来自以下五个方面的原因：一是涉及中国的领土主权完整，二是涉及大半个中国的战略安全，三是涉及中国的重大海洋权益（包括海洋主权、海洋资源、海上通道等），四是涉及中国共产党的执政地位，五是美国对台湾问题直接、长期和全方位的战略干预。特别是第五个原因，正是由于美国基于其对华政策和亚太战略考量，通过一系列（仍在"扩容"）国内法对台湾问题进行的战略干预，才使得前四个原因的重要意义被"激活"和凸显，才使得台湾问题成为中美关系中最重要最敏感的核心问题。只要这五个、特别是第五个重要原因继续存在，也就是美国继续依据其国内法保持干预台湾问题的"权力"，继续坚持其"以台制华"的战略思维，台湾问题在中美关系中的重要性和敏感性就不会有实质性下降。

进入 21 世纪以来，"台湾问题在中美关系中被边缘化"的观点多次被提出，但都不过是昙花一现，提出不久就很快被新的事实（主要是美国对台军售）所推翻。2010 年后，虽然美方大力推进实际针对中国的"亚太再平衡"战略，但一直刻意回避台湾在这个战略布局中的作用，其中一个重要原因就是基于"九二共识"的两岸关系和平发展。这些都造成"台湾问题被边缘化"的假象。但在特朗普当选后，美方在台湾问题上不断出招，使得"台湾问题被边缘化"的观点不攻自破。而美方之所以在台湾问题上不断出招，根本原因就在于中美关系的历史性剧变。

二、特朗普时代的中美关系

2017 年 12 月 18 日，特朗普政府发表上任以来的首份《国家安全战略》报告。这份报告与以前的报告一样，既有全球战略的论述，也有区域战略的论述。其全球战略被概括为"美国优先"，其实质与冷战后的历届美国政府一样，致力于维护美国在全球的唯一超级大国地位。这个全球战略由以下四个支柱（pillars）做支撑：一是保卫美国的人民、国土和生活方式的安全，二是促进美国的繁荣，三是以实力维护和平，四是提升美国的影响力。在区域战略上，该报告分别论述了特朗普政府对印太、欧洲、中东、南亚及中亚、西半球、非洲等地区的主观认知和战略构想。

在谈到美国与世界上其他国家和非国家行为体的关系时，该报告与以往美国政府一样，交替使用如下词汇：盟国（ally）、朋友（friend）、伙伴（partner）、竞争者（competitor）、对手（rival）、挑战者（challenger）、敌手（adversary）和敌人（enemy）。值得我们注意的是，以往的报告在提到中国时会根据不同的议题而对中国有不同的定位。例如，奥巴马政府于2015年发布的《国家安全战略》报告在提到气候、反恐、防扩散、伊核、朝核等议题时，把中国称为伙伴甚至朋友，在经济议题上把中国称为竞争者，在南海等具体的地缘政治议题上把中国称为挑战者，在更宏观的地缘政治议题上称中国为竞争对手。[4]但特朗普政府的这份《国家安全战略》报告无论在哪个议题上，都不再把中国视为朋友或伙伴，而更多地把中国视为竞争者、对手或挑战者，在某些议题上甚至还隐晦地视中国为"敌手"。这些标签完全契合该报告对中国的整体定位：修正主义者（revisionist）和战略竞争者（strategic competitor）。[5]

该报告对中国的这种定位，来自特朗普的国安团队对冷战后美国对华政策的"反思"。该报告认为，美国要反思过去20年的政策，这些政策基于这样一种假设：与竞争对手的接触以及将其纳入国际机制和全球贸易体系，将使他们成为良性的参与者和可信赖的合作伙伴；支持中国崛起和融入战后国际秩序有助于实现中国的开放。然而，"这个假设在很大程度上被证明是错误的。……竞争对手通过宣传及其他手段推进反西方的观点，并在美国与盟国和合作伙伴之间制造分歧。……中国还试图在印太地区取代美国，扩大其国家主导的经济模式的势力范围，并以对它有利的方式改写地区秩序；正在建立仅次于美国的实力最强大、资金最充裕的军事力量，其核武库不断增长，而且呈现多样化趋势。中国的军事现代化和经济增长在一定程度上是由于它利用了美国的经济创新，包括美国的一流大学……"[6]

除《国家安全战略》报告外，后续公布的《国防战略报告》直言"中国推动的政策与美国的国家利益和价值观相抵触"；[7]《核态势评估报告》则宣称，"美国不仅要在常规武器上与中国竞争，在核武器的现代化上也要与中国竞争"。[8]以上认知并不仅是特朗普国安团队的认知，更是整个美国战略界的认知。在冷战后的克林顿政府时期，对华接触是美国战略界的基本共识，他们希望通过"接触"来引导中国的发展，最终使中国接受西方式自由民主制度和市场经济体制。小布什政府上任初期曾有意放弃对华接触政策，改采更为强硬的对华威慑政策，但由于"9·11事件"的发生，恐怖主义很快被美国战略界认定为最大的安全威胁，应对与恐怖主义相关的大规模杀伤性武器扩散、中亚和南亚地区的稳定、伊朗和朝鲜两个核问题以及应对气候变化、全球公共卫生危机、粮食危机、非洲局势、推进经济全球化等重要议题，都需要中国的战略合作。于是，美国战略界曾经臆想的"中国威胁"退居次要位置，"接触"重新成为美国对华政策的主轴。

奥巴马总统上任后，美国在阿富汗和中东的反恐战争已经告一段落，美国本土安全得到了有效加强。与此同时，中国在东亚海域的维权行动、在气候问题上坚持发展中国家的基本立场、在其他重大国际问题上越来越自信的表现，都使得美国战略界开始对中国初具规模且仍在增长的实力地位产生警觉。奥巴马政府自2010年起高调推动的"亚太再平衡"战略，就是这种警觉的产物。这个战略在美国国内造成的严重后果之一，就是逐步恶化了美国战略界的对华认知，从而恶化了中美关系的整体氛围，特朗普也正是在这种氛围中当选的。《华尔街日报》刊文声称，"数十年来，西方政客们愚弄自己说，中国最终会像他们一样"，而现在，"西方政客们终于开始以中国的本来面目、而非他们希望的样子来看待中国。这种新的清晰感正在西方蔓延"。[9] 更有评论者指出，美国国内有关中国的共识已从"鼓励与中国进行接触"转向"对中国进行报复与抵制"。[10]

在这种日趋严峻的氛围下，特朗普国安团队在其《国家安全战略》报告中对中国的定位，实际上也是对中美关系的定调，这意味着两国关系即将迎来一个更多摩擦与频繁动荡的特朗普时代。特朗普时代中美关系的一个基本特征，是两国关系中的积极因素持续减少，消极因素持续增多。曾经的积极因素或者以积极面为主的因素，开始转变为消极因素或者以消极面为主的因素，如经贸、气候、朝核等议题；或者其积极作用大幅下降甚至消失，如反恐、防扩散等议题。原有的消极因素或者以消极面为主的因素，其负面影响持续增强，如南海、台湾等议题。中美关系中这些影响因素的性质转变，表面来看是起因于特朗普政府对这些议题上利益认知的转变，根本原因却是近年来美国战略界对中国和中美关系整体认知的转变，是他们对美国对华政策和中美关系"反思"的结果。这就意味着，特朗普时代的中美关系将在持续紧张与频繁动荡的轨道上运行，振荡的幅度也可能加大，对亚太区域和全球局势的负面影响也将增加。而台湾问题作为美国牵制中国的传统战略工具，也必将发挥其应有的作用。

三、特朗普时代的台湾问题

正如前文所述，无论是从逻辑还是从事实的角度来看，台湾问题一直都是中美关系中最重要最敏感的核心问题。这个定位是中方从自身立场出发，对1949 年以来中美关系历史经验和基本规律的深刻总结。"台湾问题被边缘化"的观点脱胎于 21 世纪初"台湾经济被边缘化"的观点，[11]其历史背景是当时美国以全球反恐为最高战略，当时的中美关系以合作为主轴。故此，当时的陈水扁当局被美方称为"麻烦制造者"，中美在管控"台独"这个具体议题上存在高度共识。在特朗普时代，中美在台湾问题上还有那样的高度共识吗？从特朗普上任以来中美两国在台湾问题上的互动来看，这种共识毫无存在的迹象。

截至 2018 年 8 月底，习近平主席与特朗普总统已有过两次会面和十余次通话。在这些会面和通话里，台湾问题确实不是他们讨论的重点。除了在 2017 年2 月 10 的通话中特朗普表示"美国政府坚持奉行一个中国政策"外，在其他会面和通话后的官方新闻稿里，对于双方"是否谈到台湾问题"都很难看出一致性。例如，美国白宫于 2017 年 11 月 11 日发布介绍特朗普访华成果的新闻稿，其中既未提到"一中政策"，也未提到台湾问题。但中方在官方报道中提到，中方向美方表明，"台湾问题是中美关系中最重要最敏感的核心问题，也事关中美关系的政治基础。希望美方继续恪守一个中国原则，防止中美关系大局受到干扰"，随后即有台湾媒体做出"不只边缘化，台湾问题在习川会上只剩一句话"的评论，[12]部分学者也赞同此观点。但换一个角度来看：既然双方在"是否谈到台湾问题"这个基本事实的表述上都不一致，那就可能说明双方在台湾问题上存在重大分歧，以至于对会谈情况的通报只能"各说各话"。

特朗普访华结束后不久，美方在台湾问题上就密集出招。2017 年 12 月 12日，特朗普签署《2018 财年国防授权法案》，其中第 1259 条专门提及美台关系，主要包括：强化美台合作伙伴关系；继续对台军售；支持扩大台湾人员在美受训或与美军共同受训的交流计划；邀请台湾军队参与相关军演；执行美台资深军官与资深官员互相交流计划；美国政府应考虑美台军舰重新相互停靠的适当性与可行性，等。[13]众议院和参议院分别于 2018 年 1 月 24 日和 3 月 1 日通过"与台湾交往法"（Taiwan Travel Act），特朗普总统也在 3 月 16 日签署通过。该法案要求"美国的政策应该允许各级官员到台湾旅行，会见台湾对口官员，并允许台湾高级官员'在受尊重的条件下'进入美国会见美国官员，同时鼓励台湾经济和文化代表在美国开展工作"。[14]虽然该法案对美国行政部门没有强制力，但它实际上等于给了行政部门一个便宜行事的授权，使得美方在台湾问题上制造新的麻烦时多了一项选择。

2018 年 4 月，美国国务院批准对台湾"潜舰国造"的行销许可证，允许美国军工厂商透过商业管道与台湾官方洽谈潜艇技术，美国军工厂商因此可以直接与台湾"国防"单位和厂商接触。这是台湾当局期待多年的目标。而美台"防务工业会议"于 5 月 10 日首次在台湾召开，也得益于美国国务院的上述解禁行为。[15] 此外，美国副助理国务卿黄之瀚（Alex Wong）3 月 20 日访问台湾，公开申明台湾对美国"印太战略"（Indo-Pacific Strategy）的重要性。6 月 12 日，"美国在台协会（AIT）台北办事处"举行新址落成仪式，美国务院负责教育文化事务的助理国务卿玛丽·罗伊斯（Marie Royce）代表美方出席并致辞，中方对此提出严正交涉。[16]8 月 13 日经特朗普总统签署成法的《2019 财年国防授权法》提出："美国要加强与台湾的防务与安全合作，并支持台湾发展现代化的'国防'军力，维持足够的自卫能力；强烈支持台湾获得防御性武器；及时评估和回应台湾的采购需求，改善对台军售的可预测性；美防长应当推动提升台湾安全的交流政策，包括适当参与台湾军演，如年度汉光演习，以及让台湾适当参与美国军演等，并根据'台湾旅行法'促进美台高层国防官员和一般官员交流等；美台应扩大人道救援及灾难救助合作；支持美国海军医疗船只访台。"[17]

美国国内在涉台议题上的整体氛围也不容乐观。近年来，美国战略界有一种"对台亏欠论"的声音，意思是说美国没有对台湾提供足够的政治和"外交"支持，导致台湾的处境在中国大陆的"压迫"下"日益艰难"。因此，美国国内要求"反思"一中政策、特别是在一中政策框架下向台湾方面更多倾斜的声音非常普遍。也就是说，特朗普有可能在这种声音的鼓动下拿台湾问题要挟中国：要么美国将改变现行政策，朝不利于中方的方向调整；要么中国在其他问题上让步，以换取美国维持现行政策。[18] 而前述自 2017 年下半年以来美方在台湾问题上的密集出招，实际上就是对这种"反思"声音的政策回应。我们从上述动向还可以看出，安全与战略是特朗普上任以来美国对台政策的核心议题。而特朗普政府在《国家安全战略》报告中对台湾的讨论，也被置于印太区域战略的"军事与安全"条目下。这再次印证了台湾问题在中美关系中的本质属性，即两个大国围绕东亚地区地缘政治和地缘战略而展开的较量。"大国关系的最核心部分，无论在何种条件下都是、也只能是军事或安全战略关系，中美之间也不例外"。[19] 在这种情况下，怎么可能得出"台湾问题被边缘化"的结论？

四、台湾问题不可能被边缘化

纵观学界关于台湾或台湾问题"被边缘化"的讨论，其实是两个不同维度的概念被混淆在一起。一个是"台湾被边缘化"，另一个是"台湾问题被边缘化"。"台湾被边缘化"主要是个地缘经济的概念，它更多地以台湾的经济困境为背景，意味着台湾在亚太经济版图和全球产业链中地位的下降。在大陆经济不断壮大、台湾经济持续疲软的大背景下，台湾作为一个经济体被边缘化是有可能的。而"台湾问题被边缘化"是一个涉及国际政治的地缘战略概念，其是否成立主要取决于台湾的地理位置和中美关系（未来或许还有中日关系）的基本态势，与台湾经济产出的质量高低和数量多少关系不大。东海钓鱼岛和南海太平岛都是基本没有任何经济产出的弹丸之地，但它们在东亚海洋战略博弈中的重要性却不言而喻，根本原因就在于其天然的地理位置和所处的国际政治环境。台湾在东亚海域所处的枢纽位置、中国与美日之间长期的战略博弈、台湾当局对美日的战略依赖关系，都决定了台湾问题不可能被边缘化。

那么，为何近年来总有"台湾问题被边缘化"的讨论呢？除了前面提到的"台湾被边缘化"和"台湾问题被边缘化"这两个概念经常被混淆外，还有就是台湾问题在中美关系中的重要性和紧迫性这两个概念也经常被混淆。"重要性"体现的是台湾问题影响中美关系全局的最大可能程度，由于它"事关中美关系的政治基础"，所以一直是中美关系中"最重要最敏感的核心问题"。"紧迫性"体现的是台湾问题的实时状况是否需要尽快处理或应对。这两个概念之间也有内在联系：当台湾问题的紧迫性较高时，它在中美关系中的重要性就容易凸显出来。当紧迫性不高时，其重要性就容易被"埋没"，但"埋没"不等于消除。台湾问题之于中美关系，正如心脏之于一个正常的人：当这颗心脏健康完好时，其重要性就容易被忽视，身体其他器官的疾病更容易得到关注。但当发生心血管堵塞等严重心脏疾病时，其重要性就会凸显出来。

台湾问题在中美关系中不可能被边缘化的最根本原因，还在于美国以《与台湾关系法》等国内法为依据，保留对台湾问题随时进行战略干预的"权力"。对台"六项保证"、包含涉台条款的多个年度《国防授权法》、2018 年 3 月生效的"与台湾交往法"以及未来还可能出现的其他涉台法案，都是美国对台干预"工具箱"的组成部分，都为台湾地区的分裂势力提供了重要的心理凭借。这只会鼓励执政的民进党继续坚持"台独"党纲、继续排斥体现一中原则的"九二共识"，甚至也可能诱使岛内其他政党朝分离主义方向发展。在这种情况下，两岸政治对立的本质仍然是统一与拒统、分裂与反分裂之间的零和博弈。在中美战略竞争和两岸政治对立同时存在的条件下，台湾问题只可能是美国在需要时牵制中国大陆的战略利器。这些都意味着台湾问题在中美关系中不可能被边缘化。

特朗普上任以来，中美关系在总体上延续着2010年以来积极因素持续减少、消极因素持续增加的发展轨迹，[20]两国在经贸、朝核、南海等重大议题的博弈同时展开，实际上是大国之间的综合博弈。美方为了在这种综合博弈中取得优势，完全有可能在台湾问题做出不利于中国利益的举动。事实上，美方自2017年下半年以来在台湾问题上的密集出招，已经表明特朗普政府和美国国会无意在台湾问题上保持克制，而有更大的冲动把台湾问题作为与中国进行综合博弈的战略工具，台湾问题在中美关系议程中的紧迫性日益上升。因此，如果未来美方在台湾问题上做出更出格的举动——比如提高美台官方互动的层级和"透明度"，或者在军事和安全领域有更张扬的合作——我们不必感到惊讶，尽管这将引发台海局势和中美关系的大幅振荡。

笔者认为，如果台湾问题在中美关系大局中真的被边缘化了，可能只有两种情景：一种是美国主动或被动地放弃对台湾问题的战略干预，特别是冻结、甚至废除相关涉台法案。这必将对中美关系产生极大的积极推动作用，也是中方强烈期待的愿景。但在中美大国博弈持续升温、美方不仅无意放弃对台湾问题的战略干预，反而在为进一步干预创造更多有利条件的背景下，任何对美国放弃干预的期待，都是不切实际的美好愿望而已。另一种情景是中国大陆把"两岸和平"与"中美友好"视为比"国家统一"更重要的战略目标，对"台独"势力和美国干预愿意保持最大程度的克制——笔者相信，这不大可能成为任何一届中国政府的战略选项。

五、结语

"台湾问题是中美关系中最重要最敏感的核心问题"作为中方对台湾问题在中美关系中定位的经典表述，绝非应景式外交辞令，而是中方从自身立场出发，对1949年以来中美关系历史经验和基本规律的深刻总结，特朗普的上台并没有改变这个基本规律。特朗普时代的中美关系难以令人乐观，甚至有持续恶化的趋势。从本质上说，这种发展态势并不是因为特朗普的上台而产生的，更多的是一种历史趋势，是长期以来中美关系中结构性矛盾逐步积累的结果。不管美国总统是不是特朗普，这些问题都会爆发出来，只是爆发的时间和方式会有所不同而已。在台湾，自 2016 年民进党重新执政以来，两岸关系和平发展陷入停滞。蔡英文当局不但不承认体现两岸同属一个中国的"九二共识"，还在教育、文化、社会等领域一波接一波地搞"去中国化"。如此下去，随着"台独"能量的持续积累，未来两岸关系再次出现剧烈动荡将是大概率事件。如果中美关系和两岸关系同时趋向恶化，就很容易激发美国利用台湾问题制衡中国的战略冲动，届时台湾问题在中美关系中的紧迫性将会上升到一个新高度，其重要性也将再次凸显，"台湾问题被边缘化"的论调也将再次被证伪。

注释：

[1] 林利民：《遏制中国：朝鲜战争与中美关系》，时事出版社，2000 年 3 月第 1 版，131 页

[2] 陶文钊主编：《中美关系史（修订本）》（第二卷），上海人民出版社，2016 年，第 221 页。

[3] 中国社会科学院台湾研究所等编：《台湾问题重要文献资料汇编》，红旗出版社，1997 年，第 57—58 页。

[4] National Security Strategy, the White House, Washington, DC, February 2015. See http://www.bits.de/NRANEU/others/strategy/NSS-2015.pdf（访问时间：2018 年 3 月 6 日）

[5] National Security Strategy of the United States of America, the White House, Washington, DC, December 2017, p25, 45. See https://www.whitehouse.gov/wp-content/uploads/2017/12/NSS-Final-12-18-2017-0905-2.pdf（访问时间：2018 年 3 月 6 日）

[6] National Security Strategy of the United States of America, December 2017, p2-3, 25.

[7] Summary of the National Defense Strategy of the United States of America, Department of Defense, Washington DC, Jan. 2018. See https://www.defense.gov/Portals/1/Documents/pubs/2018-National-Defense-Strategy-Summary.pdf（访问时间：2018 年 5 月 6 日）

[8] 2018 Nuclear Posture Review, Department of Defense, Washington DC, Feb. 2018. Seehttps://media.defense.gov/2018/Feb/02/2001872886/-1/-1/1/2018-NUCLEAR-POSTURE-REVIEW-FINAL-REPORT.PDF（访问时间：2018 年 5 月 6 日）

[9] The West Faces Up to Reality: China Won't Become 'More Like Us', https://www.wsj.com/articles/the-west-gets-real-about-china-1513074600（访问时期：2017 年 12 月 15 日）

[10]《美对华政策趋强硬 "华盛顿共识"不复存在》，美中时报网站：http://www.sinoustimes.com/contents/22/22996.html.（访问时间：2017 年 11 月 25 日）

[11] 根据笔者的考证，大陆学者刘国深最早提出"台湾经济被边缘化"的观点，参见刘国深：《两岸关系：回顾、评析、展望》，载《两岸关系》2003 年第 1 期。

[12] 卢柏华：《不只边缘化 台湾问题在习川会上只剩一句话》，（台湾）中时电子报：http://www.chinatimes.com/cn/realtimenews/20171110000019-260408（访问时间：2017 年 11 月 12 日）

[13] 千里岩：《准许美国军舰停靠，对台湾是祸是福？》，国际在线：http://news.cri.cn/20171215/b45520aa-857d-be48-f39a-19ac5bc45924.html（访问时间：2017 年 12 月 18 日）

[14] 李月霞：《美参议院通过台湾旅行法中国反对》，新加坡《联合早报》，2018 年 3 月 1 日。

[15] 史书华:《台湾与美国建立更紧密国防合作》，英国《金融时报》中文网：http://www.ftchinese.com/story/001077534?full=y&archive（访问时间：2018 年 5 月 16 日）

[16]《2018 年 6 月 12 日外交部发言人耿爽主持例行记者会》，中华人民共和国外交部网站：http://www.fmprc.gov.cn/web/fyrbt_673021/t1568094.shtml（访问时间：2018 年 6 月 15 日）

[17]《中方强烈谴责美国防授权法》，载《参考消息》，2018 年 8 月 15 日，第 1 版。

[18] 达魏:《美国对华战略逻辑的演进与"特朗普冲击"》，《世界经济与政治》2017 年第 5 期。

[19] 张曙光:《美国对华战略考虑与决策（1949—1972），上海外语教育出版社，2002 年，引言第 I 页。

[20] 王伟男:《常态与新常态下中美关系的弹性与韧性》，载《教学与研究》2018 年第 5 期。

（王伟男：上海交通大学副教授　周文星：上海交通大学博士研究生）

特朗普台海政策及其走向分析

汪曙申

中美建交以来，美国历届政府的台海政策基本以一个中国政策、"双重威慑"和"双轨策略"为支柱，服从并服务于美国在亚太地区的战略利益。2016年11月特朗普当选美国新一届总统后，其对台湾问题的认知经历了一个显而易见的学习和调适过程，透露出较为明显的个人特质和"交易性"思维。在中美战略博弈加剧及美将中国列为首要"战略竞争对手"的情况下，特朗普的台海政策走向更趋复杂。

一、特朗普对台海政策的认知

特朗普是商界出身、缺少政治历练、看重现实利益且擅长"交易艺术"的非传统共和党人，其对美国台海政策的理解和认知经历了一个调整适应过程，烙上了比较鲜明的"特朗普印记"。

第一阶段：质疑"一中政策"，操纵"挂钩"策略。特朗普在第58届美国总统竞选期间，鲜少对台湾问题提出政见。出人意料的是，2016年12月2日特朗普利用候任总统身份与台湾地区领导人蔡英文直接通电话，打破了1979年以来美总统当选人与台湾最高执政者公开接触的"天花板"，在台湾问题和中美关系上制造了重大意外。而且，特朗普在推特上毫不避讳以"台湾总统（The President of Taiwan）"头衔称呼蔡英文，形同在国际场合制造"一中一台"的印象。据卜睿哲（Richard Bush）分析，"这通电话是特朗普算计好的策略一部分"。[1] 特朗普打破美台高层互动的限制后，在接受福克斯新闻（Fox News）采访时公开对"一中政策"提出尖锐质疑。特朗普声称，"我完全理解一个中国政策，但我不知道为什么我们非得受一中政策的约束，除非我们与中国达成涉及

122

贸易等事项的协议"[2]。这番言论透露出特朗普当选之初，对台湾问题的复杂性和敏感性缺乏应有认识，且有在台湾问题上操纵"挂钩"策略的考虑，一时使外界对其偏离"一中政策"的猜疑达到最高点。

从卡特到奥巴马，美历届政府认为"一中政策"发挥了两项重要功能：一是维持台海地区和平稳定，有效预防冲突和战争，减少台湾问题对美国的战略负担；二是长期维持美国与台湾在没有"外交"关系下的实质关系，并能够获得中美关系与美台关系的"双重提升"。因此，美政学界主流都认为，奉行"一中政策"本质上符合美国国家利益。特朗普企图颠覆"一中政策"或予以交易化的处理方式，立即激起美国国内质疑和反对。2016年12月美国民主党全国委员会发表声明，批评特朗普与蔡英文通话损害美国国家安全[3]。时任总统奥巴马在2016年终记者会上罕见主动阐述"一中政策"称："一个中国的理念是中国国家概念的核心，如果想推翻这样的理解，必须彻底想清楚后果，因为中国人对待这件事的方式，不会和对待其他议题的方式一样，他们的反应可能极其重大。"[4]显然，奥巴马警示特朗普挑战"一个中国"的重大风险，认为在台湾问题上否定、挑衅中国核心利益不会换来其他利益的回报，反而会动摇中美关系基础。这期间，美主流媒体也对特朗普破坏"惯例"与蔡英文通话齐声批判，抨击特朗普缺乏外交历练，采取了错误举动。

美政学界反对特朗普颠覆"一中政策"或将其作为与中国谈判交易的筹码，有三方面原因：第一，认为贸然变更政策将拆毁中美关系基础，战略上的成本远高于收益，得不偿失。麦艾文（Evan Medeiros）认为，1972年以来美历任总统选择延续"一中政策"是有充分理由的，特朗普团队不应在不确定能得到什么的情况下贸然反对[5]。贝德（Jeffrey Bader）称，"一中政策已被视为美中关系的基础"，"把贸易和被北京视为牵涉主权的问题混为一谈，可能引发中国人愤怒反弹，使问题都恶化"[6]。第二，认为剧烈变更政策将把台湾"棋子化"，直接损害台湾利益以及美国对盟友的战略信誉。芮效俭（Stapleton Roy）认为，美不要玩弄"一中政策"的模糊性，因为处理不当反会让台湾付出代价[7]。卜睿哲在致特朗普公开信中特别阐述台湾问题的复杂敏感性，称"台湾并非可交易的商品"，"拿美国的一中政策与中国谈判，将制造不确定性，置台湾于险境"[8]。第三，认为将台湾与朝核等问题挂钩处理的交易策略是"危险游戏"。奥巴马任内避免将台湾问题与中美其他领域问题（如南海、中东、经贸）进行捆绑处理，这在美国国内是有一定共识的。对于特朗普将"一中政策"与中美贸易和朝核问题挂钩的倾向，美战略界多持反对态度，认为那将使中美在不同领域的问题复杂化，对中美关系和美台关系都不利。

第二阶段：回归"一中政策"，延续"双轨策略"。美奉行"一中政策"是中美关系稳定的政治前提与核心要件。针对"特蔡通话"事件，中国政府在特朗普就职前，通过各渠道明确表态"一个中国原则是中美关系的政治基础，是不可谈判的"，"敦促美方恪守在中美三个联合公报中所作出的承诺，慎重、妥善处理涉台问题"，直接否定和反对特朗普的"交易"策略。因此，特朗普就任后，在 2017 年 2 月 10 日与习近平主席通电话中改变姿态，表示充分理解美国政府奉行"一中政策"的重要性，继续坚持"奉行一个中国政策"（"honor our 'one China' policy"）[9]。特朗普回归"一中政策"立场，降低了台湾问题对中美关系的不确定性。在美承认"一中政策"前提下，2017 年 4 月中美元首实现海湖庄园会晤，中美关系趋稳。6 月 30 日，特朗普政府首次通知国会向台湾出售价值 14.2 亿美元的军售案，其中包含台湾一直争取且带有一定进攻性的高速反辐射导弹和重型鱼雷。此次军售项目主要是奥巴马时期拟定的，特朗普在执政 5 个月后推出。对此，7 月 3 日习近平主席专门与特朗普通电话，指出："我们很重视特朗普总统重申美国政府坚持奉行一个中国政策，希望美方切实按照一个中国原则和中美三个联合公报妥善处理涉台问题。"[10] 特朗普重申："美国政府继续坚持一个中国政策，这一立场没有变化。"[11]7 月 9 日，习近平在 G20 峰会期间会见特朗普，再次强调"双方要尊重彼此核心利益和重大关切，妥善处理分歧和敏感问题"[12]。7 月 10 日，中国驻美大使崔天凯表示："美方近期在台湾等问题上采取严重损害中方利益做法，中方对此坚决反对。如果任其进一步发展，将严重损害双方互信。如果形成挑衅和反制的循环，不符合任何一方利益。这样的结果应当坚决避免。如果试图借在台湾、南海等问题上挑战中国以迫使中方在朝核问题上让步，这种做法同样是破坏性的。"[13] 这是中方首次公开驳斥特朗普在台湾问题上采取"挂钩"政策。11 月 8—10 日特朗普上台后首次访华，习近平主席在同特朗普举行会谈中再次提出："台湾问题是中美关系中最重要、最敏感的核心问题，也事关中美关系的政治基础。希望美方继续恪守一个中国原则，防止中美关系大局受到干扰。"[14] 对于特朗普在台湾问题上表现出来的不确定性，中国政府在中美元首外交中反复强调台湾问题的重要性和敏感性，促特朗普政府保持"一中政策"稳定。

美国长期主张其"一中政策"不同于中国的一中原则。特朗普政府继续奉行"双轨策略"，利用美对"一中政策"的定义权和解释权，提升美台实质关系。蔡英文当局不承认体现一个中国原则的"九二共识"，等同于单方面破坏两岸关系政治基础,导致两岸对抗性升高以及台湾"国际"活动空间限缩[15]。美政学界却认为中国大陆对台湾采取"胁迫性"政策,主张美国给予台湾相应的"补偿",这已表现在特朗普执政后的美台关系上。如 2017 年 5 月台湾在连续 8 年参加世界卫生大会后首次被拒,美国安排时任卫生和公众服务部长汤姆·普莱斯(Tom Price)与台湾"卫生福利部部长"陈时中在日内瓦举行会谈,以显示对台湾参与国际组织的同情和支持。2017 年美国派员赴台参加"汉光演习"后,又首次允许台海军陆战队的一个排赴夏威夷,与美国太平洋司令部海军陆战队协同训练,显示美台军事关系继续强化。2018 年 4 月美国务院签发对台转移出售潜艇制造技术的"营销核准证(marketing license)",在支持台"潜艇自造"计划上迈出重要步骤。2018 年 5 月,在台被继续排除参加世卫大会后,美进一步加大对台支持力度,卫生和公众服务部长亚历克斯·阿扎(Alex Azar)与台代表陈时中会谈,力挺蔡当局以"台湾"名义、观察员身份参与世卫大会。这都显示,特朗普政府在台海事务上采取鲜明的"双轨策略",且重心放在提升美台关系方面。

二、特朗普台海政策的特点

美国台海政策框架有一定延续性,不管谁执政都很难从根本上颠覆和推翻。但也应看到,特朗普对美国国家利益的认知和排序不同于民主党及传统共和党人,在对外政策上崇奉"以实力求和平"原则,优先服务国内经济和安全问题,更偏向核心支持者诉求,也更敢于打破现状,以谈判交易方式谋取最大利益。这投射在台海政策上,呈现以下特点:

(一)将台湾问题作为对华政策筹码的意图明显。奥巴马执政时美国未将台湾直接纳入"亚太再平衡"战略,主要利用两岸关系和平发展的氛围,逐步且显著提升了美台实质关系。共和党强烈批判奥巴马政府弱化了台湾在美国对外战略中的地位,主张美国不能为了对华关系而向一中原则靠拢,应更强调美"一中政策"的独立性和自定义能力。为此,2016 年 7 月 19 日,共和党通过新党纲,第一次将里根时期的对台"六项保证"纳入。2017 年 8 月,共和党全国委员会又通过涉台决议案,强调《与台湾关系法》和"六项保证"是美台关系的基石,声称将继续与蔡英文当局一起支持将"六项保证"作为美台发展关系的必要指导[16]。该决议文甚至将"六项保证"逐条列出,鼓励美台之间含现役将级军官的高层军事交流,要求美对台持续出售包括常规潜艇在内的精密防御武器。在亲台势力压力下，国务卿提名人蒂勒森在当时参议院任命听证会上也将"六项保证"和《与台湾关系法》并列重申。为强化美台关系，国会在《2018年国防授权法》中列入"六项保证"的文字，2017年12月12日特朗普签字批准后"六项保证"首次被写进美国法律文件。同样，在亲台势力推动"与台湾交往法"的立法过程中，特朗普不仅未表示反对，还于2018年3月17日主动签署该法案。这显示，面对国会亲台派高涨，特朗普为巩固执政，有照顾国会对台立场的需要，同时顺势积累在台湾问题上的筹码。在2018年朝核问题峰回路转、中美贸易摩擦扩大的形势下，特朗普政府持续营造升级美台关系的氛围，操作台湾议题在朝核和经贸问题上保持对中国的压力。特朗普主观上有将台湾"筹码化"的考虑，将台湾问题作为对华议价的工具，这一点与奥巴马时期有着显著的区别。

（二）提升美台军事安全关系的动能增大。特朗普重视加强美国在大国竞争中的军事领先优势，继续增加国防经费预算，将军事力量向亚太地区移防，强化与亚太盟国军事安全关系。美台军事关系在奥巴马执政时即以"切香肠"方式升级，特朗普执政后声势进一步上涨。从国会立法看，第114届国会通过、奥巴马签署的《2017年国防授权法》，其中第1284条明列提升美台军事人员交往层级，首次提出美国国防部应实施美台资深军事将领和防务官员对话交流。该法案提到，互动交流计划地点包括美国与台湾两地，"资深军事将领"是指现役将级军官，"资深官员"指任职于防务部门的"助理部长"及更高级官员[17]。《2018年国防授权法》中的涉台条款进一步升级，第1259条以"国会意愿（Sense of Congress）"的形式提出美对台军售正常化、邀请台湾军事力量参加美"红旗"等军演、考虑重建美台军舰互访的可行性与适当性、在西太平洋实施美台双方海军演练等内容[18]。该条款对美国行政部门不构成必须要执行的法律约束力，但违背中美三个联合公报规定，为扩大美台军事合作开了"绿灯"。从国防部门看，2017年和2018年，美国防部长马蒂斯（James Mattis）在新加坡香格里拉对话会议上连续强调美对台军售，称美基于《与台湾关系法》致力于提供台湾必要的防御装备[19]。奥巴马执政时期的副助理国防部长邓志强（Abraham Denmark）称，马蒂斯传递信号是"台湾是美国亚洲战略的一部分"[20]。2017年8月，美台在夏威夷举行高层军事安全对话——"蒙特利会谈"，台湾直接向美方提出采购F-35B战机和潜艇关键技术。2018年5月由台湾"国防产业发展协会"和美台商会主导的首届"台美国防产业论坛"在高雄召开，洛克希德·马丁、雷神等美军工企业代表参加，美台加强防务产业合作。在特朗普任内，美台关系中的军事因素会进一步凸显。

（三）强调以"美国优先"原则处理美台经济关系。在经济政策上，特朗普政府对内大幅减税，恢复实体经济，增加就业机会；对外提出"公平贸易"概念，扩大出口和减少贸易赤字，减少全球化对美国的冲击。特朗普曾点名中国大陆和台湾地区、韩国、墨西哥抢走美国人的就业机会，也一度将台湾纳入操纵汇率的观察名单。从本质上讲，特朗普奉行的贸易保护主义与台湾坚持多元、开放的对外经贸政策存在冲突。台湾对美国存在逾百亿美元的贸易顺差，特朗普政府关切美台贸易失衡问题，批评台湾对美国牛肉和猪肉产品设立贸易障碍，要求台湾开放美猪并扩大美牛进口。对于特朗普推行"美国优先"政策，蔡英文当局迎合特朗普执政偏好，通过加大对美采购天然气、农产品等缩小美对台贸易逆差，加强台湾作为美国经济伙伴的地位。蔡当局也希望利用"台美贸易暨投资架构协议"（TIFA）的机制，进一步推动洽签双方投资协议（BIA）或FTA，加强台美产业联结与合作。

三、影响特朗普台海政策的因素

在中美战略竞争加剧背景下，除特朗普个人特质外，美国亲台势力与蔡英文当局合流并相互配合，成为影响特朗普政府台海政策的重要变量。

（一）美国亲台势力强化台湾战略地位。亲台力量在美国政治光谱中是跨党派的，即使建制派与反建制派在诸多内外政策上存在分歧，但对提升美台实质关系的立场一致。奥巴马执政时期，一部分激进的亲台派宣扬美国应将台湾政策从对华政策中剥离出来，不能将美台关系束缚在中美关系框架之下，应更主动推进美国与台湾的战略合作关系。特朗普上任后，这股势力对美涉台决策的影响力上升。

一方面，特朗普近臣特别是国安会、国防部和中情局等部门负责人多为亲台的保守鹰派。这些人将中国视为美国最大的、最棘手的"战略敌手"，鼓噪中国将挑战美国霸权，认为美台关系因缺乏条约保证，导致台湾成为"第一岛链"的最薄弱环节，亟须强化台湾在美国安全战略中的地位。美国家贸易委员会主席纳瓦罗（Peter Navarro）曾在《国家利益》发文，称美国绝不应当承认"一国两制"，也不要再提一个中国政策，批评奥巴马政府拒绝出售台湾所需、能吓阻中国大陆的完整军备，并且提出美国协助台湾制造潜艇[21]。美国总统国家安全事务助理博尔顿（John Bolton）曾要求"重新检视一个中国政策"，提升台美双方关系位阶[22]。负责亚太事务的助理国防部长薛瑞福（Randall Schriver）甚至称，"美台军舰互泊符合美国所定义的一中政策"[23]。这些把持美涉华决策要职的保守派人士，将是影响特朗普台海政策的重要因素。

另一方面，国会成为规制和影响特朗普台海政策的重要力量。美国国会亲台力量庞大，根基很深。据"台驻美代表处"统计，第115届国会中"台湾连线"成员保持稳定，参议院为30人，众议院为215人[24]。蔡英文当局将"充实健全美国国会友台力量"作为台湾对美工作的五大策略之一，特别是游说国会以立法、决议文、声明或向美国总统致函等方式，大力影响特朗普对台政策，防止"不确定性"。奥巴马执政时国会即通过推动涉台立法和决议案强化美台实质关系[25]，特朗普上台后进一步升级。如2017年国会重新提出"与台湾交往法"草案，2018年1月和2月分别在众议院和参议院"无异议"通过，3月17日被特朗普签署成为法律。"与台湾交往法"是1979年《与台湾关系法》制定以来美国第二部重要涉台法律，它以国会意愿的形式，鼓励美台所有层级官员的互访，严重挑衅中美三个联合公报。国会还连续在美国《国防授权法》中夹带涉台敏感内容，扩大美台军事安全交流合作。美国亲台势力加紧推进美台合作议程，除了阻止特朗普将台湾作为与中国交易的牺牲筹码，更是为了提升台湾在美国对外战略中的地位，全面强化美台实质关系，加大以"台湾牌"牵制中国崛起。罗曼（Walter Lohman）认为，对华盛顿重要的一点是清楚向北京表明不会把台北当作政治谈判筹码，特朗普应公开重申对台"六项保证"，美国应推出新一轮对台军售，与台湾签署自由贸易协议[26]。在中美战略对抗上升的形势下，国会内部对华保守和强硬的氛围，将影响特朗普政府台海政策走向。

（二）蔡英文当局极力构建台美"战略伙伴"关系。在大陆、台湾和美国三方关系结构中，台湾始终处于弱势和被动一方，长期迎合美国战略，争取美海政策朝台湾倾斜。马英九时期在两岸关系和对美关系上维持"平衡策略"，蔡当局则完全将台美关系置于两岸关系之上，通过强化台美实质关系对冲两岸关系的压力。蔡当局对美政策以"互信、低调、零意外"为主要原则，提出构建新的台美"战略伙伴"关系，更主动塑造和影响特朗普台海政策。

其一，大力布建对美沟通管道。在特朗普当选后，蔡当局通过台"驻美代表处"和美国游说组织与特朗普团队搭线，建立沟通渠道，减少"特朗普变量"对台湾的冲击。如2016年蔡当局利用传统基金会创办人佛讷（Edwin Feulner）与特朗普执政交接团队接触，并通过美国Alston & Bird律师事务所游说，促成蔡英文与特朗普的通话事件。该事务所特别顾问、共和党前参议员杜尔（Bob Dole）不仅安排台"驻美代表处"与特朗普竞选团队成员会面，还推动在共和党政纲中写入对台湾有利的表述。前白宫办公厅主任普里伯斯（Reince Priebus）、前白宫首席战略顾问班农（Steve Bannon）、国家贸易委员会主席纳瓦罗、总统国家安全事务助理博尔顿等特朗普侧近人士，均是台湾重要公关对象。

其二，重点强化美台关系基础。1979 年迄今，《与台湾关系法》是美国维系和巩固与台湾实质关系的法律基础，也是台湾通过国会影响美对台政策的重要依据。随着中美实力缩小，台湾社会对美国长期向台出售武器、提供安全保护的信心在削弱。为此，蔡当局重点从法律层面巩固台美关系基础。这一方面表现在蔡当局推动美对台"六项保证"政策化、文件化和法律化。美学者史文（Michael Swain）曾指出，"六项保证"是美方政策而非法律，美从自身国家利益考虑，必要时不排斥修改"六项保证"[27]。2017 年 5 月 30 日，蔡英文会见美国参议院外交委员会访问团时特别强调，盼美国政府持续信守依据《与台湾关系法》和"六项保证"的对台安全承诺，这些安全承诺也在美国共和党全国党代表大会获得确认并纳入党纲[28]。在蔡当局游说和推动下，美国会亲台议员在《2018 年国防授权法》涉台部分以政策声明的方式，将"六项保证"与《与台湾关系法》并列，作为美对台政策基石。该法虽未如共和党党纲那样将"六项保证"逐条列出，但"六项保证"字样首次入法，未来还有可能在美法律中进一步细化，修改难度将很大。"六项保证"内容涉及美对台军售、美对台湾地位及两岸谈判的认知，入法后对美国台海政策影响十分深远。另一方面，蔡当局推动美国会通过"与台湾交往法"后，继续游说国会抛出"台湾安全法案""2018 年亚洲再保证倡议法案""2018 年台湾国防评估委员会法案""2018 年台湾国际参与法案"，企图进一步将美对台安全保证法律化、制度化。

其三，加快提升台美军事战略协作。鉴于特朗普政府对外战略中的军事因素上升，蔡当局试将台湾军事防御策略与美安全战略对接，加速提升台美军事合作水平。2017 年 4 月蔡英文接受路透社采访时提出，"我们跟美方谈的不只是军购的问题，还有军事跟防御策略的问题，双方在这个地区的战略，在哪一些层面上我们可以做一定整合，我们自我防卫的需求跟美国在这个地区战略的看法，要经常地讨论跟沟通"，提出"F-35 战斗机在战略上确实是一个有意义的项目"[29]。2017 年台湾防务部门罕见通过媒体披露台美军事合作状况，声称"近年来由于台美逐渐累积信赖，官方接触限制已有若干放宽"，美台"转向为全方位军事交流，从部队层级官员交流、观摩演训到防卫战力评估，互动的质与量均有可观的进展"，并列举 2016 年美军访台"计 140 余案 1000 余人次"，台军事人员赴美"计170余案900余人次"，"双方互动绵密热络"[30]。台防务部门按照美国《2017年国防授权法》涉台条款，一直推动特朗普政府派遣现役将级军官和助理国防部长以上官员访台，"强化双方高层面对面的政策沟通，深化双边军事合作"[31]。此外蔡当局推动包括"防务自主"的"5+2产业创新计划"，将加强台美防务产业整合作为双方军事安全合作的重要方向。

四、未来需要注意的问题

第一，台湾在美国在"印太战略"中的角色。十八大以来中国外交积极进取，提出共建"一带一路"倡议，设立亚投行（AIIB），完成南海岛礁陆域吹填，持续推动区域全面经济伙伴关系协定（RCEP）和亚太自贸区（FTAAP）等，运用中国发展的实力塑造战略态势和拓展国家利益。奥巴马执政时即抨击中国外交具"挑衅性"（aggressive），大力推动"亚太再平衡"政策对华牵制。特朗普执政后抛出"印太战略"，巩固美国在印度太平洋地区的霸权地位。美战略界将中国看作主要的战略竞争对手，特朗普政府在首份《国家安全战略报告》中将中俄一同视为"修正主义强权（revisionist powers）"，称"中俄想要塑造与美国价值观和利益对立的世界"，"中国寻求在印太地区取代美国"[32]。该报告将台湾问题放在"印太"章节的"军事安全"条款下表述，称"美国依据一个中国政策维持与台湾的坚强关系，包括根据《与台湾关系法》的承诺，提供台湾正当防卫需求以威慑胁迫"[33]。奥巴马在"亚太再平衡"战略中谨慎处理台湾问题，特朗普则欲强化台湾在"印太战略"中的地位。2017年11月特朗普访问亚洲抛出"印太"概念后，蔡英文即表态追随支持，称"台湾是自由开放的印度——太平洋战略中的相关者"[34]，主动谋求参与"印太战略"。台湾在"印太"区域特殊的地理位置、美国内对华政治氛围保守化、台湾当局对美战略的迎合参与，将激发台在美"印太战略"中扮演一定角色。

第二，特朗普政府"一中政策"可能趋于空洞化。在中美战略博弈加剧情势下，深化美台关系在美国内政治中成为一种"政治正确"。共和党保守派主张，美国不能把"自己的一中政策"等同于中国的一中原则，更不能继续"窄化"对"一中政策"的理解和诠释，不应该再"自我限制（self-imposed restrictions）"美国与台湾的关系。当前美国仍然控制现役军事人员访台层级，未全面放开现役将级军官入岛，也不允许台湾地区领导人、"行政院长"、"国防部长"和"外交部长"进入华盛顿特区活动。在"与台湾交往法"生效后，特朗普政府为抬高与中国在朝核、经贸等问题上的谈判筹码，或迫于国内政治压力和选举利益的需要，不排除在特定情势下对美台交往的层级"解禁"。蔡当局力推重启美台年度军售会议，谋求美对台军售常态化和制度化，已得到特朗普政府响应。未来美对台军售方式、规模和质量，国会涉台立法，都可能会出现打破现状的做法。美台从政治、军事上强化实质关系，蚕食中美三个联合公报，将使美"一中政策"更趋空洞化。

第三，在两岸关系上美国加大声援台湾。长期以来，对两岸关系根本性质的认知影响两岸和美国的政策。蔡当局拒绝接受和承认"九二共识"，形同首先片面改变两岸关系现状，两年多来在两岸关系上承受的压力日增。因体现一个中国原则的"九二共识"直接界定台湾问题的内政化性质，明确"台湾是中国一部分"的地位，美国始终不愿接纳"九二共识"核心意涵。如容安澜认为："尽管美国承认（recognizes）中华人民共和国是代表中国的唯一合法政府并与台湾保持非官方关系，但并非接受（accept）北京关于'只有一个中国且台湾是中国一部分'的立场，华盛顿只是认知到（acknowledge）北京的立场并表示不会挑战它。"[35] 目前看，特朗普政府虽不直接否定"九二共识"对稳定两岸关系的功能性价值，但也不会公开支持"九二共识是两岸关系和平发展政治基础"这一立场。台陆委会副主委林正义揭示蔡当局两岸策略称："蔡英文持续维持现状，情况与陈水扁时代不同，让台湾不是受中美合作施压的对象。"[36] 目前美政学界普遍接受蔡当局所谓"维持现状"政策，敦促大陆保持耐心和弹性，放任民进党"渐进台独"活动。特朗普任内，美国在两岸关系上的立场将倾向台湾方面，对蔡当局两岸政策及"国际"参与活动的支持更加实质。

在中美竞争加大、特朗普执政风格的影响下，美国台海政策的复杂性增强。对此中国应在台湾问题上画出清晰红线，预防台海方向出现意外风险破坏中美关系和两岸关系。同时，特朗普受到美国政治体制、官僚结构及社会舆论的牵制，中国在构建中美关系的过程中可更加主动塑造特朗普台海政策，阻止美台实质关系发展。

注释：

[1] Richard C. Bush, "A One-China policy primer", March 2017, https://www.brookings.edu/research/a-one-china-policy-primer/.（查询时间：2018 年 6 月 23 日）

[2] Eric Bradner, "Trump: US doesn't 'have to be bound' by 'one China' policy", December 12, 2016, https://edition.cnn.com/2016/12/11/politics/donald-trump-china-taiwan/index.html.（查询时间：

2018 年 6 月 23 日）

[3] Anne Gearan, "Trump speaks with Taiwanese president, a major break with decades of U.S. policy on China", *The Washington Post*, December 3, 2016.（查询时间：2018 年 6 月 23 日）

[4] "Press Conference by the President", *The White House*, December 16, 2016, https://obamawhite-house.archives.gov/the-press-office/2016/12/16/press-conference-president.（查询时间：2018 年 6 月 23 日）

[5] Mark Landler, "Trump Suggests Using Bedrock China Policy as Bargaining Chip", *The New York Times*, DEC. 11, 2016, https://www.nytimes.com/2016/12/11/us/politics/trump-taiwan-one-china. html.（查询时间：2018 年 6 月 28 日）

[6] Mark Landler, "Trump Suggests Using Bedrock China Policy as Bargaining Chip", *The New York Times*, DEC. 11, 2016, https://www.nytimes.com/2016/12/11/us/politics/trump-taiwan-one-china. html.（查询时间：2018 年 6 月 28 日）

[7] "过度依赖美，台政经代价太大"，台湾《中国时报》2017 年 4 月 23 日，http://www.chinatimes. com/newspapers/20170423000615-260301，（查询时间：2018 年 6 月 28 日）

[8] Richard C. Bush, "An open letter to Donald Trump on the One-China policy", December 13, 2016, https://www.brookings.edu/blog/order-from-chaos/2016/12/13/an-open-letter-to-donald-trump-on-the-one-china-policy/（查询时间：2018 年 6 月 28 日）

[9] 《习近平同美国总统特朗普通电话》，《人民日报》2017 年 2 月 11 日。

[10] 《习近平应约同美国总统特朗普通电话》，中国外交部网站，http://www.fmprc.gov.cn/web/zyxw/ t1474864.shtml，（查询时间：2018 年 6 月 28 日）

[11] 同上。

[12] 《习近平会见美国总统特朗普》，中国外交部网站，http://www.fmprc.gov.cn/web/zyxw/t1476455. shtml，（查询时间：2018 年 6 月 28 日）

[13] 《驻美国大使崔天凯出席第七次中美民间战略对话并致辞》，中国外交部网站，http://www. fmprc.gov.cn/web/dszlsjt_673036/t1476930.shtml，（查询时间：2018 年 6 月 28 日）

[14] 《习近平同美国总统特朗普举行会谈》，新华网 2017 年 11 月 9 日，http://news.xinhuanet. com/2017-11/09/c_1121930637.htm，（查询时间：2018 年 6 月 28 日）

[15] 如 2016 年台湾申请参与国际民航组织大会被拒，2016 年 12 月圣多美和普林西比与台湾"断交"，2017 年和 2018 年台湾被排除参与世界卫生大会，2017 年 6 月、2018 年 5 月巴拿马、多米尼加、布基纳法索无预警与台湾"断交"等事件。

[16] "Resolution Reaffirming Strong Support For The Republic of China (Taiwan)", Republican National Committee, https://prod-cdn-static.gop.com/media/documents/Taiwan_Resolution.pdf.（查询时间：2018 年 6 月 12 日）

[17] "Sense of Congress on military exchanges between the United States and Taiwan (sec. 1284)", *National Defense Authorization Act For Fiscal Year 2017*.

[18] "Sec. 1259. Strengthening the defense partnership between the United States and Taiwan", *National Defense Authorization Act for Fiscal Year 2018*.

[19] "Mattis vows to keep selling Taiwan weapons", *Taipei Times*, June 4, 2017, Page 3.

[20] "Cross-Strait Series: The Next US-Taiwan Arms Sales", June 9, 2017, http://www.atlanticcouncil.

org/events/past-events/cross-strait-series-the-next-us-taiwan-arms-sales.（查询时间：2018 年 6 月 12 日）

[21] Peter Navarro，"America Can't Dump Taiwan"，*The National Interests*，July 19, 2016, http:// nationalinterest.org/feature/america-cant-dump-taiwan-17040.（查询时间：2018 年 6 月 6 日）

[22] John Bolton, "Revisit the 'One-China Policy'"，January 16, 2017, https://www.wsj.com/articles/ revisit-the-one-china-policy-1484611627.（查询时间：2018 年 6 月 6 日）

[23] "GOP pressures Trump on Taiwan as China issues threats"，https://www.politico.com/ story/2018/02/02/china-taiwan-trump-republicans-386449.（查询时间：2018 年 6 月 6 日）

[24]《高硕泰：创造台美升级版伙伴关系》，台北"中央社"2017 年 5 月 30 日电。

[25] 如美国会众议院外交委员会主席罗伊斯（Ed Royce）推动多项重要涉台法案，包括美国会通过重申《与台湾关系法》和"六项保证"为"美台关系基石"的共同决议案，众议院通过授权美国总统向台湾转移"佩里级"巡防舰的法案，支持台湾以观察员身份参与世界卫生大会、国际民航组织和国际刑警组织的法案。

[26] Dean Cheng and Walter Lohman, "Panama, Taiwan, China, and the U.S.: Responding to an Increasingly Hardline China"，http://www.heritage.org/global-politics/report/panama-taiwan-china-and-the-us-responding-increasingly-hardline-china.（查询时间：2018 年 6 月 15 日）

[27] Wenzhao Tao editor, *The US Policy Making Process for Post Cold War China: The Role of US Think Tanks and Diplomacy*, China Social Sciences Press, Beijing, 2017, p. 156.

[28]《蔡英文接见美国联邦参议院外交委员会亚太小组主席贾德纳访问团》，参见台湾"总统府"2017 年 5 月 30 日新闻稿，http://www.president.gov.tw/NEWS/21377,（查询时间：2018 年 6 月 17 日）

[29] 蔡英文接受路透社专访，2017 年 4 月 27 日。参见台湾"总统府"新闻稿，http://www. president.gov.tw/NEWS/21258,（查询时间：2018 年 6 月 12 日）

[30]《美台军售热议"国防部"：对美九大军售案进行中》，台湾《联合报》2017 年 4 月 30 日，https://udn.com/news/story/10930/2434385,（查询时间：2018 年 6 月 12 日）

[31]《美台军售热议"国防部"：对美九大军售案进行中》，台湾《联合报》2017 年 4 月 30 日，https://udn.com/news/story/10930/2434385,（查询时间：2018 年 6 月 12 日）

[32] The White House, "National Security Strategy of the United States of America"，December 18, 2017, p. 25.

[33] The White House, "National Security Strategy of the United States of America"，December 18, 2017, p. 47.

[34] 蔡英文会见"美在台协会理事主席"莫健时的谈话，台湾"中央社"2017 年 12 月 11 日，http://www.cna.com.tw/news/firstnews/201712110296-1.aspx,（查询时间：2018 年 6 月 22 日）

[35] Alan D. Romberg, "Why Trump Can't 'Haggle' Over The One-China Policy"，17 December 2016, http://www.scmp.com/week-asia/opinion/article/2055306/why-trump-cant-haggle-over-one-china-policy.（查询时间：2018 年 5 月 22 日）

[36]《莫健：美关切两岸缺官方对话》，台湾《中国时报》2017 年 7 月 15 日，http://www.chinatimes. com/cn/newspapers/20170715000407-260108,（查询时间：2018 年 6 月 12 日）

（汪曙生：中国社会科学院台湾研究所副研究员）

试析美日同盟与台湾当局海洋政策的勾连关系

童立群

在当今国际海洋形势正在发生深刻变革的大背景下，海洋竞争进入一个新的纪元，世界各主要海洋国家纷纷修改和制定该国的海洋政策与发展战略。2004 年，美国出台新的海洋政策《21 世纪海洋蓝图》并公布《美国海洋行动计划》，将海洋战略目标调整为：维护海洋经济利益，为后代保护完整富饶的海洋；加强全球规模的海洋安全保障；保护海洋资源，加强对海洋和沿岸环境的保护。[1]2008 年，日本首次制定《海洋基本计划》，每 5 年修改一次。2018 年 5 月日本通过了新一轮《海洋基本计划》，该计划将往年以海洋资源开发及保护等为主的经济发展基调，向安保、领海及离岛防卫等方向倾斜。日本首相安倍表示，在当前海洋局势日益严峻的背景之下，政府必须团结一致守护日本领海及海洋权益。[2]

近 5—10 年来，美日酝酿制订了更为清晰的有针对性的对华海洋政策。美国相继发布《国家安全战略》《21 世纪海上力量合作战略》《亚太海上安全战略》等战略文件，片面指责中国海洋行动，并大幅强调中国所谓"反介入"能力在西太平洋对美国构成的军事挑战和威胁。奥巴马时期，美国积极采取多方位行动，强硬保持对南海的介入程度，并借机增加亚太军事部署、强化同盟关系；特朗普上台后，美国提出"印太战略"，即美国联合从太平洋到印度洋的国家，将对华包围网从太平洋延伸至印度洋。日本方面则强行通过新安保法案，利用"重要影响事态""存立危机事态"和"灰色地带事态"三个核心概念，全面颠覆了原有的安保体制。总之，在亚太区域海洋问题上，美日从政策和行动上都将中国设定为海上的最大战略竞争对手，并采取了积极介入的的政策。两国密切关注中国日益频繁的海洋活动，并借其同盟架构，突出海洋合作，联手控制西太平洋的战略态势，剑指中国的战略意图明显。

2016年5月民进党在台湾地区再次执政后，实行了"倚美、靠日"的对外政策，提出"海洋立'国'"主张，企图将台湾纳入美日主导的亚太安全体系，尤其是企图勾结美日，积极配合美日的海洋战略布局，试图以此形成"美日同盟＋台"的亚太海洋格局。美日同盟与民进党当局海洋战略互动态势表现在哪些方面？这种勾连态势反映了美日及台方各自怎样的战略考虑？又会对两岸关系、中美关系以及中日关系产生哪些影响？笔者将对上述问题进行探析。

一、美日同盟与民进党当局海洋互动的动因

2015年4月底，美国和日本签署新版"防卫合作指针"，标志着"美日同盟"的目标、范围和层次均发生了改变，为以美日同盟为基轴的合作打开了窗口。此后，美日同盟延伸了合作模式，例如美日澳、美日印度、美日菲、美日韩、美日越等三边安全合作开始出现，美国的盟友之间也在美国默许和鼓励下展开三边合作，出现了日澳印度、日澳韩、澳韩菲等合作模式。美国提出"印太"概念后，亚太区域内以美日同盟为框架的"四边"和"三边"安全合作战略得到强化。

从地缘政治出发，美日同盟对提升台湾的海洋战略地位具有一定共识。台湾的作用主要体现在三方面：一是海洋争端的拉拢对象。近年来，在大陆和平发展、中日海洋争端、中美海洋竞争态势凸显的背景下，台湾当局成为美日在海洋争端中刻意拉拢的对象。例如，2012年中日钓鱼岛争端开始后，日本通过各种手段竭力阻止"两岸共同保钓"。2013年4月，日本最终在看似有所让步情况下签署"台日渔业协议"，其重要背景就是国民党当局明确表示"在钓鱼岛问题上不与中国大陆合作的立场"，[3] 日本从而加快了谈判进程并对台湾方面有所妥协。安倍解释称："台湾已经表明在钓鱼岛问题上不会与中国联合的立场，正是在这个基础上日台双方得以缔结此项协议。"[4] 这反映了日本为了减轻钓鱼岛争端中面临的"两岸联手保钓"压力，借此分化两岸、干扰两岸关系和平发展进程的赤裸裸意图。又如，美国支持菲律宾炒作南海仲裁案之时希望拉拢台湾当局。对马英九在卸任前夕低调登临太平岛，美国务院发言人声称："美方感到失望，此举极无帮助，也无法为南海纷争的和平解决作出任何贡献。"[5] 当时在野的民进党有人提出"台湾只要听美国就好"[6]，民进党主张调整南海政策。

南海仲裁案仲裁结果出来后，尽管蔡英文有所顾忌，但她始终对 U 形线避而不谈。二是海洋合作的争取对象。美日想要构建由他们主导的"海洋国际联盟"，就必须要就海洋问题与他方展开磋商、积极争取开展海洋合作。放眼周边，民进党当局是在与美日同盟"站队归位"立场上最为主动和自觉。对此，日本有观点主张在日本"拥有主权"的前提下，与台湾共同开发钓鱼岛周边渔业资源和海底石油资源等。[7]民进党当局积极回应，就渔业合作、海洋科学调查成立"台日海洋科学合作工作小组"。在南海，民进党当局也提出利用太平岛作为环保生态研究和人道救援基地等主张，以配合与美国海洋合作、勾连的政策面向。三是海洋纠纷的安抚对象。由于都地处海洋地带，台日海洋纠纷、特别是渔业纠纷长期存在，且不时有升级恶化之势。在中日东海领土争端背景下，日本学界非常重视台湾的战略价值，鼓吹在新海洋战略中拉拢台湾。日本著名的中国问题专家天儿慧曾专门撰文指出，日台之间在钓鱼岛问题上存在着对话的可能性，并建议日台以和平、互惠、共同开发为目标，采取积极行动。[8]在冲之鸟礁问题上，马英九在任时再三强调冲之鸟是"礁"不是"岛"。2016年民进党上台后，日本试图拉拢民进党对"冲之鸟礁"争议做出有利于日本的表态。刚上台的蔡英文当局在公开新闻稿和发言中，刻意将以往表述"冲之鸟礁公海"修改为"冲之鸟海域"，甚至还撤回向冲之鸟礁海域派遣的巡逻船。岸信夫表示："蔡英文希望与日本合作下去。我的理解是她有意强化与日本的关系。关于台湾向'冲之鸟岛'海域的日本专属经济区派遣巡逻船的问题，我与蔡英文就双方心平气和地通过对话解决问题达成了共识。"[9]面对不时升级的台日渔业纠纷，为安抚台湾当局，日本摆出要合作对话的姿态，并称要"从大局角度克服困难"。[10]对此，民进党当局以暧昧态度处理和回应台日渔业纠纷，不但不驳斥日本主张，反而劝说台湾渔民不要在该海域作业等。[11]总之，从地缘政治的角度，美日同盟中提升台湾地位既是配合美国亚太战略的需要，也有利用台湾海洋价值离间两岸的企图，还有通过拉拢台湾构建"海洋国际联盟"的考虑。台湾作为一枚有利用价值的棋子，成为美日强化同盟、加强安保合作的覆盖对象。

从台湾方面看，长久以来民进党当局都对构建"美日台同盟"充满幻想。蔡英文上台后，民进党当局认为其手里的"海洋筹码"，可为台湾与美日同盟安全合作提供新的契机。因此，在谈到海洋政策时，蔡英文主要是陈述台湾将如何积极配合美国亚太战略目标，以台湾在此区域里拥有的战略重点，用来支持或服务美国定义的所谓台海、东海、南海的和平稳定。[12]

二、美日同盟与民进党当局海洋互动态势

（一）构建海洋安全对话体系

近年来，美日与民进党当局在双方和三方层面都加强了海洋安全对话机制。其中比较重要的包括：①台日海洋事务合作对话机制。这一机制是蔡英文上台后与日方宣布启动的，迄今已经举办了两届，分别为 2016 年 10 月底东京会议和 2017 年 12 月台北会议。台湾方面参与人员包括"行政院农业委员会渔业署""行政院海岸巡防署""科技部"及台湾外事部门，日本方面则由外务省、海上保安厅、水产厅、文部科学省等部门官员参加会议。"台日关系协会会长"邱义仁与"日本台湾交流协会"会长大桥光夫作为"顾问"参加。2017 年第二届对话会议后，双方签署了"海难搜索救助合作备忘录"，拟加强双方海巡单位在船只急难救助的合作及信息交换。邱义仁表示，台日海洋问题涉及渔业纠纷、海上救难、共同侦防打击犯罪及科学研究调查等，这些都值得双方合作推动。[13]日方则称："基于台日双方友情与共同战略观点，相信困难会透过对话一步步得到解决。"[14]②台美军事安全对话机制。台美有 10 余项安全对话渠道，涉及双方安全部门的多个层级，如"蒙特利会谈"[15]，台美"国防工业会议"[16]，此外还有陆战年会、陆美会议、海美会议、海盟会议等军种间的高层交流平台。近年来，海洋议题成为台美军事安全交流的重要内容。2018 年台美首次举办了"国防产业论坛"[17]，聚焦造船、航天等 3 项议题，台"潜舰自造"[18]关键技术和系统整合项目是会议重点，双方就美国对台转让日本苍龙级潜艇技术讨论和敲定合作方式。[19]③"台美日三方安全对话"机制。该会议由台湾外事部门自 2011 年起委托远景基金会与美日智库合作举办。2017 年 12 月第七届"台美日三方安全对话研讨会"美日合作智库分别为美国"传统基金会"（The Heritage Foundation）及日本"笹川平和财团"（the Sasakawa Peace Foundation）。台湾地区副领导人陈建仁出席研讨会并致辞，美国白宫前幕僚长普林巴斯（Reince Priebus）担任专题演讲人。[20]④学术（二轨）对话。在以上交流平台发挥作用的同时，民进党当局还与美日各类智库进行不定期对话。例如，美国国际与战略研究所 CSIS每年召开的机制性涉南海会议，台湾均作为"南海当事方"派代表参与并发表演讲。[21]台日学术机构则举行机制性的"战略对话"。2018 年 5 月在台湾举行了"第五届台日战略对话"，日本访团由日本国际问题研究所理事长野上义二率领，蔡英文在致辞中称，日美先后提出的，"印太战略"，让区域间追求和平繁荣的共同目标，有了合作行动的基础。台湾"乐见这个策略的形成，也愿意参

与其中"。[22]

（二）加强海洋议题的合作和信息共享

首先，在台美关系层面，奥巴马时期白宫国家安全委员会亚洲事务资深主任麦艾文（Evan Medeiros）曾就南海争议表态"美国鼓励台湾与其他声索国展开对话"。[23] 美亲台智库 2049 研究所在报告中提出，美台在南海问题上更密切的合作可以用于向中国政府施加压力。报告还称，美台应极大地增进双方军事交流，包括美军人员赴台进修、美军舰艇访问台湾港口、邀请台湾参加环太平洋演习等。[24] 这些建议很多都在美国 2017 和 2018 年《国防授权法案》中体现。《2017 年国防授权法案》首度将美台高级军事将领与官员交流章节写入国防预算，还将《2016 年国防授权法案》中新增的"南海动议"（South China Sea Initiative）改为"东南亚海上安全动议"（Southeast Asia Maritime Security Initiative），包括将台湾地区与印度尼西亚、马来西亚、菲律宾、泰国、越南、汶莱、新加坡一起列入受美国军事援助和训练的名单，并提供军事援助和人员训练。

其次，美日与台湾当局之间建立隐秘、低调但更有实质性的军事情报共享机制。媒体报道，美日台空中载具的"敌我识别器"，雷达显视频幕上对于"敌、友"显示具同系列颜色。媒体据此报道猜测美日与台湾方面之间存在"共同联防"。[25] 目前这一结论没有确凿证据，但以美国为主导的三方分享情报及交换敏感信息的合作关系逐渐提升却是事实。近年来，民进党当局在加强台日的情报共享方面表现得甚为积极。民进党表示："军事对话、情报信息共享可说是现在'台日安保议题'的当务之急。"[26] 情报共享机制为美日台联合应对突发事态、制定相应对策提供支持，为三方在海洋领域的交流合作提供支撑。美国通过为台湾提供情报搜集装置、数据链等，可能会更多地获取中国大陆的重要军事情报等。

第三，三方以太平岛作为所谓海洋合作的"试验田"。"太平岛国际化"策略是民进党当局换取与美日同盟进行海洋互动的重要筹码。为配合美日海洋行动，民进党当局很早就谋划将太平岛定位为"人道救援中心及运补基地"，积极筹划由相关部门邀请美日学者到太平岛进行地质、地震、气象、气候变迁等科学研究。美国《2018 年国防授权法》抛出所谓"美舰泊台"相关议案期间，正值民进党当局计划扩建太平岛码头。外界质疑民进党此举是为"美舰泊靠"创造条件。尽管民进党当局表示"研议扩建太平岛码头纯粹是要解决码头静稳度不足的问题","这也是去年撤回 100 吨艇的主因",[27] 但该举动无疑展示了太平岛的"战略价值"。未来三方可能打着在太平岛进行人道救援活动的幌子进行各种形式的海洋互动,不排除民进党当局将太平岛作为美军舰只的运补基地,允许让美国民用甚至军用舰船到太平岛补充油料。

(三)打造"印太战略"下的海洋互动平台

"印太战略"是美国特朗普政府用以取代奥巴马政府"亚太再平衡"所提出的主要对付中国和平发展、维持美国在印度洋——太平洋地区领导地位的宏大构想。随着美国 2018 年《国家安全战略报告》(NSS)与《国防战略报告》(NDS)两份报告先后出炉,美国将中国定位为"竞争者",同时将台湾与印太区域的军事与安全相连接的想法逐渐成形。从美日方面看,以"印太战略"作为三方海洋互动的平台,把台湾纳入所谓"印太战略",台湾将再度成为美国在西太平洋的战略伙伴,是美国将同盟机制化、网络化,在同盟外围打造"合作伙伴关系"的一种尝试。2018 年在东京重启"四方安全会议"(美日印澳四国的安全战略架构的工作级别对话),会议邀请了台湾"国策研究院执行长"郭育仁、"民主基金会执行长"徐斯俭、亚太和平研究基金会执行长林文程参加,对话会议讨论"印太战略"下的海事安全合作等议题。台媒将此次参与鼓吹为"外交突破"。[28]

从民进党当局看,"印太战略"可成为重新定位台湾区域角色的跳板,成为拉抬民进党"海洋战略"的有效方式。民进党当局抓住"印太战略"概念大做文章。为此,台湾外事部门新成立了"印太科"。[29]2018 年 4 月,为逐步统合海洋事务,民进党当局在高雄成立"台海洋委员会"。[30] 该委员会作为台湾地区二级机关,下设"海岸巡防署""海洋保育署"及"海洋研究院"。2018 年 3 月台美日的安全对话再次召开,会议主题即为"印太战略对台湾的影响与机会"。[31] 民进党人赖怡忠毫不讳言,"对中国大陆情资的分享与分析上","台湾居于关键地位"。[32]

总之,美日台海洋政策之间存在多重"诱因"进行互动勾连,对于打造以所谓"法治""航行自由""共同价值观"为基础的"美日同盟 + 台湾"而言,"海洋合作"成为一个拉近三方利益需求的切口。

三、美日同盟与民进党当局海洋互动的影响

毋庸置疑，美日同盟与民进党当局的海洋互动将在一定程度上对中国海洋权益和海洋安全形成挑战。三方图谋提升相互关系的动力主要来自对中国大陆进行海洋对抗、扰乱中国大陆海洋战略。三方此举亦与美日对台政策相契合。

首先，这种互动勾连使亚太海洋格局面临更为复杂的形势，破坏中国大陆与东盟相关国家解决海洋争议的努力，给中国大陆与东盟相关国家解决海洋争议制造困难。其次，增大了美日同盟范围扩大至台海领域的可能性。"美日同盟＋台湾"模式发出了一个明确信号：联手围堵中国向海洋发展，未来三方勾连的行为将更加明目张胆。最后，民进党当局阻碍海峡两岸在东海、南海开展海洋合作，破坏两岸关系和台海稳定。在海洋问题上，海峡两岸本应积极合作，共同对外。尤其是在涉及中华民族整体利益与主权问题上，更应立场一致，密切合作。自中日钓鱼岛争端和南海矛盾激化以来，海内外"两岸海洋合作、共同维护祖产"的舆论情绪日益高涨。马英九执政时期，两岸虽未进行公开合作，但台湾当局在维护钓鱼岛主权、阐述南海 U 形线等方面能与祖国大陆政策保持一定"默契"。民进党上台以来政策大转弯，提出的"海洋立'国'"战略主张，本身就是对国家海洋权益与海洋安全的最大挑战。民进党当局站在大陆海洋立场的对立面，积极谋求与美日海洋战略勾连合作，伤害两岸关系，伤害两岸政治互信。

笔者认为，一方面，防范和遏制中国海洋行动是美日与民进党当局海洋勾连的主要意图，这一意图在可预见的未来仍将稳固并不断走强。从日本的政策看，为了配合美国"印太战略"战略的实施，在既有的"日美同盟"框架下更主动、更积极地"承担"防卫义务，进一步将台湾岛周边海域纳入其海上防御范围，加大海洋合作或共同开发东南亚将是未来发展的一个目标。从美国的政策来看，在新的国际形势下，谋求日美同盟的战略需求以及有条件地打"台湾牌"的大方向不会转变。

另一方面，美日台三方海洋勾连对中国海洋战略的总体遏制效果是有限的。美日同盟与民进党当局的海洋互动难以脱离中美、中日、日美以及两岸的大框架。在现实的国际政治环境下，也要看到可突破和化解美日台海洋勾连的若干因素。例如：台日关系，且不论中日关系转圜回暖将会制约日本对台政策，台日关系本身也在现实层面有诸多复杂因素影响；冲之鸟礁问题、核灾食品解禁、渔权及涉农日台 EPA 谈判问题，反映了台日难以调和的结构性矛盾。日本在公

海抓扣台湾渔船并强索保证金的情况仍时有发生。台湾渔民最关切捕鱼问题，在2016年第一届台日"海洋对话"中根本未触及。2017年第二届对话，民进党当局仍然无功而返。双方仅达成了"就渔船在该海域作业问题将持续进行对话"空洞"共识"。再如：相关国家对"美日同盟"的疑虑与排斥。除了三方各自的利益驱动因素外，美日台海洋勾连很大程度上受到各种外部环境的催化与制约。也就是说，"美日同盟+1"的效果很大程度上受第三方合作态度及意愿的影响。美日台海洋勾连是以"中国威胁论"这个伪命题为抓手，因此难以实现围遏中国的最终目的。在干预海洋事务时，三方对"中国威胁"的大肆渲染，受到许多东南亚国家的抵触和反对，域内国家的政策态度为"美日同盟+1"的实施增添了许多不确定因素。此外，尽管美日在强化同盟机制方面达成共识，但是在处理与中国的关系问题上亦有分歧。在很多具体问题上，由于美日对中国各自的利益需求包括应对方式等均存在矛盾，所以美日同盟的安全合作关系也面临各种困难，美日同盟与民进党当局海洋勾连的最终结果也未必能如美日两国所愿。

对中国来说，首先要有战略定力，早做谋划，维护好当下来之不易的周边海域逐步趋稳的向好局势。其次，中国大陆应区别对待美日与民进党当局的海洋力量，从中美、中日的双边角度把握海洋竞争与合作的动态平衡。再次，中国与东盟国家应在现有"10+1"防务、外交对话磋商机制基础上，逐步探索建立与东盟10国共同参加、共同主导的海洋（南海）安全机制，并以此合作管控南海地区形势发展，防止域外大国破坏各国业已建立起来的安全合作架构的稳定性。最后，中国应与包括菲律宾、越南等在内的南海问题当事国加强协商，加快落实包括《南海各方行为宣言》在内的有关共识，推进争端解决前的临时性合作安排，并推动建立致力于解决争端双边协商谈判机制，以此确保周边海洋局势继续朝着稳定、可控、向好的方向发展，从源头上消除海上安全局势的挑战。

注释：

[1] 李双建、于保华、魏婷：《世界重要海洋国家海洋战略发展及对我国的启示》，《海洋开发与管理》2012年第7期。

[2] 王可佳、姜俏梅：《日本政府通过未来5年海洋政策》，新华网，http://www.xinhuanet.com/world/2018-05/15/c_1122837163.htm 2018年5月15日。

[3] 《钓鱼岛争端 台当局重申：不会与大陆合作》，台海网，2013年2月4日。http://www.taihainet.com/news/twnews/twdnsz/2013-02-04/1021251.html

[4] 《日台漁業協定、中台の連携阻止が狙い——首相が説明》，《日本経済新聞》，http://www.nikkei.com/article/DGXNASFS23011_T20C13A4EB1000/

[5] 《马英九视察太平岛　美国务院表失望"》，香港《头条日报》，2016 年 1 月 29 日。http://hd.stheadline.com/news/daily/chi/419913/

[6] 《民进党要员：南中国海争议台湾只要听美国就好》，联合早报网，2016 年 2 月 19 日。http://www.zaobao.com/wencui/politic/story20160219-583274

[7] 王键：《21 世纪以来台日关系演变——兼及台日结构性矛盾与未来走势因素》，《日本学刊》2017 年第 2 期。

[8] ［日］天児 慧：《キーワードは '現状維持'》，孙崎享编《検証尖閣問題》，岩波书店、2012 年版、115 頁。

[9] 《国民党质疑：蔡英文与日本是否有黑箱协议？》，中国评论新闻，2016 年 5 月 24 日。http://www.crntt.com/doc/1042/4/3/1/104243182.html?coluid=253&kindid=14679&docid=104243182　2016 年 5 月 24 日。

[10] 王照坤：《大桥光夫：大局角度谈海洋合作 困难必克服》，台湾 "'中央' 广播电台"，2017 年 12 月 29 日。http://cnnews.rti.org.tw/news/detail/?recordId=385776

[11] 杨丽娟，《日公务船赴冲之鸟海域　台渔业署要渔民 "避开"》，联合早报网，2017 年 1 月 12 日。https://www.zaobao.com/realtime/china/story20170112-712737

[12] 黄菁菁：《读卖专访　蔡英文将启动台日海洋合作对话》，台湾《中国时报》，2016 年 10 月 7 日。

[13] 陈煜：《台日海洋对话再开，邱义仁：相信问题将一步步解决》，风传媒，2017 年 12 月 19 日。http://www.storm.mg/article/374554

[14] 陈建瑜、陈怡诚：《日台复杂难题大桥光夫期勉：复杂的问题一定能克服》，台湾《中国时报》，2017 年 12 月 19 日。

[15] 是台美横跨安全部门、防务部门和外事部门的最高层级对话机制。2017 年 8 月 10 日至 11 日 "蒙特利会谈" 被爆在美国夏威夷举行。台方与会者包括安全部门的 "副秘书长" 陈文政；防务部门的 "副部长" 蒲泽春以及外事部门、陆委会多位官员；美方则有美军太平洋司令哈里斯、"美国在台协会主席" 莫健等人出席。对于会谈内容，台美双方均对外严格保密。

[16] 该会议每年在台美轮流举行，2017 年是第 16 届。主办单位是民间商团，以国防工业（军工企业）为主。

[17] 赵家麟：《中评关注：一场宣传会与军火商搭桥见面会》，2018 年 5 月 11 日。http://www.crntt.com/doc/1050/6/5/4/105065486.html?coluid=0&kindid=0&docid=105065486

[18] 林谷隆：《蔡明宪语中评：美助台潜舰自制可审慎乐观》，中国评论新闻网，2018 年 5 月 11 日。http://www.crntt.tw/doc/1050/6/5/4/105065412.html?coluid=253&kindid=14951&docid=105065412

[19] 由于美国已经停止常规潜艇的生产，最终采取的形式可能是台美合作的框架下，让日本在其中起到对台技术的协助作用。

[20] 张佩芝：《美日台办非官方安全对话　前白宫幕僚长与会》，美国之音网站，2017 年 12 月 13 日。https://www.voachinese.com/a/voanews-20171213-us-japan-taiwan-security/4161857.html

[21] Seventh Annual CSIS South China Sea Conference, July 18, 2017 https://www.csis.org/events/seventh-annual-csis-south-china-sea-conference

[22] 黄筱筠：《台日战略对话蔡：日中与台日关系可并行》，中国评论新闻网，2018 年 5 月 4 日。

http://www.crntt.com/doc/1050/6/8/3/105068378.html?coluid=46&kindid=0&docid=105068378&md
ate=0514180124。

[23] 钟辰芳：《美官员盼台湾与涉海洋领土争端国家对话》，美国之音网站，2014 年 4 月 22 日。
https://www.voachinese.com/a/us-taiwan-asia-pivot-20140421/1898191.html。

[24] Ian Easton, "Challenges Facing Taiwan in the South China Sea", http://www.project2049.net/
documents/Challenges%20Facing_Taiwan%20in%20the_South%20China%20Sea.pdf.

[25] 敌我识别器 (SIF/IFF)，有三个明显的功能，一是平时进出防空情报区的通报；二是空中警戒时
刻，能快速辨别、掌握相对位置，让战管单位能进行指导；三是敌我飞机的识别，安全通道的
核对，避免误射。由于美、日、台三方具有同形标志，容易产生联防的认知。

[26] 朱箫、姚凯红：《台当局叫嚣与日本共享情报　称"到时候要知道打谁"》，人民日报海外网，
2017 年 9 月 2 日。http://news.haiwainet.cn/n/2017/0902/c3541093-31099144.html。

[27] 洪哲政：《美舰有意泊台各港口　敏感时刻　我研议扩建太平岛码头》，台湾《联合报》，2017
年 7 月 2 日。

[28] 吕伊萱：《"外交"突破　美日印澳邀我安全对话》，台湾《自由时报》，2018 年 3 月 12 日。

[29] 黄国梁：《响应美国印太战略　"外交部"成立"印太科"》，台湾《联合报》，2018 年 5 月 8 日。

[30] 林河名：《拖了 8 年！海巡署降编纳入　"海洋委员会"今高雄挂牌》，台湾《联合报》，2018 年
4 月 28 日。

[31] 张嘉哲：《维护区域和谐"印太战略"台美日三方安全对话》，"新头壳"网站，2018 年 3 月 11
日。http://newtalk.tw/news/view/2018-03-11/116983

[32] 同上。

（童立群：上海国际问题研究院副研究员）

台湾地区在美侨民身份认同的
自我建构及其前景

林中威

所谓"台裔美国人"或"台美人",是居住在美国,且不承认自己华裔身份的台湾地区侨民及其后裔的自称。这一概念起初主要体现"本省籍"侨民的乡土意识,但随时间的推移,却愈发显示出区别于华裔的"台独"内涵。20 世纪60 年代以来,美国的所谓"台裔"群体经历了从文化上建构自我认同到政治上争取美国官方承认的过程,其前景值得关注。

一、文化层面"台裔"认同的形成

(一)二战后美国"台裔"社团的初创

光复前两岸长期隔绝的状况,使在美国的"本省籍"台湾侨民与其他华侨一直较为疏远。进入 20 世纪 60 年代后,随着岛内赴美求学风潮兴起,来自台湾的青年学者很快成立了有别于传统侨社的新社团,"美东福摩萨俱乐部"("East Coast Formosan Club")就是其中的代表。由于"本省籍"学子在离开"白色恐怖"的环境后,大多出于对国民党统治的不满,选择与台湾当局掌握的侨民组织决裂,海外的"台独"分子很快便利用这一倾向,着手在当地高校中建立一批所谓的"台湾同学会"。这些组织往往活动于地下,并与台湾当局控制的"中国同学会"对立。其中堪萨斯州立大学的"台湾同学会"先是在 1965 年前后获得校方同意,成为正式社团,紧接着又参与了校内长达数年的"统独论战",使该校成为"台独"活动的重灾区 [1]。由于留学生是当时台湾地区在美侨民的主力,"台湾同学会"的出现,成了后来台湾侨民社区的基础,而"台独"理念的影响，也为日后所谓"台裔"认同的形成埋下了祸根。

到了 70 年代初，随着台湾对美移民人数的继续增长和之前的留学生开始就业，美国各地又掀起设立"台湾同乡会"的风潮，"全美台湾同乡会"（所谓"Taiwanese Association of America"）在华盛顿登记成立，"美东福摩萨俱乐部"也改组为"全美台湾同乡会"在纽约、波士顿、康涅狄格和费城等地的分会。这类团体在参与反对国民党当局活动的同时，继续受到"台独"理念的影响，开始关注自身群体认同的建构。在此背景下，"Taiwanese"的内涵逐渐与Cantonese、Fujianese 等指代籍贯的词汇相区别，表露出明显的"台独"色彩[2]。

除上述社会团体外，宗教组织也对台湾地区侨民社区的发展发挥了促进作用。"美东台湾人基督灵修会"于 1970 年成立，最初以来自台湾、居住在美国东部的基督徒为主体。但该会创立 4 年后开始接受不信教的侨民，成为延续至今的"美东台湾人夏令会"。此举吸引了其他地区台湾侨民的效仿，迟至 1985年，美国中西部、南部、东南部、平原区和西部的"台湾人夏令会"或秋令会在宗教团体支持下陆续开幕，成为凝聚"台裔"社区、宣扬"台独"理念的重要场合。其中，"中西部台湾人基督徒灵修会"还在 1980 年转型为一年一度的"台美青少年夏令营"，下属基金会亦更名为"台湾人协进会"（所谓"Taiwanese American Foundation"），专注向"台裔"青少年传播"台湾认同"，推动其在代际间流传。此外，成立于 1974 年的"北美洲台湾基督教会协会"还与"全美台湾同乡会"一道，为使美国人口统计局在 1980 年全美人口普查中加入与华裔并存的"台裔"选项进行了请愿，成为"台裔"团体类似请愿的先声。

（二）20 世纪 70 年代后台湾地区侨民政治活动的公开化

从 20 世纪 60 年代后期开始，随着彭明敏逃美、蒋经国遇刺以及国民党当局在钓鱼岛主权、联合国席位和中美关系等一系列问题上受挫，在美"台独"分子开始借否认国民党当局合法性之机，推广其"台独"理念。1966 年"全美台湾独立联盟"（UFAI）在费城成立，并于《纽约时报》刊登了英文版"台湾自救运动宣言"。其后以"台湾同乡会"和一些"台独"组织为基础，"世界台湾人争取独立联盟"（简称"台独联盟"WUFI）与"世界台湾同乡会"（WFTA）在 1970 年和 1974 年先后成立[3]，标志海外"台独"运动中心正式由日本转向美国。上述局面的出现，与北美台湾地区侨民社区的壮大及其内部各类社团的发展密切相关。各地"台湾同乡会"虽然表面上主要承担同乡之间互助的社会职能，但由于其成员普遍同情"台独"势力，使之迅速成为岛内外"台独"活动的支持者。而"台独联盟"之所以选择纽约而非东京作为其总本部所在地，台湾地区侨民数量的此消彼长也是重要原因[4]。随着美国境内"台独"组织的发展及其宣传手段的成熟，加之通讯技术的进步，台湾侨民社区得以及时了解岛内局势的变化，参与台湾政治的热情进一步上升，尤其是"美丽岛事件"之后，所谓"台裔"群体更广泛而直接地卷入了反对国民党当局的活动中，其政治倾向日益明显。

然而物极必反，尽管70年代的"台独"风潮对在美台湾侨民影响强烈，但"台独"团体暴力活动的增加，也影响了美国社会对其的观感。1981年"台独联盟"甚至被加州宣布为暴恐集团[5]。这使部分台湾侨民开始对"台独"社团采取敬而远之的态度。为维系当地侨民支持，争取美国社会的认可，80年代后新建的"台裔"社团开始由专注台湾政局向兼顾侨民社区诉求转变，并打出"民主""人权"旗号，迎合美国政坛"人权外交"的新风气[6]。在此背景下，"台裔"团体工作的重点也由同国民党当局直接对抗，转向借助美方的力量推动岛内政治变化。为了达成这一目标，"台裔"侨民及其社团着手积极参与美国的政治生活，通过媒体、社区、教会和联系当地政客等手段宣传自己的观点。争取移民配额事件就是这一转型的重要标志：中美建交后，为了避免亲友在移民美国时同中国大陆侨民竞争美方提供的每年20000名"中国移民"配额，一些"台裔"对所属选区议员展开了持久的游说，最终为台湾地区争取到了专属的同等配额。在这一"成功"刺激下，"台湾人公共事务会"（FAPA）于1982年成立，其表面上旨在促进台湾地区民主、服务台湾侨民政治诉求，实则是"台裔"及其后代系统地参与美国政治的渠道[7]。因此FAPA很快开始对涉台的美国内政问题发声，如主导在1990年美国人口普查中加入"台裔"选项的请愿等。此后，所谓"北美洲台湾人教授协会"（NATPA）和"北美洲台湾妇女会"（NATWA）以及其他一些打着"争取台湾民主"旗号的"人权社团"也陆续成立。这些专业化社团的存在，一方面拓展了"台独"势力活动的具体领域，另一方面也企图用更为美国社会所接受的手段，塑造"台裔""温和"而"专业"的形象。FAPA就以暑期项目的名义，长期指派"台裔"青少年进行"解严"游说，并为岛内"党外人士"同美国政界、工会、环境组织和宗教团体的互动牵线搭桥，这些举动取得了一定的效果。此外，"台裔"社区建设在80年代后也有进展。这一时期，经过在芝加哥、旧金山等地设立"台湾社区中心"的失败尝试，"台裔"最终在纽约法拉盛建成了首个维持至今的"台湾会馆"。随后各地的"台湾社区中心"陆续涌现，在一定程度上取代了国民党当局"驻美机构""北美事务协调委员会"的作用，在政治和社会层面黏合了"台裔"群体。

20 世纪 80 年代后"台裔"社区政治参与方式的改变，使其开始了在政治上融入美国社会的进程。此后，"台裔"人士得以借选民身份与政客沟通，促请其为"台独"站台，甚至在这一过程中影响美国政界对台湾问题的认识，并为"台裔"政客在美国政坛的钻营打下基础。有趣的是，由于"台裔"善于炒作"人权""民主"议题，符合美国立法机构关注意识形态的特点和民主党推行"人权外交"的需要，因此其更受民主党籍国会议员的青睐，这与国民党当局同共和党议员来往频繁的状况截然相反[8]。

二、"台裔"认同向美国政治生活渗透

（一）"台裔"相关概念出现在美国官方文件

经过多年经营，20 世纪 90 年代成了所谓"台裔认同"在美国政界登堂入室的关键时期，而美国政府和立法机构的支持起到了至关重要的作用。20 世纪 80 年代末本是"台裔"社区发展的瓶颈期：国民党当局对美国侨界的渗透减少，使所谓"台裔"社区面临的外部威胁减弱，政治热情有所消退；台湾对美移民主体转为商人和投资者，冲淡了其整体的政治属性[9]；90 年代初美国经济的不景气，促使部分青年移民回迁台湾[10]，同时台湾地区的"解严"，也为顽固"台独"分子返台参加绿营势力的活动提供了可乘之机，在客观上也削弱了在美"台裔"社区参与政治的力量。在此背景下，在美国的"台独"社团在 80 年代末普遍陷入了低潮，某种程度上预示着"台裔"社区正面临"台独"热情消退的转折点。

但此时"台裔"政客在美国政坛已拥有了一些影响，通过其积极操作和美国政界的默许，"台裔"的"独立性"开始得到美国官方认可。在时任美国参议院外交委员会主席裴尔（Claiborne Pell）与众议院外交委员会主席柏曼（Howard Berman）等人推动下，1994 年 10 月 25 日，克林顿签署了国会通过的 103 – 415 号法案。自此，出生于台湾之美国人的护照及其他官方证件的出生地由 China 更名为"Taiwan"。这一支持"一中一台"的举动开了极为恶劣的先例。随后美国政府对 90 年代台海危机的干涉，也被证明鼓舞了其国内台湾地区侨民的"台裔"认同[11]。1999 年 6 月，白宫和国会又宣布在每年五月择一周作为"台美人传统周"(Taiwanese- American Heritage Week)，以"表扬其对美国社会的奉献"[12]。国会还于次年 5 月通过了"向台美人传统周致敬"与"庆祝台美人传统周"的决议[13]。克林顿也为当年的这项活动写了贺信。

美方的这些动作，重新激起了国内"台裔"群体对政治议题的兴趣，且随着同时期台湾当局"台独"色彩日益明显，其与台裔的勾结也初现端倪。FAPA先是成为更改护照出生地的幕后推手之一，此后又积极参与了支持台湾当局加入联合国和参与世界卫生组织的活动。更为"美国化"的"台美大学生跨校际协会"（ITASA）也于 90 年代初成立，旨在维持"台裔"后代的"文化认同和对台湾事务的关注"[14]。更有甚者，从 1990 年开始，在全美人口普查表的种族(race)栏中填写"Taiwanese"的现象在 20 世纪 90 年代也愈演愈烈。到 2000 年，填写"Taiwanese"的侨民已接近 14.5 万人，不仅数量上远超 1980 年 1.6 万多人的规模，其在台湾地区侨民及其后裔总人数中所占的比例也较 1990 年有所上升[15]。而到 2010 年，经过"台美人"社区的大力宣传，选填"Taiwanese"的人数最终达 23.0328 万人[16]（参见图 1）。且由于"台裔"仍然是需要受访者自己添加的额外选项，选填"台裔"可能反映了一种更强烈的认同倾向[17]。也正因为如此，这一持续增长的趋势被一些人称为所谓"台湾意识"的觉醒[18]。总而言之，经过多年运作，与华裔相排斥的所谓"台美人"认同于 20 世纪 90 年代在美国社会文化领域初步成型，并得到了政界的部分认可，这也为后来"亚裔细分"的兴起打下了基础。

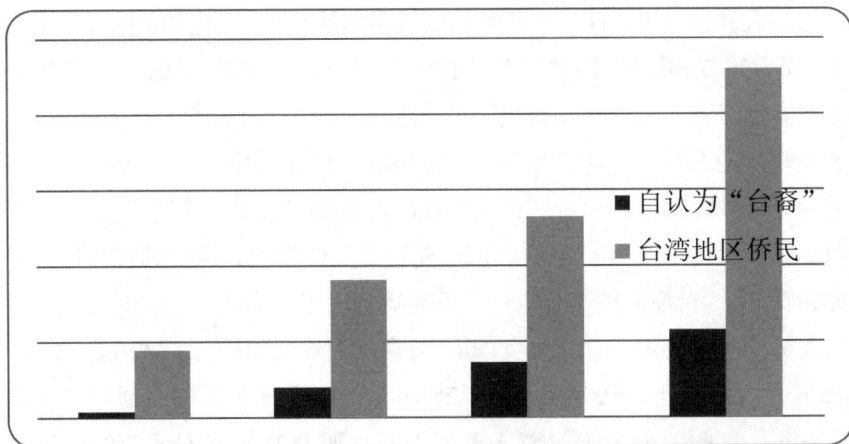

图 1. 历年台湾地区对美移民总数及其中自认为"台裔"的人数（单位：万人）
资料来源："台裔"人数来自美国人口普查局，台湾地区对美移民总数来自台湾当局"侨委会"。

（二）"亚裔细分法"与"台裔"作为种族概念进入地方法律

21 世纪以来"亚裔细分"风潮在全美各地的兴起，是"台裔"积极参与美国族裔政治的结果。所谓"亚裔细分"，表面上是以法律法规的形式，要求各地的政府、医疗和教育等机构在统计时将"台裔"等"少数族裔"与华裔等公认的亚裔相区分，并逐步在实践运用这一数据，以"维护弱势族群的权益"，实际上却包藏着以法律形式拆分华裔的祸心。而所谓"台裔"人士恰恰在相关立法的推进过程中发挥了关键作用。

洛杉矶及其周边地区是台湾地区在美侨民最主要的聚居地，集中的居住模式不但有利于"台裔"认同的强化，也使这一群体在地方政治中的影响力大为增强。正因为如此，加利福尼亚州成了"亚裔细分"风潮的源头，而相关法案的始作俑者，就是以时任州众议员刘云平为代表的"台裔"政客们。从 2006 年开始，刘云平多次提案，要求"细分"族群类别，增加包括"台裔"在内的 11个种族（Race）。其中最早的 AB2420 提案仅强调"收集完善州人口数据"[19]；2007 年的 AB295 提案则进一步要求加州公共健康、社会服务和劳资关系等领域部门进行相关数据的收集和公开；2010 年的 AB1737 提案又加入了对教育部门的类似要求。尽管刘云平的上述三次尝试都未能如愿，但在 2011 年，加州还是通过了由与"台裔"关系密切的州众议员伍国庆提出、刘云平共同起草、旨在"对主要亚裔群体进行更详细划分"的 AB1088 提案，至此"Taiwanese"正式在当地法律上获得了"独立种族"的地位[20]。但在一些政客看来，AB1088 仍未尽全功，其提案中要求将相关数据运用于医疗、社会保障、就业和教育部门的条文在最终通过时被大幅删减，实际用途有限，也并未引起太大的反响。因此，AB1088 被视为旧"亚裔细分法"，与后来的新版"亚裔细分法"AB1726相区别。但 AB1088 的弱势，客观上也令普通华裔对"亚裔细分"放松了警惕，使"台裔"政客得以步步为营地推进相关立法。与此同时，所谓"台美人"社区却积极参与陈情活动，给予提案大力支持，显示出高度的政治敏感性[21]。

到 AB1088 为止的一系列"亚裔细分"提案，已经体现出此类法规的三大特征：细分亚裔"种族"，特别是将"台裔"与华裔相并列；在州政府所属的人事、社会保障、卫生和劳动就业部门运用相关数据；将"细分"向教育机构推广。2015 年以后的 AB176 与 AB1726 两次"亚裔细分法"新提案，则是之前历次尝试的总结和延续。两份提案在具体操作上做出了一些改变，如由菲律宾裔参议员 Rob Bonta 发起，并将"教育平权"作为法案卖点之一，以求吸引少数族裔支持等。2015 年的 AB176 提案首先要求在卫生及高等教育领域对亚裔进行更详细的统计。这项法案得到同属台湾地区侨民后裔的州众议员邱信福和参议员潘君达联署，并在加州亚太裔党团全力推动下通过表决，仅被州长布朗以"细分族裔未必明智"为由否决。次年 1 月提出的 AB1726 议案仍由 Bonta 牵头，同样获得了"台裔"州众议员邱信福和丁右立联署。这份提案在讨论过程中进行了大幅度修改，策略性地删除了广大华裔最关注的教育相关内容，并将施行日期从 2017 年推迟到 2022 年。因此其面临的反对声浪明显减轻，并最终于 2016 年 9 月正式成为法律。

在加州 AB1726 成功的刺激下，美国其他地区也陆续开始了"亚裔细分"的行动。纽约市于 2016 年 11 月通过了 251–A 法案，要求社会服务、卫生和教育领域的相关机构收集包括所谓"台裔"在内 30 个常用"族裔"的信息。此后纽约州、明尼苏达、夏威夷、华盛顿州和罗德岛等地也都有类似法律出台，马萨诸塞、佐治亚和宾夕法尼亚等地也正在考虑跟进，另外新泽西、伊利诺伊和马里兰州也都出现了类似苗头。尽管这些地区多数尚未明确将"台裔"列为统计项目，但其中许多州本来就是"台裔"集中分布的区域（参见图 2），因此不能排除当地立法机构模仿加州，更进一步的可能，"台裔"认同获得地方法规普遍承认绝非杞人忧天。

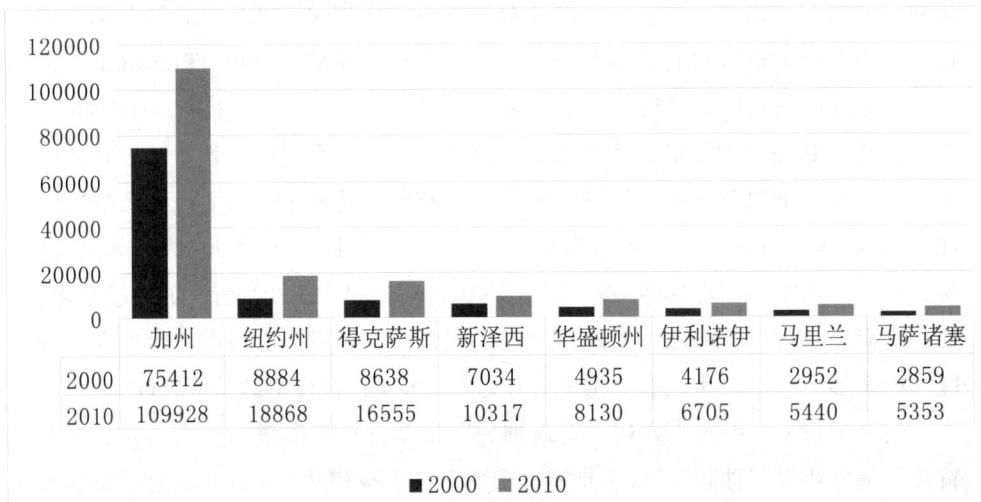

	加州	纽约州	得克萨斯	新泽西	华盛顿州	伊利诺伊	马里兰	马萨诸塞
2000	75412	8884	8638	7034	4935	4176	2952	2859
2010	109928	18868	16555	10317	8130	6705	5440	5353

■2000 ■2010

图 2. 2000 年到 2010 年间自认"台裔"者主要居住地及其人数变化（单位：人）

资料来源：美国东西方中心 Asia Matters for America 计划网站。

三、"台裔"认同建构的消极影响

（一）为海内外"台独"活动提供了支持

美国作为世界上最强大的国家和"台独"势力眼中的"大后方"，其国内所谓"台裔"认同的建构，必然会助长海内外"台独"分子的气焰。同时，这一认同还凝聚了北美的绿营支持者，为岛内"台独"政党吸引海外侨民选票和在美国钻营提供了支持。

"台裔"群体一直与各类"台独"势力关系密切。随着 20 世纪 90 年代后"台独"分子在岛内执政，以 FAPA 为代表的"台美人"政治团体迅速与台湾当局相勾结，将工作重点转向台湾的所谓"安全议题"。在此背景下，"台美人"政客也更为活跃，2015 年，加州参议院通过了"台裔"潘君达提出，多位"台裔"议员联署的，重申加州与台湾"友好关系"并肯定"台裔"居民对加州重要贡献的所谓"友台"法案。此外"台美人"社区还积极充当绿营在美活动的马前卒。其最重要的年度聚会"美东台湾人夏令会"一直是各路"台独"政党争取海外选票的重要场合。2017 年主办方就力邀民进党和"时代力量"的"重量级"代表前往，为 2018 年"九合一"选举造势。蔡英文当选之后，"台美人"社区更是以民进党"净友"自居，不仅积极为其出谋划策，还提供了人力物力支持。2016 年特朗普同蔡英文通话后，就有以 FAPA 为首的多个"台美人组织"在《华盛顿时报》刊文，称赞川普的"友台"举措，呼吁美国新政府重新审视"一中政策"；2017 年 1 月蔡英文出访"过境"旧金山时，得到了"民进党之友会""南湾台湾同乡会"等 7 个"台美人"社团的欢迎；2017 年，时任联邦众议员的刘云平接见民进党政客郑文灿，承诺将在"台湾关系法"、对台军售和台湾地区参与国际组织方面加强对民进党当局的支持 [22]；同年，在美国国会审阅"台湾旅行法"草案的过程中，又陆续有上百名"台美人"从各地赶到华盛顿做议员们的工作，希望帮助法案顺利过关。

而绿营也乐于投桃报李，积极在"台裔""台侨"相关议题上迎合"台裔"的诉求，并借机宣扬"台独"理念。早在陈水扁时期，台湾当局就提出过"华侨三等论"，承认所谓"台侨"的说法。而 2016 年 3 月"时代力量"籍"民意代表"林昶佐又重新抛出"区分华侨与'台侨'"的谬论，要求台湾当局将"侨胞"定义为"包括在台湾的各个族群所延伸到海外的势力"，并服务"台侨"而非华侨 [23]。民进党人士也纷纷跟进，认为此区别"确实存在"。针对台当局侨务部门长官陈士魁指出"台裔"一词"毫无意义""无知"的说法。民进党籍民意代表王定宇和罗致政等人又公然发难：王定宇声称"大多数人已自认是'台湾人'"，须予以"尊重"；罗致政则辩称，美国许多团体、社团都用"台裔"这个名词，也有"台湾同学会"，因此陈士魁的言论有误。[24]

（二）在国际场合传播对台湾地位的错误认知

由于美国文化在世界各国的影响力，随着北美各地"台裔"认同甚嚣尘上，其他国家和地区的媒体与政客使用"Taiwanese"等词汇的频率也明显增加。目前，德国之声、BBC、联合早报等国际知名新闻机构在中文稿件中使用"台裔"，在英文报道中使用"Taiwanese"指代来自台湾的海外华人已是屡见不鲜。《产经新闻》系的英文媒体《JAPAN Forward》就于2017年5月29日在头版以"We're Not Chinese"（"我们不是中国人"）的标题，报道"全球最大的'台侨'组织'全日本台湾联合会'将在日本成立"（World's Biggest Overseas "Taiwanese Organization" to Form in Japan）的消息[25]。而当中国大陆与印度发生争端时，炒作这类问题也成为印方的报复手段。印度人民党秘书长马德哈夫在2017年2月14日接待台湾地区立法机构代表团后，就刻意在其脸书上用"Taiwanese guest"指代后者，为"台独"做了免费的宣传。

在岛内，不仅媒体已习惯用"台裔"称呼台湾地区海外侨民，台湾当局官方文件上"台裔""台侨"等字眼也愈发常见，"台裔"正成为台湾当局重视的政治资源。台科技主管部门的正式文件，"洛杉矶台北经济文化办事处""台北驻德国代表处"等驻外机构的相关公告[26]以及侨务部门出版的电子刊物都出现了"台裔"的说法。而台湾地区科技主管部门的"候鸟计划"更声称要："使海外'台裔'青年返'国'学习与服务，借机与'国内'人士交流，认识台湾，进而了解台湾、爱台湾并于适时机会为台湾在国际上发声[27]"。不难想象，在民进党当局推进"去中国化"的今天，此类情况将更为常见。

此外，海外的"台裔"向各国政府、企业和社会团体推销他们"台独"理念的动作也愈发频繁。2012年，在FAPA的活动下，美国国土安全部将台湾地区旅客入境卡上的标识由"中国台湾"改为"台湾"。2016年，FAPA又早早开始了争取在2020年全美人口普查中正式列入"台裔"选项的宣传活动，目前已经获得了现任民主党众议员刘云平和共和党众议员罗伊斯的支持[28]。2017年，包括"全美台湾同乡会""台湾人公共事务会"和"北美台湾人教授协会"在内的所谓"台美人"团体还掀起了"TRO正名运动"，要求将"台北经济文化办事处"（"TECO"）改为"台湾驻美代表处"（"TRO"）。而在法国，由于2017年6月的安锡国际动画影展以中国台北介绍台湾参赛者的入围作品，旅法"台裔"发起了"自己的'国名'自己救，来去安锡留言挺台湾"运动，在"欧洲台湾协会联合会"（European Federation of Taiwanese Associations）支持下，迫使影展官网将作者的"国籍"改为"台湾"。此外，当前全球各地的"台裔"还在积极活动，要求 2020 年东京奥运会组委会为台湾"正名"。

四、"台裔"认同建构的动力与前景分析预测

（一）"台裔"认同的建构正由依赖外力扶持走向自主推进

美国国内的"台裔"认同，是"台独"势力在美方支持下，利用两岸长期分裂造成的海外台胞认同混乱兴风作浪的结果，也是美国政治文化对台湾地区移民身份认同进行重塑的表现。而这一认同初步形成后，部分"台裔"政客又利用其对美国政治的了解，推动了"Taiwanese"从地域文化共同体向美国政治文化中所谓"民族"定义的转型。

"台裔"文化共同体在美国的出现，主观上是相关群体暂时性的共同历史记忆、共同居住地域、教育与经济水平优势和对外部压力应激反应四大因素合力的结果。台湾长期与大陆的隔离、二二八事件和两蒋时期国民党当局的"白色恐怖"，是在美"台裔"认同"去中国化"的肇始，冷战背景下两岸对峙且中美长期对抗的事实，又助长了这一苗头，成为所谓"台美人"意识滋生的温床；早期在美台湾侨民的教育程度、收入水平与社会地位的优势和由此而生的优越感使其倾向于与传统华人相区隔；在此基础上于个别地区形成的"台裔"聚居，为"台独"思想的传播和"台裔"以群体身份融入美国社会创造了条件；国民党当局长期监视、渗透和打压造成的外部压力，又激发了这一社群维持团结的意识，同时其与被妖魔化的中国大陆的"意识形态对立"和台湾被统一的"威胁"，也使部分台湾侨民或出于自身好恶，或为了避免不必要的麻烦，选择使用"Taiwanese"一词来突出自己与"Chinese"的区别。

而就客观条件而言，中美建交以后美国政府的一系列小动作，和"解严"后岛内"台独"势力的嚣张气焰，又自上而下地强化了这一社群的认同。美国政府给予台湾地区独立的移民额度，在划分公民出生地上将"中国"与"台湾"相区别，以及对"台美人文化周"的支持，都通过国家的力量，以具有权威性的手段认可了"台美人"的身份，在这一群体自我认知成型的关键阶段提供了支持。也正是在美国政界的纵容下，"台裔"社团得以由海外反体制组织向美国政治文化下的"族群"转变，并通过协助筹款、参与游说和宣传活动等手段，融入了美国政治生活。同时，90 年代以来台湾当局与岛内外"台独"势力的勾结和随之而来的台海危机，不但使台湾问题重新成为"台裔"关注的焦点，也让这一群体的认同终于获得台湾当局的认可，重建了其与"故土"的纽带。

主客观因素的合力，使所谓"台裔"社区基本完成了对自身身份的想象。因此尽管台湾地区对美移民人数正逐步减少[29]，但"台裔"社群对美国及台湾的影响力短期内仍将呈上升趋势。今天的"台美人"已初步成为一个能够被美国社会文化所接受的群体，"台裔"政客也在美国政坛粉墨登场。其一方面能灵活运用政治参与的技巧，扩大自己的同盟阵营；另一方面又能主动把握各种陈情、提案的机会，将所谓"台裔认同"塞进各级政府文件和相关法案。在加州"亚裔细分法"的案例中，历任几位"台裔"议员的行动就充分体现了上述特点：以循序渐进的手段，先立法确立细化的"族裔"的划分，再逐步将其运用于实践，从而减轻其遭遇的阻力；把"亚裔细分"与教育平权相挂钩，以吸引入学率较低的少数族裔的支持；利用从政人数较多的优势，通过前后几任议员持续的努力达到目的。"台裔"在这一案例中表现出的行动力和影响力，值得引起警惕。

（二）"台裔"群体的发展势头将难以为继

短期内，所谓"台裔"群体要继续在美国社会宣扬其认同，可能拥有更为优越的条件。一是当前美国新一轮"平权"运动方兴未艾。民主党力推教育平权、关注少数族裔权益，是全美各地掀起"亚裔细分"风潮的一大诱因。不难想象，未来与民主党联系密切的"台裔"政客将继续借维护"少数族裔"权益，保护"身份认同自由"的旗号，推广所谓"台裔"认同。二是"台裔"第二、三代在美国政界已初具影响，且民进党执政背景下"台独"势力在国际场合也更为活跃，未来双方勾结必然更加紧密。这会进一步增强"台美人"群体的政治属性。三是中国大陆的崛起和对美移民的增加，很可能招致美国部分政客的敌视与"台裔"的焦虑，使他们更积极地分化和削弱华裔群体。当前美国政界不论党派、层级都有人鼓噪在2020年人口普查中加入"台裔"选项，就显示出"台裔"获得的政界支持又有增强。未来不排除"台裔"政客会与反华势力联手，在联邦层级推动"亚裔细分"，迈出分裂华裔的关键一步。

然而，长远看来，不仅承认"台裔"的借口在逻辑上根本是无稽之谈，其现实动力也趋向瓦解。为所谓"台裔"辩护常用的方法有二：否认身份认同的客观性，宣扬"每个人都有选择自己认同的自由"；将暂时现象夸大为不变的事实，如"台裔"和大陆移民的差异确实存在，这一称呼满足了区别台湾和大陆侨民的需要等。但这二种论调都无法在逻辑上站稳脚跟。一方面，尽管群体自我意识和外部的认可在西方历史上是民族形成过程中最为关键的两项要素。

但在东方文化中，血统和语言仍划分民族的主要标准。台湾地区移民及其后裔处于两种文明的夹缝之间，既要借助其文化的中国根源来维持社区的凝聚力，避免为美国社会彻底同化；又想用西方式的"民族"标准定义自己，维持与华裔的"区别"。这就使"台裔"认同在逻辑上存在无法回避的冲突，造成其鼓吹者往往在"Taiwanese"是侧重文化的族群（ethnic）还是侧重血统的种族(race)间长期摇摆不定、自相矛盾。邱信福等人在为"亚裔细分法"辩护时，也正是因为无从否认所谓"台裔"与华裔在血统和生活习惯上的一致性，只能引用上述"个人选择权"的说辞为自己辩护，但法案最终却以"了解各'种族'在血统和生活习惯方面的差异，为其提供多样化的医疗服务"为由得以通过，就是这种逻辑混乱的典型例证。

另一方面，"台裔"认同的现实动力也正在丧失。归根结底，台湾地区侨民在倾向"台裔"认同的主观动机不过是在两岸隔绝历史背景下，人为塑造的暂时状况。随着"白色恐怖"成为过去，"台裔"后代不再关注"台湾历史的悲情"，同时中美之间、两岸之间交流也日益增多，以往强化"台裔"认同的共同历史记忆和外部压力正在淡化。同时，有研究显示，目前两岸移民的区别主要体现在台湾侨民教育与生活水平上的微弱优势，双方对台湾地位的不同看法和大陆侨民因非法移民问题而形象相对较差三个方面[30]。随着未来中国大陆对美移民数量与质量的提高以及台湾地区经济地位的相对下降与对美移民的减少，台湾侨民的经济实力和教育程度优势正在减弱[31]。这将迫使"台裔"群体改变固有的观念，同大陆移民进行更多的交流。事实已经证明，只有在台湾地区移民高度集中的地区，"台裔"认同才能得到维持，而在与其他华裔混居的情况下，互动的增多会使台湾侨民及其后裔认识到自己与"Chinese"并无本质区别[32]。在此背景下，原本数量就极为有限的"台美人"群体既无法阻挡后代像真正的少数族裔一样，为融入主流社会而抛弃"台裔"认同[33]，又不能维持与其他华裔的区别，终将面临衰落。

当然，以"FAPA"为代表的"台裔"政客团体必然不会甘心面对现实。为维持"台裔"的凝聚力，其唯有寄希望于外界环境的变化，在继续利用美国政界的支持，推动"族裔细分"的同时，加紧与民进党当局勾结，借台海局势变化激发台湾地区侨民的反华意识。但归根结底，"台裔"政客的影响力有赖于包括"台裔"在内全体华裔的支持。但"台裔"为了融入当地社会，就必然会走出"历史的悲情"，不再理会被"台独"分子夸大的台湾"独立性"，不再依"台独"理念进行政治参与。如今，即使岛内"台独"分子也不得不承认：美国的"台裔"已无法理解他们口中"台湾与中国的区别"，对前者而言，两岸差异只是政治制度上的不同，而这不足以成为其长期关注"台独"议题、协助"台独"势力的理由，因此"台裔"难以成为"台独""合格"的同道。与此同时，"台裔"政客在"亚裔细分"等议题上的动作，侵害了大陆新移民的利益，唤醒了他们对"台裔"政客的警惕，也使之失去了其他华裔这一重要的政治资源。随着"台裔"政客们支持者的减少和影响力的下降，"台裔"认同要继续获得外部支持也将更为困难。

注释：

[1] 对相关事件的具体情况，亲历者的回忆存在一些差异，一些"台美人"声称经过校方听证会，"台湾同学会"取代了倾向国民党当局的"中国同学会"的正式社团地位。而其他"台独"人士则只提及该会获得了公开活动的许可。参见杨嘉猷、周威霖：《心系台湾、老骥扶枥的王能祥长老》，"台美人"历史协会 http://www.tahistory.org/ 心系台湾、老骥伏枥的王能祥长老，2017 年 12 月 1 日；陈仪深：《海外"台独"运动相关人物口述史续篇》，台北："中央研究院"近代史研究所，2012 年，第 92 页。

[2] 许多人认为，20 世纪 70 年代之前，"Taiwanese"在含义上仍处于既代表出生地，又可指代"母国"的灰色地带，且这一时期的台湾地区侨民与来自中国大陆、香港甚至马来西亚的华裔也未形成明确的分野。参见许维德：《族群与国家认同的形成：台湾客家、原住民与"台美人"的研究》，台北：远流出版社，2013 年，第 361 页；Linda G Arrigo: Patterns of personal and political life among Taiwanese-Americans, Taiwan Inquiry, vol3 2006 , p8。

[3] 关于"WUFI"的成立时间有多种认定方法，此处采用其正式公布成立的 1970 年元旦；"世界台湾同乡会"于 1974 年 9 月成立于奥地利，但其活动重心在美国。

[4] 陈佳宏：《海外"台独"运动史》，台北：前卫出版社，1998 年，第 66 页。

[5] 卫平光、刘相平：《台湾人公共事务协会与海外"台独"活动》，《现代台湾研究》，2007 年第 2 期，第 49 页。

[6] 《与台湾关系法》第二条中也重申维护及促进所有台湾人民的"人权"是美国的目标。这为"台独"分子以"人权"为由，煽动美方干涉岛内事务提供了借口。参见 U.S Congress: *Taiwan Relations Act* https://www.congress.gov/bill/96th-congress/house-bill/2479，2018 年 1 月 2 日。

[7] Catherine Kai-ping Llin：Taiwan's Overseas Opposition Movement and Grassroots Diplomacy in the United States: the case of the Formosan Association for Public Affairs, *Journal of Contemporary China*, 22 Jan 2007, 133-159.

[8] 同上

[9] Linda G Arrigo: Patterns of personal and political life among Taiwanese-Americans, *Taiwan Inquiry*, vol3 2006 , p16。

[10] 黄昆章：《祖国大陆、香港、台湾及印支在美新移民的比较研究》，《华侨华人历史研究》，1995 年第 2 期。

[11] 参见宇宙、姜兰虹：Assimilation and Rising Taiwanese Identity: Taiwan-born Immigrants in the

United States, 1990-2000,《人口学刊》，2009（38）。

[12] 146 CONG. REC. E1264-Taiwanese American Heritage week, June 15 1999。

[13] 146 CONG. REC. E706 - *celebrating Taiwanese-American heritage week,* may 11 2000；146 CONG. REC. E693 - *Statement in Honor of Taiwanese-American heritage week.*

[14] ITASA 是一个完全由名校"台裔"在校生组成，以英文为工作语言，面向"台美人"后代，旨在促进"台裔"社区发展的团体。

[15] 参见陈正义：Taiwanese-Americans want to be counted，TaipeiTimes ,2016.8.3 http://www.taipeitimes.com/News/editorials/archives/2016/08/03/2003652337，2017年12月15日；黄嘉树：《台湾能独立吗》，海口：南海出版公司,1994年，第16—17页。

[16] 参见美国人口普查局网站：https://www.census.gov/。注意：2000 年人口普查允许同时选择两个种族，故此存在同时填写华裔与"台裔"的情况。

[17] 当然，这一时期的增长也有赴美台湾地区侨民中"本省人"的比例占据压倒优势的因素，见 About 12 percent of Taiwan immigrants were born in mainland China in 2000 (Chen 1992; Overseas Chinese Affairs Commission 2002)

[18] 宇宙、姜兰虹：Assimilation and Rising Taiwanese Identity: Taiwan-born Immigrants in the United States, 1990-2000,《人口学刊》，2009（38）。

[19] California Law Bill: AB 2420 State government: collection of demographic data，April 17, 2006.

[20] California Law Bill: *AB 1088 State agencies: collection of demographic data*，October 09 2011。

[21] 林莲华：《联署促州长签署 AB1088 法案》,《美洲台湾日报》，2011.1.12 http://taiwandaily.net/printpg.aspx?_p=kSF1c9zU9HTD4m3d8c6kbxpSCydDLN0Z

[22] 张裕珍：《首次访美 郑文灿感谢对台坚定支持》,《联合报》，2017.7.8。

[23] 陈仔轩：《我国有 4 千万侨胞？林昶佐：定义不清难怪钱不够》,《自由时报》2016.03.10。

[24]《"台侨"说法起争议 绿委指陈士魁无知应道歉》，中评网，2016 年 3 月 23 日，http://www.crntt.com/doc/1041/7/0/5/104170569.html?coluid=93&kindid=4030&docid=104170569。

[25] Akio Yaita, Sankei Shimbun："We're Not Chinese"：World's Biggest Overseas Taiwanese Organization To Form in Japan，may 29 2017 https://japan-forward.com/were-not-chinese-worlds-biggest-overseas-taiwanese-organization-to-form-in-japan/

[26] "驻德国台北代表汉堡办事处"："2017 年海外华裔青年台湾观摩团"，http://www.roc-taiwan.org/deham/post/1627.html，2017 年 12 月 11 日。

[27] 台湾地区科技部主管部门："候鸟计划"，https://www.most.gov.tw/houston/ch/list?menu_id=adc3a544-8bdc-48a6-afa1-57e033e31d6f，2018 年 2 月 5 日。

[28] 参见Ted Lieu: Rep Lieu Letter to Census Bureau, March 28 2017 ;Ed Royce：Royce Taiwanese Census Letter, October 27 2016.

[29] 吴新兴：亲中侨团急剧增加 台湾侨团受冲击，中评网，2017.5.31，http://hk.crntt.com/crn-webapp/touch/detail.jsp?coluid=7&kindid=0&docid=104697418

[30] 宇宙、姜兰虹：Assimilation and Rising Taiwanese Identity: Taiwan-born Immigrants in the United States, 1990-2000,《人口学刊》，2009（38）。

[31] 一般而言，教育水平较高且生活水平好的群体乐于保留其族群纽带以获得各项利益，参见 Lieberson, S: *Unhyphenated Whites in the United States*. Ethnic and Racial Studies 1985.8(1),

P159-180. "台美人" 的相关文献中也普遍强调其相对大陆移民在生活与教育水平上的优势。

[32] 研究证明，居住在旧金山和纽约等地，与大陆移民互动较多的台湾移民逐渐倾向于放弃"台裔"认同，而洛杉矶台湾侨民聚居区则呈出相反趋势。参见宇宙、姜兰虹：Assimilation and Rising Taiwanese Identity: Taiwan-born Immigrants in the United States, 1990-2000,《人口学刊》，2009（38）。

[33] 宇宙、姜兰虹的研究显示，大多数美国的少数族裔的后代都显示出逐渐融入主流社会，淡化其原有族群认同的趋势，20 世纪 90 年代所谓"台裔"认同的增长只是一种特例。此外，艾琳达（Linda G Arrigo）也发现，现实中台湾侨民的后代对融入美国社会的兴趣大于传承"台裔"认同。

（林中威：福建社会科学院现代台湾研究所助理研究员）

利益、制度与观念：十九大报告与两岸青年融合发展的理论建构

唐　桦

两岸青年交流伴随两岸关系的大势快速发展。台湾远见民调中心 2017 年 3 月 27 日发布的"远见研究调查"民调显示，在 20—29 岁的台湾年轻人中，59.5% 的受访者表示想到大陆工作、求学或投资。在涵盖各年龄层的受访者中，51.5% 的受访者表示愿赴大陆发展。[1] 作为两岸关系发展的新思路，融合发展已经成为新的研究热点，但以往学界的研究多侧重于台湾青年在大陆就学就业的融入度或社会适应度研究，还有一些理念宣导层面的研究，缺乏足够的理论探讨和阐释。基于两岸关系的复杂性、两岸青年需求的多样性和社会价值的共享性，本文以两岸青年为主要研究群体，首先梳理两岸青年交流的发展历程，然后从利益、制度和观念的角度思考融合发展的理论建构，最后针对未来两岸青年的融合发展提出对策建议。

一、融合发展的内涵和维度

"融合发展"这个概念的提出，代表了大陆对台政策的新思维，也可据此对以往两岸青年交流做一个反思。梳理 30 年两岸青年交流的发展历程，可以看到两岸青年交流正在经历一种不仅是制度上而且是观念上的深层转换，实质是两岸关系在何种意义上是基于两岸青年的切实需要展开，又以何种恰当的方式被两岸青年所共同改造，进而实现融合发展。早期（1990—2002 年）青年交流大致分为论坛对话型和旅游参访型，重点在于增进两岸青年之间的相互交流，以个体和部分团体参与为主，呈现出品牌化、多主题、多渠道等交流趋势。2000

159

年后，大陆通过台联、海协会、台盟、宋庆龄基金会以及高校等交流实体，多管道地推动台湾大学生来大陆参访、交流、联谊，取得相当大的进展。零散交流大量增加之后，制度化交流呼之欲出。一方面是社团交流如火如荼，另一方面是大批量交换生开始出现，尤其是被称为"陆生"元年的2011年，这一年台湾高校首次面向大陆招生。"海峡青年论坛"成为两岸青年交流的重要平台，两岸青年社团负责人圆桌会成为两岸青年社团定期沟通的组织化、机制化平台，开展了多项富有成效的交流活动。2011年初，大陆将扩大两岸青少年交往列为工作重点。随后的两岸青年交流开始走入制度化合作阶段，构建实质交流平台，促成更多青年参与。

2014年"太阳花学运"、2016年民进党重新执政成为两岸青年交流中的关键性事件，之后台湾岛内形成了青年中的"排他"风潮，也让大陆清醒地认识到岛内青年的复杂情绪。根据岛内情况的新变化，大陆连续制定一系列旨在便利台湾青年人赴大陆交流、就学、实习、就业、创业、生活等的政策措施。"两岸青少年身上寄托着两岸关系的未来。要多想些办法，多创造些条件，让他们多来往、多交流，感悟到两岸关系和平发展的潮流，感悟到中华民族伟大复兴的趋势，以后能够担当起开拓两岸关系前景、实现民族伟大复兴的重任。"[2] 2015年开始，大陆惠台政策越来越多，越来越细致。2018年新推出的31条措施，内容涵盖产业、财税、用地、金融、就业、教育、文化、医疗等众多领域，几乎将台湾青年关心的在大陆学习、创业、就业、生活中的问题"一揽子"解决。很多省市因地制宜出台了落地细则，如上海市的"55条"，福建省的"66条"，厦门市的"60条"等。大陆积极推动两岸经济社会融合，为最终实现两岸和平统一奠定了坚实的民意基础。

过去两岸青年交流的重点，多是强调单向度的融入，探讨的是台湾青年如何被动地在各个部分融入大陆的主流社会体系。融合发展强调的是共同发展，即台湾青年如何共同分享大陆经济发展的红利，需要尽量消融主客体的不对等关系，实现从"融入"向"融合"的跨越。融合发展不是强制就可以达成的，更多是透过相互渗透和融合，类似罗伯特·帕克提到的"个人与群体从其他群体获得记忆、情感、态度，并且共享他们的经历和历史，逐渐融汇成共同的文化生活"。[3] 两岸青年的融合发展既是两岸青年间相互配合、相互适应的动态过程，也是相互交流、互动、接纳和认同的结果，既是群体层面的相互嵌入，也是政策层面的包容和接纳，是构建在迁入地和迁出地文化相互渗透、相互影响基础上的兼收并蓄的新的命运共同体，[4] 从而实现两岸关系和平发展。具体来讲，两岸青年的融合发展是这样一个过程，它确保台湾青年在大陆发展能够获得必要的机会和资源，通过这些资源和机会，能够全面参与大陆的经济、社会福利和文化生活。[5]融合发展更强调青年积极而充满意义的参与、享受平等、共享社会经验并获得基本的社会福利。具体有四个维度：[6]（1）经济融合。主要通过台湾青年在当地经济活动中的嵌入度来衡量。经济融合是基础，相对稳定的职业和收入可促进台湾青年在大陆城市中社会地位的提升。（2）生活融合。台湾青年逐渐掌握当地方言、适应当地生活习惯的过程。（3）社会融合。一般台湾青年比较依赖以地缘、血缘为纽带的关系获得外界信息资源、求职途径等，在城市迅速扎根，再扩展交际圈，融入新的群体而形成后致网络。（4）身份融合。两岸关系中大陆和台湾各自包涵对方，相互激荡，形成新的命运共同体，不要求原有文化完全同化，而是强调原有文化以新的形式，存在并贡献于新的共同体中。融合发展为两岸青年交流发展提供新视角，更具有建构性，不仅为两岸关系和平发展构筑了一个中间目标，而且描述了一个持续发生并且任何人都能介入的过程。总的来说，各维度之间具有交互性，而不是先实现一个领域的融合，然后再进行下一个领域的融合。两岸青年的融合发展是一个由错综复杂且持续不断的关系构成的过程，是一种生成而非存在，一种涉及行动者和制度的实践性生成。

二、十九大报告的新解读：两岸青年融合发展的理论建构

民进党重新上台执政加剧了两岸各领域发展的不平衡，两岸关系尤其是青年交流因蔡英文当局出台各种限制台湾青年和企业来大陆交流发展的规定而陷入僵局。2017年6月，由两岸3所名校连办6届的"山海论坛"因台湾方面限制大陆人士赴台不得不停办。民进党当局针对两岸青年交流的限制措施正在形成所谓的"寒蝉效应"，大陆则把工作重点放在如何化解台湾青年的未来发展的焦虑上，[7]为两岸最终实现"心灵契合的统一"做出实实在在的工作。为进一步深化和拓展两岸关系和平发展内涵，推进祖国和平统一进程，大陆对台政策论述与时俱进地提出了两岸融合发展的概念。十九大报告提出了今后一个时期对台工作的指导思想、重要理念、目标任务、原则方针和主要措施，[8]明确了新时期大陆方面深化两岸融合发展的内在要求，为以发展促进和平统一提供了强大的政策动力，[9]从利益、制度和观念三个维度来搭建两岸青年融合发展的理论框

架，分别代表了融合发展所包含的共同利益、共同参与以及利益共享的新思维。融合发展是一种整体思维，把两岸看作一个整体，把国内各民族、各地区的发展看作整个国家、中华民族发展的一部分。

（一）利益：基于共同利益的融合发展

台湾青年愿意来大陆发展的基础动因是个人利益，但融合发展除了考虑个体利益之外，更多体现的是两岸青年群体的共同利益。现阶段如果继续零散地去增补个体台湾青年的个人利益，由于不同利益主体的诉求有时会相互冲突，实际上会影响共同利益的实施。俞正声在第九届海峡论坛上指出：深化融合发展，需要秉持"两岸一家亲"理念，逐渐化解心结，共同维护中华民族整体利益，充分发挥两岸同胞的创造力，厚植共同利益。[10] 也就是两岸青年既要关注个人利益，更要注重共同利益。这些内容在价值层面被确认，两岸青年追求的共同利益就被表达为那些"已达成共识的目标"和"对于一个作为共同体的社区有益的事情"。

十九大报告指出了两岸共同利益的方向：（1）两岸要站在"振兴中华""共圆中国梦"的共同利益角度看待国家和平统一，携手推动两岸关系和平发展。[11]（2）推进两岸经济社会融合发展，符合两岸同胞共同利益。也就是说，两岸不仅要在经济上共同发展、携手合作，而且要建立在"九二共识"上共同发展。经济利益要建立在共识和共同利益的基础之上，否则依然会越走越远。在社会层面和心理层面，也要挖掘共同认知，作为夯实其他领域交流的基础，增进两岸民众的向心力。共同利益在这里不是仅仅因为个人的选择和组织程序之间的相互作用才"发生"的事情，而是公权力部门必须着力建立的"一种集体的、共同的公共利益观念"。[12] 习近平总书记指出，深化两岸利益融合，共创两岸互利双赢，增进两岸同胞福祉，是推动两岸关系和平发展的宗旨。为两岸同胞谋福祉是发展两岸关系的着眼点和落脚点。[13]

协调台湾青年的个人利益与两岸关系和平发展的共同利益之间的关系，可以从以下的角度来思考。一方面，根据个人利益与共同利益相联结的观点，根据共同利益的组织化原则和大多数人利益目标原则，可以将两岸青年尤其是台湾青年的个体利益纳入共同利益要求之中，按照整体化要求引导和规范个人利益。台湾青年在大陆发展的个人利益融入并服务于融合发展的共同利益。另一方面，两岸青年的个人利益也直接制约着融合发展共同利益的展开和实现，也就是说融合发展不仅促使青年按共同利益的要求去努力，而且要为其人生发展提供一系列相关条件，融合发展要关心青年个人的发展和价值。那么，顺理成章的问题是了解两岸青年需要什么、怎么才能辨别这些需要、需要有什么等级层次，以及如何裁定对需要的各种相互竞争性的解释是重要的。正如马克思指出的："只有在集体中，个人才能获得全面发展其才能的手段。"[14]

（二）制度：基于共同参与的融合发展

"两岸同胞同族同根，血脉相连，文化相通，没有任何理由不携手发展、融合发展。"[15]十九大报告指出："我们将扩大两岸经济文化交流合作，实现互利互惠，逐步为台湾同胞在大陆学习、创业、就业、生活提供与大陆同胞同等的待遇，增进台湾同胞福祉。我们将推动两岸同胞共同弘扬中华文化，促进心灵契合。"[16]过去，台湾青年更多的是如何参与到大陆的经济发展中来，而作为一种制度架构的融合发展强调的是从经济发展拓展到生活层面的参与，尤其是两岸青年共同参与其中。融合发展归根结底要被当作一个社会的基本结构来对待，也就是被当作两岸青年生产生活于其中的一个合作体系，因而制度本身在根本上既有自身保持良好结构的需要，同时也是两岸青年诉求自身意志与需要并对现实利益进行选择的结果。2011年，福建省率先出台并且积极探索聘用台湾地区居民参与行政和社会事务管理的途径和方法。[17]厦门市在构建多元主体共同参与的新型社区治理结构过程中，尝试通过聘请台湾青年担任社区居委会主任助理、在台胞集中居住社区设立服务工作站、搭建网络和实体平台实现台胞线上交流、线下互动等方式，广泛发动台胞自主自发参与社区治理，探寻基层各方利益的最大公约数。[18]融合发展作为制度建立的过程就是各个理性的、寻求自身利益最大化的两岸青年有目的的选择。其最大的优点在于，一方面融合发展比单打独斗更容易让两岸青年的利益最大化；另一方面，通过融合发展的方式可以提高两岸青年自身解决问题的能力。

两岸青年对自身意志的表达受到现实制度的影响，因此在多大程度上个体利益得到了充分表达并形成共同利益这一问题本身就是一个制度问题。党的十八届五中全会提出了"推进社会治理精细化，构建全民共建共享的社会治理格局"的战略部署，和两岸融合发展相呼应，构成了两岸青年在大陆内部可以走向共同参与的格局。共同利益就是通过一种允许利益得以集聚、平衡或调解的特定过程来实现的。人们不仅能够超越自身利益，而且政府也应该努力地培育和开发青年们的这种能力。某种程度上，这种能力依赖于信任。融合发展必须依赖两岸青年多方合作和协商的共同治理，采取积极的措施来解决各方相互的低信任度和社会资本，才能实现各方利益的整合，促进共同利益的实现。

（三）观念：基于利益共享的融合发展

"我们秉持'两岸一家亲'理念，尊重台湾现有的社会制度和台湾同胞生活方式,愿意率先同台湾同胞分享大陆发展的机遇。"[19] 融合发展要实现的利益共享的内容是多层次与多样化的，不仅包括经济成果的共享，还包括社会成果和权利的共享，也包括在经济发展、公共服务、社会保障、生态环境等方面。这意味着促进社会共享既要实现公共服务的均等化，还要重视满足公众多样化的需求。新推出的 31 条措施，显示了大陆对台政策决策体系和治理能力的巨大进步，受到台湾青年的热烈欢迎。因应于两岸青年主体的多元化和利益关系的复杂化，利益共享的内容是非常丰富的，贯穿其中的思想就是让两岸青年共享改革和社会发展的利益，不仅包括存量利益，也包括增量利益。具体来说就是在两岸青年之间通过规范、制度化的手段确定合作收益的具体分配方法，共同分担合作过程中可能产生的风险和损失，从而达成互利共赢、协调发展的理想局面。

融合发展的过程是一个各方真诚对话、构建互惠关系以及相互学习的过程。在这一过程中，两岸青年的行为方式也会发生变化。在物质层面，协同各方可以共享资源。思想层面，融合发展中台湾青年可以对自己的利益定位有一个更加客观的认识，很多利益是相互关联，而不是彼此冲突的。两岸青年可以在融合发展过程中有意识地开发新的探索方法，包括倾听其他利益相关方的意见、尊重他人、寻求共同利益以及对问题存在的前提条件提出质疑等等。清晰的共同目标不一定在融合发展开始之初就能达成，但是在两岸青年融合发展的推进过程中，大家会更倾向于使用能更好地将各利益相关联系在一起的解决方案而不是通过推动与自己利益相关的立法或者其他一些直接进行对抗的方法解决问题。民调表明，多数台湾青年人不再排斥甚至积极争取赴大陆就业、寻找发展机会。台湾青年一代的这种思想变化，对未来两岸关系发展具有极强昭示意义。[20]

三、两岸青年融合发展的机制保障

融合发展作为两岸青年交流的一种结果是我们期待的，作为一种方法和机制则是与结果同样重要的设计。台湾《联合报》民调中心调查发现，台湾年轻人对大陆整体正面印象比 16 年前有了提升，并高度肯定大陆是个进步的地方，比例从 16 年前的五成三上升到八成二。[21] 相对于台湾越来越封闭和紧缩的交流环境，大陆的惠台政策则越来越细腻和务实。两岸青年的融合发展会倒逼结构性制度变革、削弱功能性社会排斥，形成资源的优化配置。两岸青年的融合发展是新形势下推动两岸关系和平发展的重要途径，它更多的是通过台湾青年在大陆就业、婚恋、居住和生活，共同参与到大陆的经济发展中去，共同分享大陆经济发展中的红利，在这个过程中产生新的集体记忆和共同利益，逐步增加台湾青年对中华文化和中华民族的认同。坚持融合发展为了两岸青年、融合发展依靠两岸青年、发展成果由两岸青年共享，更重要的是，必须做出更有效的制度安排，使两岸青年在融合发展中有更多获得感，从而增进青年福祉。

（一）关注来大陆发展的台湾青年的新需求，将公共服务作为融合发展的突破口。台湾青年来大陆期待能够满足自身需求的服务体验，他们还希望有机会参与决定应该得到优先发展的公共服务，以确保社会最重要的需求能够得到满足。目前的困境是，很多地方政府没有改变其在合作中作为权力中心的意识，没能发动区域内利益相关青年的积极性和主动性，也没能搭建一个让利益相关者平等参与讨论协商的治理平台，仅靠政府自上而下权威控制式的推动无法落实良好的合作愿望。比如青年台商在厦门虽然享有投资、税收等优厚条件，但在一些公共基础设施建设方面还未能参与，日后可就此提高公共服务供给的个性化与社会治理的精细化水平。

（二）服务民生，重点提升针对台湾青年创业、就业、生活的信息化基础能力。未来的公共服务供给，将更加依托信息化手段和网络化平台。公共服务信息化建设能力和应用能力将直接影响到其服务水平。近年来台湾青年对大陆经济方面的优惠政策的关注程度开始下降，而对基本待遇、政治、经济和社会文化等全方位权益保护的要求凸显。由于台胞常往返于两岸的特殊性，可推进完善网络申请、网上办理等配套设施，便利台胞及时办理相关手续。各地尤其是台湾青年比较扎堆的城市比如厦门、苏州和温州等地，在加快公共服务信息化基础建设，如教育资源公共服务平台、医疗信息公共服务平台、公共数字文化服务体系、公共信息服务网络平台的同时，需要专门增设台湾青年板块，同时配合专题信息化培训，可极大地降低信息交易成本。

（三）回归融合社区，提高台湾青年所在的社会组织和社区内的信任度。长期以来，大陆对台政策在逐步考虑对台湾青年各个层面的照顾和优惠，但是类似台商子弟学校、台商医院、台商青创园区等，反而容易加剧台湾青年形成自己的小圈子。未来应该建立一些具有示范效应的两岸青年共同生活的融合型社区，将台湾青年从内聚式团体网络中剥离出来，帮助其嵌入开放式的团体网络之中，形成与当地社会资本的互融。融洽的社区关系不仅可以增加居民之间的情感交流，更有助于加强台湾青年在当地的归属感，从而提高其对本地身份的认同。同时，鼓励两岸青年多参与组织建设与协同发展，通过提供组织化、鼓励本地人口与其通婚的方式强化社会资本。通过引入非政府组织、同乡自治和交流协会等组织形式，让两岸青年结对互助，更多元地保障台湾青年在大陆的实际利益。设立台湾青年在当地的一站式服务中心，与台办、工会、第三部门等组织形成联动，实施针对台湾青年的法律援助和权利侵害仲裁制度。

（四）强调个人责任，重视台湾青年对在地公共事务的共同参与。公共服务的供给应该强调"有奉献、才有索取"的个人责任理念，通过加强在地民众和行政部门的联系促进公共价值的创造。具体来说，政府不但要提供多种青年公共参与的渠道，同时政府还要推出更多的青年教育项目，邀请两岸青年尤其是台湾青年参与公共价值的创造。互联网的迅猛发展丰富和发展了参与的手段和途径，门户网站、政务微博、微信、移动 app 应用在青年需求表达方面大有作为，地方政府应该深化互联网技术的功能应用并完善与公民参与相关的体制机制，确立以两岸青年需求为导向的绩效评估模式，改革公共服务绩效评估机制，根据公共项目给在大陆生活的台湾青年带来的实际影响而不是数量来评判公共服务，更多强调社会和经济效益的提高。

十九代报告指出："中国梦是我们这一代的，更是青年一代的。"[22] 融合发展着眼于中华民族的整体利益、长远利益，为处理两岸关系提出了新思路。融合发展是建立在两岸青年共建基础上的发展，是指两岸青年充分运用自己的聪明才智参与整个社会的建设，共同承担责任为共同享有利益提供坚实的基础，两岸青年实现对社会利益的享有反过来又会促进社会建设的积极性和创造性。两岸命运共同体是两岸在一个中国制度框架内形成的一种具有利益相连性、高度认同的共同体，在发展成果的分配上，强调树立共享发展理念，让两岸青年共享国家改革发展和现代化建设的成果，共享祖国繁荣昌盛带来的民族尊严和自豪感。两岸青年的融合发展强调的是两岸青年如何从"我"发展成"我们"，尤其是激发台湾青年在大陆在地生活中的能动性，促使从"他者"到"我群"的转变，为两岸统一奠定坚实的基础，而这关系到中华民族的伟大复兴。

注释：

[1]　《台湾民调显示：近6成年轻人想去大陆发展》，观察者网，http://www.guancha.cn/local/

2017_03_27_400820.shtml，访问时间：2017年9月5日。

[2] 《习近平在人民大会堂会见亲民党主席宋楚瑜一行》，新华社，http://www.gov.cn/xinwen/2014-05/07/content_2673600.htm，访问时间：2017年8月1日。

[3] R. E.Park, E. W. Burgess：*Introduction to the Science of Sociology*，Chicago: The University，1921，p.113.

[4] 杨菊华：《论社会融合》，《江苏行政学院学报》2016年第6期。

[5] 嘎日达、黄匡时：《西方社会融合概念探析及其启发》，《理论视野》2008年第1期。

[6] 段皎琳：《大陆地区青年台商社会融入问题与对策研究》，《中国青年研究》2016年第3期。

[7] 台湾社会在面对日益崛起的大陆时，产生了失势、身份、发展、未来与制度五大焦虑。参见杨开煌：《两岸融合发展可化解台湾社会焦虑感》，海峡之声网站，http://www.vos.com.cn/news/2017-08/10/cms890774article.shtml，访问时间：2018年2月18日。

[8] 张志军：《党的十九大报告为对台工作指明了方向》，《两岸关系》2017年第11期。

[9] 刘佳雁：《两岸融合发展：政策内涵及价值体系》，《两岸关系》2018年第2期。

[10] 《第九届海峡论坛在厦门举行 俞正声出席并致辞》，新华社网站，http://www.xinhuanet.com/politics/2017-06/18/c_1121164066.htm，访问时间：2017年12月1日。

[11] 《两岸同胞要携手同心共圆中国梦》，新华网，http://www.xinhuanet.com/politics/2014-02/18/c_119393683.htm，访问时间：2017年2月18日。

[12] 登哈特：《新公共服务——服务而不是掌舵》，丁煌译，北京：中国人民大学出版社，2004年版，第63页。

[13] 《习近平：携手建设两岸命运共同体》，《新华每日电讯》2015年5月5日第1版；《党的十九大报告辅导读本》，北京：人民出版社，2017年，第56页。

[14] 《马克思恩格斯全集》第3卷，北京：人民出版社，1960年版，第61页。

[15] 《习近平同马英九会面》，《人民日报》，2015年11月8日。

[16] 习近平：《决胜全面建成小康社会，夺取新时代中国特色社会主义伟大胜利——在中国共产党第十九次全国代表大会上的报告》，《人民日报》，2017年10月28日。

[17] 推出15个岗位选聘台湾专才担任高校、科研院所和科技园区的管理职务，同时引进7名高层次人才到省属单位工作。

[18] 张宝蓉：《从大陆对台青年政策看两岸青年交流发展——基于公共政策分析的视角》，《台湾研究》2017年第6期。

[19] 习近平：《决胜全面建成小康社会，夺取新时代中国特色社会主义伟大胜利——在中国共产党第十九次全国代表大会上的报告》，《人民日报》，2017年10月28日。

[20] 郑剑：《长风破浪会有时 ——中共十八大以来两岸融合发展不断深化》，人民政协网，http://www.rmzxb.com.cn/c/2017-10-17/1838048.shtml，访问时间：2017年10月3日。

[21] 《台湾新世代看大陆：八成二认为是个进步的地方》，网易新闻，http://news.163.com/16/1120/11/C6AGKPJ4000187VE.html，访问时间：2017年10月1日。

[22] 习近平：《决胜全面建成小康社会，夺取新时代中国特色社会主义伟大胜利——在中国共产党第十九次全国代表大会上的报告》，《人民日报》，2017年10月28日。

（唐 桦：厦门大学台湾研究院副教授）

台湾社区经济发展探析
——以三个典型社区为例

谢　楠

当前台湾社会正处于向后工业化社会转型期，各类社会组织蓬勃发展，并逐步与文化、经济等要素碰撞融合，催生了各种新的经济形态。其中，以社区为基本单位的社区经济，在"社区营造"运动推动下逐步发展壮大，成为岛内一种值得关注的社会经济现象。本文通过梳理分析台湾社区经济发展的历程与典型案例，归纳其形态、特征与功能，并尝试提出对大陆城乡社区发展建设的经验启示。

一、台湾社区经济发展的源起、内涵与类型

（一）"社区营造"运动催生台湾社区经济发展

台湾自上而下推动社区建设最早可追溯到 20 世纪六十年代。1966 年台当局推出"民生主义现阶段社会政策"，将社区发展建设列为社会福利七大工作项目之一。早期的社区发展建设主要以完善硬件基础设施为主，通过自上而下的财政拨款，实现城乡社区基本生活设施的普及化。进入 80 年代，台湾经济快速增长的负面效应逐步浮现，特别是环境污染日趋严重，引发社会强烈反弹，加之台当局威权政治逐步松动、民众公共意识逐步抬头，以环保为主题的"社区运动"频繁爆发，比较著名的有鹿港社区"反杜邦事件"、美浓社区"反水库事件"。这些以保护环境为核心主张的社区运动促使台湾社会开始反思单一追求经济增长的发展模式是否恰当，并推动"永续生活"的理念逐步渗入台湾社会[1]。

几乎在同一时期，经济全球化的负面效益在世界范围内逐步显现，无论是

168

发达国家还是发展中国家，皆出现区域发展失衡日趋严重、经济政策难以推动地方经济发展的突出问题。欧美相关研究者开始反思以城市为中心、以大型工业为重心、通过大型企业拉动社会经济发展的"外力型发展"模式，开始探索通过发掘地方资源与潜力、调动本土社区和中小企业积极性、创造财富和就业机会的"内生型发展"模式，逐渐形成以社区为中心的经济发展新典范[2]。

进入 20 世纪 90 年代，时任台湾地区领导人李登辉号召建立"台湾生命共同体"，时任台湾"文建会主委"申学庸与"副主委"陈其南借鉴日本"造町"运动，发起"社区总体营造"运动。"社区总体营造"强调"以社区共同体的存在和意义作为前提和目标，通过社区居民积极参与地方公共事务，凝聚社区共识"，并提出"经由社区的自主能力，使各地方社区建立属于自己的文化特色，也让社区居民共同经营'产业文化化、文化产业化'"[3]。此后，台湾社区发展建设由过去注重环境保护向保存社区历史文化以及发展社区产业方面拓展，并通过吸收西方国家社区经济发展经验，不断探索台湾自身特有的社区经济发展模式。

（二）社区经济的内涵与类型

台湾"社区总体营造运动"强调"人、文、地、产、景"五类议题的有机结合："人"是指社区建设满足社区内部人员需求的满足；"文"指的是社区共同历史文化的延续；"地"指社区地理环境的保护与特色发挥；"产"强调发展在地经济及社区产业；"景"指营造社区公共空间，创造独特景观。其中，发展社区产业、活络社区经济成为"社区营造运动"的核心环节，也是社区实现"永续发展"的关键。与追求利润最大化的其他经济形态相比，社区经济追求社会效应优先，主张运用经济手段解决社区问题。从概念上看，社区经济包括以家庭生计为诉求的生产、流通、交换和消费等诸多商品或服务的活动，力图实现一种非纯经济利益为主导的社会交换活动，以建立一种基于互助关怀的社会关系，并强调社区居民由下而上的普遍参与，充分发挥各个不同群体的才能、技术与经验，以服务社区中的其他成员。

从台湾社区经济发展的实践来看，可将主要满足社区内部需求为主的社区经济活动称为内需导向型社区经济，将以外部市场为主的社区经济活动称为外需导向型社区经济，其具体形态则主要包括以下若干方面：1. 提供社会服务，为社区老年群体及残障人员提供送餐、长期照护等生活照料服务，为儿童和青少年提供托育、课后辅导，为社区提供环保清洁服务等。2. 发展地方特色产业，结合地方特色发展风味美食、农特产品、工艺产品，结合社区自然资源发展观光休闲产业。3.发展文化产业，挖掘并保存社区文化历史、传承民俗技能、推广文化艺术活动[4]。

二、台湾社区经济发展的挑战、经营策略与功能

不同类型的社区经济发展所面临的挑战各有不同，本文在台湾社区经济发展案例中遴选出三个代表性案例，具体分析社区经济在实践中所面临的问题与应对策略，并归纳其所具有的功能。

案例一：南投县埔里镇桃米社区与新故乡文教基金会[5]

位于南投县埔里镇的桃米社区，属于典型的乡村社区，曾经因经济落后，大量年轻人出走都市。1982年南投县埔里镇选择在桃米社区附近建设垃圾填埋场，被外人称为"垃圾村"。1999年台湾爆发"921"大地震，埔里镇桃米社区是重灾区。曾担任台湾著名杂志《天下》《人间》记者的廖嘉展和颜新珠夫妇，1999年创立台湾新故乡文教基金会，在"921"大地震后持续深度参与桃米社区的震灾重建以及社区营造。

因对震灾有深刻感受，桃米社区重建迅速凝聚共识，选定桃米向生态保育与观光休闲的农村社区发展。桃米社区在新故乡文教基金会等各类外部资源的支持下，陆续完成社区生态资源调查、环境绿化美化等硬件建设，并逐步开展社区文史记录等各项社区营造工作，推动生态保育、环境伦理等永续发展理念渗入社区，将桃米社区发展为蜚声海内外的生态村。新故乡文教基金会在"陪伴"桃米社区发展的过程中，也逐渐向社会企业转型。

案例二：高雄市甲仙乡小林村与2021社会企业[6]

小林村位于高雄市甲仙乡，周边多山，为少数民族山镇。2009年爆发的五十年一遇的"莫拉克水灾害"使小林村几乎遭遇灭顶之灾。在小林村长大、在台北上学创业、开办网络法律咨询网站的蔡讼谕毅然决定回乡打拼，被村民推举为小林村自救会会长。三年内，蔡讼谕和村民在社会各界资源的支持下，逐步重建小林，并创立"日光小林"品牌，2012年获得台湾莫拉克风灾民间贡献奖的肯定。

2013年，蔡讼谕推动小林村社区组织转型，8月正式成立"2021社会企业"。一方面，获得台湾"百佳泰"董事长简添旭先生支持，得到无偿转让的"老梅膏"技术，立足于小林村周边特有的无公害自然生长的青梅资源，深度开

发"老梅"系列产品,发展以小林村为主体的"老梅经济圈";另一方面,坚持社会企业精神运作企业,规划打造上下游配套、连接小林村周边区域的老梅产业链(包括观光区、产业区等),实现周边地区的经济共荣。

案例三:台北市中正区忠勤里与"幸福食物银行"[7]

台北市中正区西南隅的忠勤里是一个"著名"的老旧"三多"小区:老人多、中低收入户多、新住民多。据统计,忠勤里有6950位里民,是台北市弱势族群比例最高的小区,超过65岁的长者达1195人(17%),其中66位长者是独居。小区里的忠义小学,高达40%的学童来自弱势、低收入、新住民弱势家庭,属高风险家庭占了7成。

担任了十七年里长的方荷生,成立"台北市臻佶祥社会服务协会",一面深挖社区内部资源,一面努力连接台湾社会各类资源,逐步建立起一张社区关怀网络,从点到面地服务居民:提供独居及弱势长者送餐、取餐、共餐服务;为弱势少年儿童开办初中小课辅班;将南机场小区里荒废成为垃圾场的将军宅邸改造为适合老人、小孩学习与社区居民活动的"南机场乐活园地"。最引人注意是成立台湾第一家小区型食物银行——南机场幸福食物银行:一方面通过各种措施,如社会募捐、与超市合作等形式保障物资供应,另一方面采用居民参加社区服务累积点数再兑换物资的形式使社区互助合作得以持续发展。

(一)社区经济发展面临的挑战与应对策略

不同类型的社区经济,所面临的挑战各有不同。对于外需型社区经济而言,所面临的挑战主要有两个:一是社区产业发展能否满足外部市场的需要;二是社区产业发展的逐利化取向与社区营造目标如何调和。面对挑战,桃米社区和小林村均采取了发展特色产业与社会企业型经营方式作为应对策略。

台湾社区营造研究者认为,社区产业是社区团体根据地方上原有的文化传统,在地公共集体创造出具有社区特色及精神的独特文化活动、创意商品或服务,能与社区当地生活经验相连接,属于一种"有故事有感情"的文化类产品[8]。案例一的桃米社区根据社区周边生态环境特点,选择在生态保护和文化产业经营上下功夫:一是围绕青蛙打造桃米社区独有的文化景观与文创产品,提炼出"青蛙共和国"的文化主体概念,全力打造青蛙生态园,并系统培训社区居民担任青蛙解说;二是根据桃米社区所在埔里镇手工造纸业发达的特点,深度开发以"纸"为特色文化符号的文创产品,如兴建"纸教堂",并鼓励各类文创工作坊进驻园区以形成产业聚落;三是发展特色生态民宿、餐厅等周边服务设施，定期举办各类文化展演，不断提升桃米社区的文化氛围，加大对外界吸引力。案例二的小林村则选择优化社区产业方向，把"日光小林"品牌下的糕饼、果酱等产品撤出，集中精力开发小林村周边自然生长、无公害的青梅资源，开发出主打生态健康的"老梅系列"产品。对此蔡讼谕强调："日光小林做了很多不同的尝试，如手工果酱、肥皂等，但这些商品都不是小林当地的东西，它没办法带出故事和渲染力，也没有办法持久销售，这样的商品是没有办法生根的。"

另一方面，为实现社区产业的可持续发展同时实现社会效应的最大化，桃米社区与小林村均采取了社会企业类型的经营方式。社会企业与官方保持一定距离，能够提供创新服务，以回应计划与市场的双重失灵。社会企业通过商业活动取得利润，但自身经济行为必须与社会使命相连接，利润分配并非追求纯货币与资本利润的最大化，而是作为扩大或创新社会工作、实践社会目的支持性财务来源。简而言之，社会企业将营利视为一个工具而非目的，社会公益的实践才是社会企业的最终目的 [9]。

新故乡文教基金会从 2005 年开始逐步推动自身由非营利组织向社会企业转型，希望突破非营利组织在从事社区营造时面临的两个困境：一是社区在外部行政部门撤离后可能面临的"外力支持"中断危机；二是在地方持续经营的非营利组织，容易产生组织财务困难、运营稳定性不佳、内部管理技能不足、人力资源不足等困难。2009 年 9 月开始，新故乡文教基金会在桃米社区内部以社会企业方式运作"见学园区"，取得显著经济和社会效果：一方面强化了文教基金会内部的财务自主性，提升了文教基金会自身的影响力；另一方面推动桃米社区内部及周边各类产业发展，发展出包括参观、游览、住宿、餐饮、文创产品销售等完整生态旅游产业链，为社区居民提供了大量就业机会。同时新故乡文教基金会将每年百分之十的利润汇入桃米社区互助基金，每年拨款赞助当地桃源小学，为桃米社区老人会提供服务津贴，并为桃米社区居民开办各类文艺社团，如组织儿童合唱团、开办日本学习班等。

蔡讼谕将小林村内部的重建协会转型为社会企业，同样是为应对行政机构的退出。蔡指出："2012 年莫拉克风灾三周年时，为延续重建工作的成果，及应对行政机构与民间补助逐渐退场，以重建协会为主体发展产业的形态必要转型才有永续发展得奖会，因此催生了 2021 社会企业"。"2021 社会企业"坚持以契作形式（订单式生产）辅导山民将青梅加工成梅胚，将收购价格由原来的 8—10 元新台币提高到 35—40 元新台币，直接提高了村民收入；在山下成立合作农场进行深加工，增加产品附加值，创造长期就业就会；未来则将企业盈余全部投入基础设施建设，兴建上下游配套的产业廊道，培植跨越小林村的老梅产业链，带动邻近地区经济共荣。蔡表示："非营利组织逐渐转型，结合商业目的呼应根植人性的心态，社会企业允许商业运作以及平衡理想价值推动，其实不失为一种小区型组织发展困境的解答方案。"

对于内需型社区经济，尤其是以互助合作和社会服务为主要形态的社区经济，所面临的主要挑战则主要来自两方面：一是如何稳定得获得外部资源支持；二是如何提高社区内部人员的参与积极性，使社区互助合作得以持续。

案例中的忠勤里社区里长方荷生为使"幸福食物银行"长期可持续经营，采取了一系列管理策略，保证了外部资源支持稳定化，并避免了社区居民对外界援助产生"等靠要"依赖心理：1. 系统管理各界募捐物品。在捐助旺季物资富裕时，将过剩的物资如大米，做成社区共餐服务，低成本供应给弱势小区居民；在捐助淡季物资匮乏时，向捐助机构定期寄发 e-mail 募捐商品；同时，与超市量贩店合作，摆放"食物银行"的理念说明书，尽量争取消费者认同，在购买多件物品时捐出 1—2 件商品，使"食物银行"可以提供的物资更符合社区居民需要。2. 对小区居民采取服务换物品的方式，强调"贡献自己的力量继续帮助别人"。采取银行账户经营方法，每户弱势家庭都拥有一本存折，每个月有 500 点可供运用。当他们从架上拿取需要的物品之后，柜台人员从 POS 系统账户内扣除点数。当点数用完，就必须透过小区服务换取点数：当小区巡守队、送餐给行动不便的独居老人，每小时可以获得 20 点；协助小区义卖活动，两天可得 320 点。3. 与家乐福合作，善用超市"即将到期"的食材，为弱势居民提供食物。家乐福文教基金会和臻佶祥社会服务协会合作成立"书屋花甲"续食餐厅。超市捐赠快过期的面包和生鲜蔬果，社区餐厅负责遴选、清洗和加工，一部分作为供餐食材，小区居民只要付 20 元，便能享用一餐；另一部分分装为一人份以及标示建议食用期限，放入"小区享食冰箱"，让任何有需要的民众都能自由取用。

（二）社区经济的功能

整体而言，社区经济发展是社区可持续发展的关键，有助于激发社区居民的参与热情，提升社区共同体意识，同时推动良性价值理念在社区生根。

1. 有助于实现社区可持续发展。社区可持续发展不仅意味着社区人口规模的相对稳定以及社会活动的持续活跃，还意味着社区的共同记忆能在信息大爆炸时代得以保留、社区的地方特色不会被工业化大生产抹灭。台湾社区经济发展是社区营造思维的深化，强调社区产业必须根植于社区特色。依此思路发展社区产业不仅可保证社区居民的收入来源，进而增强社区吸引力，还将发挥保护地方文化特性、存留在地历史记忆、凝聚社区共识的作用。桃米社区选定生态保育作为社区产业的核心概念，既是对过往"垃圾村"历史的反思也是对"921大地震"的沉痛怀念。小林村发展"日光小林"品牌、选择青梅作为核心产业资源，则是表达对遭遇灾难的不屈服、只要有阳光就能生存的理念，同时延续了少数民族对自然的尊重。另一方面，社区经济发展还可使社区内部资源能够得到善用，同时将外部资源源源不断引入社区内部。忠勤里社区就通过善用内外资源，将一个人口老龄化严重、高风险家庭比例极高的衰落小区建设为一个"乐活家园"。

2. 有助于激发个体参与积极性并使个体得到真正全面的发展。社会经济发展目的并非追求经济增长的速度以及资本增值的幅度，而是运用经济方式实现社会效应的最大化。桃米社区发展生态旅游，不仅为社区居民提供了大量就业机会，还为社区居民提供了丰厚的精神文化生活，使居民获得更完整的发展。忠勤里社区以发展思维运作社会服务：一方面鼓励居民互助合作，以自身劳动换得物品；另一方面则高度重视社区居民的人力资本积累，如为弱势少年儿童开办初中小课辅班，坚持社区餐厅优先雇佣弱势群体，为社区青少年提供咖啡培训班、培训就业技能，使其能有一技之长。

3. 有助于推动良性价值理念在社区生根、在社会扩展。新文教基金会以"社会企业"方式运作"见学园区"，不仅使得生态保育成为桃米社区的核心价值，更"让爱与互助的概念，真正成为震灾反思的价值体系"。忠勤里社区以互助合作形式运作"幸福食物银行"、聘用弱势家庭成员在社区餐厅工作，促进一种互助关怀的社会关系和社会交换生活在社区扎根。

三、台湾社区经济发展的效应评估

当前，台湾社区经济已产生了广泛经济与社会文化效应，并对台当局经济政策产生了显著影响，成为台当局解决青年群体就业、缩小区域发展差异的重要抓手。

（一）经济效应：经过20余年发展，台湾社区经济涌现了一大批极具地方特色、富有文化创意的产业与产品，推动了台湾文化创意产业的整体进步，并提高了台湾社会的旅游竞争力。台湾自20世纪90年代便推出"一乡镇一特色"的产业规划，高度重视发展地方特色产业。"社区总体营造"运动开展后，"产业文化化，文化产业化"概念逐步深入社会，"一乡一特色"向"一区一特色"进化。通过贯彻美学理念、融入文化创意以打造差异化产品已成为台湾地方产业特别是社区产业产品的重要特征，涌现出了池上有机米、白米木屐等一大批精致并极富特色的社区产品。同时，社区经济发展推动了台湾"造景"运动的深入发展，使得自然旅游资源并不特别丰富的台湾社会拥有了大量"人造"文化景观。2008—2015年，台湾在实施的"新故乡社区营造第二期计划"中，规划发展了超过670条社区文化旅游路线、培养了数以千计的社区旅游导览人员，建设了一批各有特色的社区旅游景点，典型如南投县桃米社区、彰化县鹿港老街、花莲县牛犁社区、台东县布农文化小镇等，对包括大陆游客在内的境内外游客产生了极大吸引力，使自由行等体验式旅游成为台湾旅游市场的热点。

（二）社会文化效应：台湾社区经济发展超越了传统追求利润最大化的经济发展模式，强调"造人"与社会效应的最大化：一方面推动社区成为台湾社会福利支持体系的重要平台，另一方面则加速了台湾社会观念结构的转型，使反思经济单向度增长、强调自我个性舒展的后物质主义价值观念深入台湾社会肌理。

新故乡文教基金会负责人颜新珠将自身由新闻行业转入社区营造称为"基进"——推崇一种回到土地、回到社区、回到生活的主张[10]。在这场基进运动中，岛内各界精英分子（包括文化人、大学教授、返乡大学生以及中产阶级）成为这场"基进运动"的中坚力量。由案例中的桃米社区生态产业可以看出，社区营造视角下的社区经济发展实质是一种以知识经济为基础的生活创意产业，它主张一种生态的、悠闲的、慢节奏的生活方式。经过20余年的发展，台湾不少社区经济成果经受住了市场的检验，证明一种不谋求利润最大化的经济发展模式能够实现可持续发展。同时，伴随着社区建设与社区产业的发展，强调参与公共事务、保护自然生态、关怀弱势群体等理念深入台湾社会。在此，"社区总体营造"运动成为20多年来对台湾社会影响最深也最长远的文化论述与文化政策[11]。

（三）公共政策效应：台湾社区经济发展离不开台当局出台的各类扶植政策。1994年至今，台当局先后提出过"社区总体营造计划""新故乡社区营造计划""台湾健康社区六星计划"以及"磐石行动——地方文化环境发展计划"等公共政策，通过提供财政补助、项目辅导等多种形式鼓励各地社区发展自身产业。当前，社区经济发展成为岛内具有一定影响力的经济形态，台当局便将其纳入整体经济政策框架，视其为应对经济全球化冲击、缩小区域发展差异、解决青年就业的重要手段。国民党当局在2014年举办的"经贸国是会议"上，将"发展在地型产业与社会企业"作为应对经济全球化的重要战略，提出"拟订在地产业发展策略，考量当地产业优势、地方需求及文化脉络，并结合在地资源，发展小而美、具在地文化特色产业，如健康、看护等生活型服务业及休闲农业"；在协助青年就业方面，也提出"辅导青年结合社区发展，投入在地产业，吸引青年人返乡就业"；并提出"发展根留台湾的文创产业，打造具有台湾特色的品牌"以强化经济自主并维护文化主体性[12]。现任台湾地区领导人蔡英文在2012年"大选"时便提出"在地经济"发展模式，强调有计划引导青壮年人口回到家乡，从事"在地经济"，"把活力带到台湾的每一个社区"，其在2016年就职演讲中，则进一步强调通过产业创新激发新的成长动能，"以出口和内需作为双引擎，让对外贸易和在地经济紧密连接。"

四、台湾社区经济发展对大陆社区建设的经验启示

整体而言，台湾社区经济作为"社区营造运动"的重要组成部分，已取得令人瞩目的发展成果。剖析其成功经验，对大陆的社区建设与发展不无裨益。

首先，社区经济发展不仅强调社区内外生产要素的优化组合，更主张以新的"资产"视角开发社区内外部资源。

大陆在对偏远欠发达地区进行扶贫开发建设时，政策制定者往往把焦点放在社区"缺陷"和"不足"上，希望引入外部资源、协助社区解决问题。在这种"需求为本"的政策思路指导下，当地部分社区精英为求争取更多资源，往往容易不断夸大社区所存在的问题，容易使得社区安于负面标签、并依赖外力[13]。

相比较而言，台湾在发展社区经济过程中，更坚持"资本为本"模式，注重以"资产"的视角重新认识、联系和动员社区所拥有的各类"资产"，力求通过深挖社区既有的"长处"与"潜能"，逐步建立社区自身解决问题的能力。一个社区所拥有的"资产"，不仅仅包括每位社区成员的个人能力和技术，更包括社区内各类非正式关系网络等社会资本，同时社区外部的各类正式机构，如行政部门、私人企业、学校、医院等，都可列为社区资产并进行深度开发。案例三忠勤里里长方荷生，便是以"资产"视角看待小区的"三多"（老年人多、中

低收入者多、新住民多）的状况，并将社区外部的企业（家乐福）、各类社会组织、社会福利机构都纳入可进行开发的"资产"，通过相互协作，打造出以社会服务为主要形态的社区经济。这种强调"先内部挖潜，再引入外部资源"的发展理念对于大陆未来的扶贫建设颇有参考意义。

其次，坚持以非营利组织（社会企业）作为社区经济发展的主体，是社区经济发展实现社会效应最大化的制度化保证。

当前，大陆很多旅游资源丰富的农村社区都以发展旅游产业作为繁荣当地经济、提高当地居民收入的重要手段。但是相关研究表明，虽然旅游发展对旅游目的地的经济增长有显著正面影响，却因收入分配调节机制不健全，对当地居民社会福利和收入分配产生显著负面影响，未能实现旅游业与当地社区的协同发展：一方面，大部分旅游区居民主要依靠出卖劳动力获得廉价报酬，无法获得其所拥有的旅游资源的资产价值，导致旅游经济收入主要被旅游目的地政府以及外来旅游业开发商获得；另一方面，当地社区居民因自身教育程度较低、社会资本拥有量较小，难以开发出符合当地旅游业（如生态旅游）需要的旅游项目[14]。

相比较而言，台湾在发展社区经济过程中，为实现社区产业与当地社区的协同发展、不断提升当地居民的社会福利水平，促使在地社会企业成为社区产业的主体：一方面推动社区产业组织建立社区回馈机制，逐步扩大产业盈利所得的在地分配比例，推动在地居民社会福利提升；另一方面则以"造人"为目的，不仅充分吸纳当地居民就业，还全力提升当地居民的人力资本和社会资本，力求从根本上改变其弱势地位，典型如案例一中的新文教基金会。新故乡文教基金会还结合国际经验和自身实践，发展出一套衡量社会企业运作的标准与框架，提出从"经济"层面、"社会与环境"层面以及"社会创新"层面检验社会企业的实践效益，包括分析组织经营的利润表现、创造出的弱势就业数量，分析组织经营是否能降低不必要的环境污染并改善环境，并检视组织是否与其他社群团体构成新的关系，以促进公共福利的改善[15]。这种发展理念与模式对于大陆农村社区的旅游产业建设具有较强的借鉴意义。

第三，台湾社区经济发展属于狭义层面的"社区经济"，其发展经验具有相对局限性。

广义上看，社区内所发生的一切经济活动皆可称为社区经济；而以非营利组织作为行动主体、以社区社会福利最大化为目标的社区经济活动，则属于狭义层面的"社区经济"。脱胎于"社区总体营造"运动、以非营利组织为中心的台湾社区经济发展更多属于狭义层面的"社区经济"。这种类型的"社区经济"在岛内的兴起与台湾逐步迈入高收入发展阶段密切相连。1994年台湾推动实施"社区总体营造"运动时，其人均GDP已达到一万美元，当前台湾人均GDP已超过两万美元，按购买力评价计算则超过四万美元。而当前大陆整体经济发展尚未突破中等收入水平，且各地经济发展水平极不平衡、区域差距巨大、经济形态极为多样，这就使得台湾社区经济发展经验在大陆面临较强的局限性。相关研究已指出，单靠社区经济发展并不能根治贫穷问题，而必须与整体宏观社会经济政策相配合才会有较好效果[16]。

另值得注意的是，大陆社区经济有其自身历史沿革。大陆社区经济的前身是街道经济，属于改革开放前"单位制"社会的特殊产物，是城市集体经济的重要组成部分，其中相当一部分是某一级政府机构的隶属经济。改革开放以后，随着大陆城市社区的发展，街道经济逐步向社区经济转型，其经营主体主要还是营利性主体[17]。在未来大陆的社区建设当中，我们可有效吸收台湾社区经济的发展经验，将人的全面发展放在社区建设的中心位置、注重发挥非营利组织的作用，遏制资本只追求利润最大化的逐利冲动，以促使社区发展建设实现经济效益与社会效益协调发展。但客观而言，当前大陆非营利组织发展整体水平仍较低，无论是人力资源培养还是组织建设都存在严重不出，尚不能满足大陆社区发展建设的需要，仍需充分发挥企业等营利主体的积极性。

注释：

[1] 严志兰，《台湾地区社区发展的特征、问题及其启示》，《台湾研究》2015年第5期。

[2] Diochon, M.C. Entrepreneurship and Community Economic Development, McGill-Queen's University Press,2003.

[3] 陈其南，《台湾社区营造运动之回顾》，台湾《研考报导》，1998年第41期。

[4] 吴明儒、刘宏钰，《社区经济与社区发展关系之初探——以台湾三个乡村社区经验为例》，中华文化社会福利事业基金会主办《小区工作理论与实务》两岸社会福利学术研讨会，广州：中山大学，2011/08/18-20，第447—468页。

[5] 案例来源参考：桃米社区发展协会网站，http://tao-mi.com.tw/，查询时间：2016-10-10。

[6] 案例来源参考：2021社会企业，http://2021.com.tw/；《2021社会企业——小林老梅，一份酿了十年的礼物》，社企流网址http://www.seinsights.asia/story/3137/794/1664；邓凯元，《年轻人疯社企，要先想办法活下去》，台湾《天下》杂志2015-06-20，网址：http://www.cw.com.tw/article/article.action?id=5068483，查询时间：2016-10-10。

[7] 案例来源参考：《南机场的"翻转老爹"方荷生：在地深耕18年，用设计师的思维重造旧小区》，社企流：http://www.seinsights.asia/article/3290/3324/4336；《食在揪甘心！这家餐厅不

仅化"即期蔬果"为桌上美味，也照顾小区弱势的三餐温饱》，社企流；http://www.seinsights. asia/article/3289/3272/4370；《弱巷微光 南机场小区营造》：http://www.rhythmsmonthly. com/?p=16560；《臻佶祥食物银行 转型"实物"更温暖》，《联合报》；http://udn.com/news/ story/7322/1274235；《这个台北的里长很惊人！自己筹钱做食物银行，管理弱势居民所需》，http://www.managertoday.com.tw/articles/view/51684；社团法人台北市臻佶祥社会服务协会：台湾公益资讯中心网站https://www.npo.org.tw/npolist_detail.asp?id=6950 查询时间2016-10-10。

[8] 台湾社区营造协会，网站：http://cesroc.twweb.biz/front/bin/home.phtml，查询时间2016-10-10

[9] 胡哲生、李礼孟、孔健中，《社区经济类型与社会企业在社区中的影响力》，台湾《辅仁管理评论》，2015 年 1 月，第 22 卷第 1 期。

[10] 陈统奎，《再看桃米：台湾社区营造的草根实践》，《南风窗》2011 年第 17 期。

[11] 王本壮、李永展等著，《落地生根——台湾社区营造的理论与实践》，台北：唐山出版社，2014 年。

[12] 《经贸国是会议综整意见重要共识》，台湾"行政院国发会"网站

[13] 邹崇铭，《社区经济发展与四川灾区重建》，《开放时代》2008 年第 6 期。

[14] 相关研究包括：黎洁，《西部生态旅游发展中农村社区就业与旅游收入分配的实证研究——以陕西太白山国家森林果园周边农村社区为例》，《旅游学刊》2005 年第 3 期；简玉峰，《旅游产业发展、收入分配失衡及其社会福利效应》，《湖南商学院学报》，2014 年 8 月；王昌海、吴云超、温亚利，《少数民族地区旅游收入农户间分配实证研究——以湘西州苗寨景区德夯村为例》，《林业经济问题》，2011 年 2 月。

[15] 张力亚，《地方型社会企业运作策略与实践效益分析：以新故乡文教基金会为例》，台湾《公共事务评论》，2013 年 6 月，第 14 卷第 1 期。

[16] 黄洪，《以资产为本推行社区经济发展 - 香港的经验与实践》，《江苏社会科学》2005 年第 2 期。

[17] 张超，《社区经济及其管理体制创新》，《学海》2004（2）。

（谢 楠：中国社会科学院台湾研究所副研究员）

近二十年台湾关于孙中山先生的表述变迁与形象建构研究

张　羽　徐　嘉

近二十年来，台湾当局的"去中国化"日趋严重。2016 年民进党上台至今，"去孙中山化"渐渐成为"去中国化"的重要一环，甚至上演了"装饰主义台独"的社会闹剧，影响了台湾年轻人对孙中山先生的历史认知，并对未来台湾青年的"国族认同"产生重要的影响。曾有台湾中学老师指出，如今台湾年轻人"连孙中山革命事业中，杨心如在台北成立兴中会分会的事迹也茫然不知"，"这是去中国化、亡人史的第一步"。[1] 亦导致台湾青年学生对"国父"符号所指涉的中华文化认同感逐年下降。"台湾年轻人不见得意识上去中国化，但主政者执意为之，这是目前认同错乱的根源之一。"[2] 本文将在文史教育、学术研究和社会媒体三大领域，深度梳理近二十年台湾关于孙中山先生的表述变迁，把握台湾当局对孙中山形象的解构动机、原因和目的。孙中山先生的民族统一思想一直是中国人与海外华人的最大公约数，对于台湾年轻人亦有重要的思想启迪意义。

一、认知变迁的问卷调查与问题的提出

青年学生对历史人物的集群认知是在长期共同生活和学习中逐步培育起来的，对同一历史人物的价值判断和认知心理具有一定的趋同性和集群性。20 世纪 90 年代中期，台湾学者王明珂曾对台湾地区中学生做了一项关于社会历史记忆的调查，其中有三项调查结果与孙中山先生密切相关，第一项是"请写出十个本国历史上的重要人物"，结果显示孙中山的出现率高达 57.4%，排在第一

180

位；第二项是"十个与台湾有关的重要历史人物"，结果显示孙中山的出现率占 26.3%，排在第 4 位；第三项是"十个本国历史上曾发生的重要事件"，结果显示 "国父革命"的出现率占 41.7%，排在第 5 位。[3] 由调查数据可见，90 年代中期 台湾青少年对孙中山先生的认知率和崇敬度相当高。

为使本研究建立在实事求是的社会调查基础上，本课题组亦展开了"两岸 青年对现代文化的认知"调查问卷[4]，问卷调查了大陆和台湾青年对孙中山的 评价。经由问卷数据分析，两岸青年学生对孙中山的认知差异表现如下：

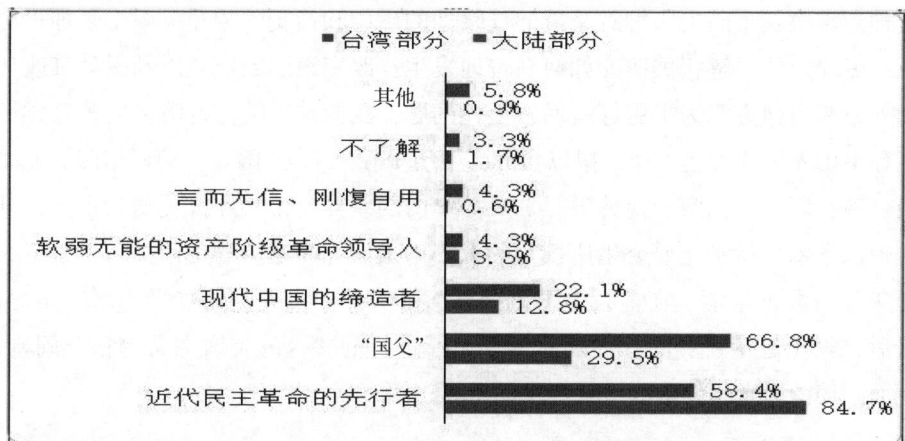

■台湾部分　■大陆部分

- 其他　5.8% / 0.9%
- 不了解　3.3% / 1.7%
- 言而无信、刚愎自用　4.3% / 0.6%
- 软弱无能的资产阶级革命领导人　4.3% / 3.5%
- 现代中国的缔造者　22.1% / 12.8%
- "国父"　66.8% / 29.5%
- 近代民主革命的先行者　58.4% / 84.7%

上图：两岸青年学生对孙中山的评价

由上图可以看出，大陆青年有 84.7% 选择了"近代民主革命先行者"，29.5% 选择了"国父"，12.8% 选择了"现代中国的缔造者"，选择"软弱无能 的资产阶级革命领导人""言而无信，刚愎自用"两个负面选项的比例都在 4% 以下；而台湾青年有 58.4% 选择了"近代民主革命先行者"，66.8% 选择了"国 父"，22.1% 选择了"现代中国的缔造者"，其他负面选项都在 5% 以下。由此 可见，两岸青年对孙中山的认知差异主要体现在对其的称谓上。大陆惯称孙中 山为"近代民主革命先行者"，而台湾更多将孙中山尊为"国父"。尤其值得注 意的是，在负面评价中，台湾青年的比率高于大陆青年，我们或可在近些年台 湾部分历史教科书加重了对孙中山先生的人事矛盾论述和社会媒体的负面评价 中找到根源。

一般而言，对同一历史人物的多元解读具有合理性，因为评价者的教育经 历、政治立场、文化观念各不相同。但近二十年台湾关于孙中山先生的表述变 迁呈现出渐进拉低的趋势。本研究主要集中在以下三方面：第一、台湾教育当局启动文史教育的"本土化改革"，有关孙中山先生的篇章被删改，史实观点发生变更，论据被替换，从原本的敬称"国父"，到直呼名字，再到简称孙，这些表述变迁影响了台湾青年学生对孙中山原初形象的接受。第二、在学术研究领域，孙中山研究从前些年的热门研究议题转而遇冷；第三、台湾社会媒体推进"装饰主义台独"，以政党意志凌驾于历史史实之上，多领域"去孙中山化"，并将之视为批判性的修正。

为什么台湾对孙中山先生的解读和接受发生如此大的翻转？我们有必要将这种翻转放置于历史人物意义链的连续性的生产和接受的相互关系中来加以分析，更深入地了解相关演变如何渐进地发生？改变论述的媒介以及促动其改变的外力来自何方？为了更好地回答上述问题，我们首先关注台湾文史教育领域对孙中山先生的表述变迁，拟以台湾高中历史教科书（"国立"编译馆版、龙腾版、南一版、三民版、翰林版等）对孙中山的差异介绍和评价更迭为重点；其次辅以学术界特别是研究生所撰写的以孙中山研究为题的学位论文，考察近二十年来台湾青年学生在"去中国化"脉络下对孙中山先生的接受与研究实况；最后，聚焦近年在台湾社会媒体等领域所进行的"台湾装饰主义台独"闹剧，进而阐述两岸青年的集群差异产生的重要根源和后续影响。

二、近二十年台湾高中历史教科书对孙中山先生的表述变迁

学校文史教育往往对学生的史观建构及其对重要历史人物的认知起到重要的作用。文史教育受现实政治权力的影响颇深，负责培植青少年集群性的共同认知和文化观念。在两蒋时代，坚持中国史的主体论述，并在相当长时期之内延用大陆时期之用本，台湾作为中国之一省的地位及"国父"的历史地位，自不容置疑。[5]虽然经过 20 世纪七八十年代以来的几次课标修订[6]，台湾史的内容有所增加，但总体而言，重点仍在强化中国史观。1987 年解严以来，台当局退出课本编辑，陆续开放中小学课本给民间厂商编纂。李登辉上台后，在1994 年的初级中学课程标准之中，增加了《认识台湾》的"社会篇""历史篇"和"地理篇"各一册，显示台湾史的比重和地位在不断提升。由此，台湾的教育开始加强台湾"本土主体性"。1997 年，王明珂曾对台湾"本土化"教育将影响青少年的社会历史记忆发表看法："八十年代末以来台湾积极进行本土化运动，不仅在各级学校课程安排及课业内容上注重台湾乡土知识的传授，同时在

各传播媒体上乡土主体文化都受到了极大的重视。毫无疑问，这些学校与社会的'本土化运动'，将深深影响当代台湾青少年的'社会历史记忆'，以及他们的社会认同。"[7] 2000 年，陈水扁上台后，民进党利用官方资源持续推动"去中国化"，"国父"尊号亦受波及。[8] 2002 年，"国立编译馆"正式退场。三册中国史被挤压缩成两册，大幅删减历史人物和事件，台湾史单独成册。一系列教育改革在强调台湾的"主体意识"同时，也淡化和隐藏了台湾地区与大陆地区的紧密关联性。当我们考察近二十年台湾历史教科书对孙中山的表述时，会发现不同版本的历史课本已经渐进性地出现表述差异。接下来将考察其对台湾青少年关于孙中山先生原初印象的影响，并探索由此产生的带有群体性特征的差异接受。

（一）关于孙中山先生的称谓变化：从敬语尊称到简称姓

1999 年，台湾"国立编译馆"出版的高中《历史教科书》第三册中第二十三章第三节《革命运动》以及第二十四章《中华民国的创建与民初政局》中多次提及孙中山。在第三节《革命运动》开篇如此表述："国父孙中山先生名文，号逸仙……"[9] 使用尊称"国父"，在课本第二十四章中介绍清帝退位，中华民国成立后，课本称孙中山为"孙大总统"。2000 年龙腾版的历史课本，在第六课《要改革还是要革命》的第三节《孙中山与革命》中，直接删去"国父"和"先生"等尊称，而直接称之为"孙中山"[10]。2013 年三民版课本中在第二节《革命运动的发展》的第二部分《风起云涌——革命势力的扩大》中，一旁的配图介绍"四大寇"："左起依序为杨鹤龄、孙中山、陈少白、尤列。他们由于同样具有革命理想，时常一起议论时政，倡言革命，鼓吹共和，被人称为四大寇。"[11] "寇"字原意为盗匪，侵略者，亦指敌人。如果没有授课老师的正面引导，很容易让学生联想到负面的意涵。事实上，此处出现"四大寇"的原初语境是孙中山在《孙文学说》中提出的："……所谈者莫不为革命之言论，所怀者莫不为革命之思想，所研究者莫不为革命之问题，四人相依甚密，非谈革命则无以为欢，数年如一日，故港澳间之戚友交游，皆呼予等为'四大寇'，此为予革命言论之时代也。"[12] 这里的"寇"非贬义，而是含有赞扬革命者之褒义。这些历史教科书中所引述的"四大寇"称谓并不能代表孙中山的身份称谓。历史教科书不加分析地引用革命早期的称谓，容易导致学生的认知混淆。

（二）逐渐淡化并删除孙中山先生与台湾革命关联性的史实陈述

1999 年，台湾"国立编译馆"出版的高中《历史教科书》在描述孙中山建立兴中会时，介绍其与台湾相关联的部分："（孙中山——笔者注）并派陈少白到台湾，于是年十一月，在台北成立兴中会分会，以结合志士，共同为祖国革命而努力。……命郑士良在广东惠州举义，并亲来台湾策划接应。"[13] 课文谈及孙中山领导的革命事业虽屡遭失败，对台湾人都起到了颇为重要的激励作用："两年之间，虽遭六次失败，但革命党人舍身革命救国行动，却使国人景慕风从，即在日本统治之下的台湾亦不例外。兴中会既曾在台湾设立分会，同盟会亦于宣统二年，在台北设立分会，由翁俊明主持。次年之广州黄花岗之役，捐款支持和亲往参加者均不乏人，罗福星即为其中之一。"[14] 2013 年三民版课本中只用了简短的六行字概括，且只字未提与台湾相关的部分。其他版本的历史教科书对孙中山先生与台湾革命的记述也基本未如实呈现。从中，我们可以清楚地看出新版教科书遮蔽了孙中山与台湾革命的关联性。

（三）孙中山先生的历史功绩被简单化记述，多版本教科书一致增补人事矛盾记述

对照大陆高中人教版历史教科书，其对于辛亥革命的评价很详细，从性质到对清政府统治的打击以及对民主共和观念的传播作用，皆有所提及，而台湾的教科书则避开阶级、性质的论述，没有集中论述辛亥革命的意义，例如南一版正文中仅用 60 余字总结辛亥革命的意义，三民版和翰林版更是没有专门论述其意义，而是直接以"辛亥革命成功的原因"来对此内容进行总结。如今的台湾教科书还增加了孙中山在"护法运动"后与陈炯明不合一事，且不同版本的教科书有不同的细致描述，如三民版是这样表述的："1922 年陈炯明与孙中山不合，炮轰总统府，最后孙中山联合云南与广西军阀赶走陈炯明，重返广州。"[15] 而翰林版本则是这样描述的："1920 年，孙中山结合陈炯明回师广州，恢复军政府，但两人关系随即因主张不同而恶化。1922 年 6 月，陈炯明叛变，孙中山一度避居上海。"[16] 三民版的"重返广州"与翰林版的"避居上海"可以看出两种版本的教科书对同一事情的表述产生差异，此外，南一版本也有不同的描述："孙为贯彻北伐主张，准陈炯明辞去广东省长，粤军总司令及内政总长之职，保留陆军总长，并任命为北伐军总司令。陈氏愤而返回东江故乡，其部将发动兵变，孙几乎罹难。"[17] 此处表述陈炯明的离开为"愤而返回"，与前述三民版的"孙中山赶走陈炯明"有出入。此外，1999 年版的"国立编译馆"介绍"武

昌起义"的意义时，用"起义"等褒义词，并正面描述："湖南的光复，使武汉可以获得直接的援助；上海的光复，使革命军饷械获得供应，并大动国际试听；南京的光复，奠定革命军在长江下游的基础。"[18] 2013 年三民版课本中介绍"武昌起义"时，用"武昌起事"[19]这一中性意义的词语来替换，且有意省略大篇幅关于辛亥革命积极意义的介绍。值得注意的是，历史教科书中所引述的历史事件并不能代表孙中山的重要历史活动。

"教科书从来都不是价值中立的，也从来都不是无意识形态与无政治的，正好相反的是，无论我们习惯或不习惯、看到或看不到、承认或不承认，教科书作为一种族群竞相发声的场域，可以将某种特定知识普及化、正当化与合法化的白手套，呈现出一种权力与政治倾轧后的图像，而教科书内容的变迁，则体现了这些权力倾轧的轨迹，尤其是在历史理解、诠释与教学范畴中，特别变化多端又模棱难解的政治与文化认同议题，是如何与教科书的内容彼此刻画，经常竭尽历史、文化以及教科书研究者的心力。"[20]这些对孙中山革命功绩避而不谈的做法，正好契合了台湾教育部门对这部分内容变化的说辞："孙中山的个人经历、故事可说明一些，革命细节不必交代，千万不要缕列十次革命的内容或经过。"[21]对于历次酝酿着统"独"之争的课纲改革，部分台湾学者秉持反对态度，台湾师范大学历史教授廖隆盛认为，台湾依旧应该继承五权分立的"中华民国"精神，在提到台湾政治史时，他指出："不能不提辛亥革命、北伐、中日战争、国共内斗等早起实施宪政的历史过程，所以高中教科书台湾史，怎能排除中华民国建国史？"[22]同期，李名扬亦指出："……硬要在编写课程时一刀切成两半，又对中国以及与中国有关的部分使用具有政治价值判断的否定用词，很难不让人觉得'历史在为政治服务'。"[23]

综上所述，在台湾中学文史教科书中，关于孙中山先生的表述出现较大的变化，孙中山先生与台湾革命的关联被人为切割，孙中山所主导的历史活动介绍删减，并不能客观完整地展示孙中山的历史地位和作用。一个国家或地区的教科书在一定程度上可以视为话语争夺的场域，它具有通过书面语言完成传递意识形态、形构历史观念的诸多政治性功能。曾有人指出，教科书是政治的产品，也是经济的产品，教科书政策是文化的政策，是政治的政策，也是经济的政策。其中历史教科书的撰写所牵涉到的范围更加广泛而复杂。[24]台湾关于孙中山形象的重构有着深层次的原因，是台湾当局传递意识形态，形构新的历史记忆的意图，这些重构将极大地影响台湾青少年群体对孙中山先生的接受和认知。

三、近年来孙中山在台湾多领域遭遇
"装饰主义台独"

台湾在 20 世纪 60 年代曾一度跻身"亚洲四小龙"之列，成为经济腾飞的榜样，这或许要与孙中山的三民主义思想在台湾的实践相联系："自从一九五〇年孙氏学说在台湾实施以来，台湾已经由一个落后的农业社会蜕变成一个充满活力的现代社会。这个划时代的实验可以用五个标准来衡量，此即：经济成长、经济稳定、生活水准、所得分配以及经济结构的变化。"[25] 直至 20 世纪 90 年代，孙中山先生都受到台湾民众的普遍尊崇和敬仰。而近几年，台湾地区的"去中国化"运动中，包含了大量"去孙中山化"思潮和活动。仔细考察相关表述变迁的动因，会发现很大程度上是源于两岸政治的分立体系。特别是近年因台湾政党意志凌驾于历史人物的客观评价，不免陷入主观的"集体意识形态"的泥淖，甚至将孙中山视为外国人。当这种对孙中山先生表述的连续性发生断裂，比较显性的是社会媒体层面对孙中山先生关注焦点的偏离，然后是深层次的学界带有倾向性研究成果的发挥影响，而影响最深远的则在文史教育领域，最终影响台湾青年学生的"国族认同"。

（一）台湾学界关于孙中山先生研究转而遇冷

新中国成立以来，大陆地区对孙中山的研究一直在推陈出新，尽管这些研究难以从时间上加以精确分断切割，但还是可以根据研究进程的不同分为三个阶段：初始阶段（1949—1966）、复苏与发展阶段（1976—1989）和持续发展与前进阶段（1990—2008）[26]；在台湾可大致分为两个时期：第一时期是蒋介石、蒋经国在台时期，这是孙中山研究在全岛兴起与不断发展的时期，第二时期是李登辉与陈水扁先后上台，展开"去中国化"教育以来，这是全岛孙中山研究由发展逐渐走向衰退的时期。[27]

进入 21 世纪，台湾硕博士研究生对孙中山的研究兴趣明显下降。台湾的研究生人数逐年增长，根据台湾"内政部"2015 年的统计，台湾十年内增加了 72.5 万硕博士生，增长率高到 140%。[28] 但是与持续增长的人数相反，台湾研究生的孙中山关注度却下降了。笔者以"孙中山"及"孙文"为检索词，检索时段为 1982 至 1999 年，在"台湾博硕士论文加值知识系统"中查找到硕士论文 37 篇，博士论文 11 篇。而 2000 年至 2017 年，台湾硕士论文 16 篇，博士论文 9 篇，硕博士论文数量明显低于之前 18 年。这些论文主要关注孙中山革命思想、教育文化影响等面向，如黄彩碧《我国国民小学品德教育之研究——兼论孙中山道德思想的启示》（中国文化大学博士论文，2014 年）、谢育达《多元文化主义与孙中山文化思想——兼论台湾文化发展之出路》（"国防大学"硕士论文，2012 年）、尹怡凡《孙中山的教育思想与民初的教育发展》（台湾师范大学硕士论文，2010 年）、冯先祥《同天不同公——康有为和孙中山的大同世界之比较》（台湾大学硕士论文，2005 年）等。

台湾年青学者的孙中山研究趋冷，澳门理工学院名誉教授邵宗海在"第二届两岸孙学研究青年学者论坛"上表示，20 世纪 90 年代中后期以后，台湾以孙中山思想和三民主义命名的研究机构纷纷改名，研究孙中山思想的多数学者也相应改行，台湾青年普遍不愿投入孙学研究，人才呈现断层，他希望致力发扬孙中山学说。[29] 台湾教育教学资源逐步被"台独意识"学者把持，教育行政部门更是与这些学者联合，将"去中国化"的台湾文史研究成果导入到中小学教育体系中，"去孙中山化"从隐藏式转向深层次教学实践中，所产生的影响也更加恶劣而深远。

（二）近年台湾政党法案、社会媒体的"装饰主义台独"

台湾部分政党和媒体联合推波助澜"去孙中山化"思潮和运动，在"装饰主义台独"方面下功夫。2016 年 2 月，民进党"立委"高志鹏曾提出"废国父孙中山遗像"的主张并要求修改"宪法"从而不必再向"国父"遗像鞠躬；同一时间，民进党民代会提案修改相关法案，要求"政府机关及学校不再悬挂孙中山像"，民调显示，当询问民众认为行政机关和公立学校的礼堂和集会场所应悬挂台湾"国旗"、"国父"遗像还是"元首"玉照（可多选），83.2% 认为应该悬挂"国旗"，只有 58.1% 认为挂"国父"遗像[30]；蔡英文上台后，即取消"遥祭孙中山寝陵"，民进党更声称"转型正义必须从停止膜拜历史人物开始"。孙中山先生纪念馆和纪念活动被社会媒体反复炒作，例如以孙中山先生命名的高雄中山大学，原本将孙中山先生铜像摆放在校园中心，并以孙中山诞辰日为校庆日，自 2016 年政党轮替之后，便传出铜像移除的声音，今年（2017 年），学校为此成立"铜像处理委员会"，并称吸取各方意见后，决定铜像的去留。[31] 诸多与孙中山关联的纪念馆或纪念像遭到不同程度的取缔和损毁，每逢"二二八"纪念日，孙中山铜像都会成为关注焦点，如 2016 年宜兰市中山公园内的孙中山铜像，被"台独"分子喷上"中国国父"字样的红漆，且铜像被红色塑料袋盖住脸。[32] 2017 年 2 月，台南市汤德章纪念公园的孙中山铜像的基座被拆除，该铜像在过去被拉倒后，国民党曾发起募捐修复铜像，然而台南市政府后续并未采取任何修复行动，且相关委员会做出新决议：拆除基座并且不再放回铜像。[33]民进党所推动的一系列"去孙中山化"修案旨在逐步割断两岸的联结，进而切断和大陆的思想关联，为"台独"做铺垫。这一系列"去孙中山化"的行动和举措，也直接影响台湾普通民众对孙中山的认知和接受。对此，《联合报》批判这种利用旁门左道来满足"台独"派的做法，只是在幻想中产生阿Q式的精神胜利法："高志鹏要求'去孙中山'，王定宇要'尊郑南榕'，陈其迈要'垄断二二八'，恐怕只能视为一种'装饰主义'式的台独路线。"[34]潘朝阳亦指出："他们否定郑延平到孙中山体系的台湾文化中的中华性，他们也否定郑延平和孙中山的台湾性格，其实也是否定台湾属于中华，他们目的是试图不费一枪一弹地灭掉中华民国。他们肯定的是美日殖民主义统治下的非中华性或无中华性的台湾。"[35]2018开年，两岸关系更趋复杂严峻，中共对台政策在十九大后更加明确，批判台当局任何以"去中国化"推动"渐进式台独"及"文化台独"行径。一方面，蔡当局在"历史课纲、文化教育历史'部门首长'任用、'去蒋化'、'去孙中山化'、'去孔化'备受批评，被视为'去中国化'。大陆在反对'法理独立'之余，对'渐进台独'、'文化台独'亦保持高度警戒……"[36]在加强反"独"力度之余，大陆逐步为台湾同胞在大陆学习、创业、就业、生活提供同等的"居民待遇"。

五、结　语

"国父""武昌起义""辛亥革命"等，都是承载着中华民族共同历史记忆的名词，这是两岸人民无论如何都避不开的共同历史记忆。孙中山希望国家能早日脱离帝国主义的压迫，跻身世界先进国家的行列。"'中山精神'精髓'振兴中华、统一中国、增祖国之荣光'的核心论述，感动引领了我们一代台湾人，它是两岸人民的共同宝贵资产，是两岸未来统一的重要国族精神支柱。"[37]台湾文化大学历史系教授王仲孚所指出的民进党这种所谓"民主进步""多元文化"以及教科书"一纲多本"，实质上却是"比戒严时期还要威权、还要独裁的'文化台独政策'"[38]曾有台湾媒体宣称历史表述的"去中国化"："历史的论述空间远比科学大，许多历史表述用语会因时因地而变……认同过去如同浮云蔽日的台湾主体史观，能拨云见日，而过去被国民党无限扩大的中国，也有可能被"冥王星化"。"[39]对历史人物的阐释和解读，有必要梳理人物诠释史，这样会比较清楚地看出不同政党对历史人物的诠释标准，也会更深刻地观察到不同时代对历史人物有选择的记述，唯有如此我们才可以理解历史人物不停被建构和解构的真相。

诚然，由于 20 世纪后两岸历史脉络的分轨，对于孙中山先生的解读保持各自的开放性诠释和解读是可以理解的，但是对同一历史人物的评价，能否秉持客观精神，保留其中必要的叙述和评价而不加入政党好恶，是值得严肃思考的问题。孙中山是具有中华民族特色的思想者，他是民国时代民族意识的最高点。也因此，我们可以将对历史人物延续性的解读看作两岸年轻人正视差异，理性对话的重要一步。两岸年轻群体携手构筑起一系列的关于历史人物和历史事件的对话平台，相互包容，理性对话。

注释：

[1] 曹若梅：《欲灭其国　先亡其史》，《中国时报》2018 年 1 月 6 日，第 A14 版。

[2] 简立欣：《扁"政府""95 课纲""去中国化"大推手》，《旺报》2016 年 7 月 8 日。

[3] 王明珂：《台湾青少年的社会历史记忆》，《台湾师范大学历史学报》1997 年 6 月，第 4、6 页。

[4] "两岸青年学生对现代文化的看法"调查问卷是课题组发放的总题为"两岸学生历史文化教育认知状况"调查问卷系列之一，还包括"两岸青年学生对台湾政治文化的看法""两岸青年学生对中华传统文化的看法""两岸青年学生对地域文化的看法""两岸青年学生对当代社会文化的看法""两岸青年学生对历史人物的看法"等系列问卷。本问卷自 2014 年 1 月至 12 月，在台湾大学、清华大学（台湾）、成功大学、彰化师范大学、北京大学、厦门大学等两岸 20 余所大学，面对本硕博先后共发放问卷 1500 份，回收 1207 份，回收率 80.5%。在回收的问卷中，无效问卷 114 份，有效问卷 1093 份，有效率 90.6%。大陆版有效问卷 696 份，台湾版 397 份。调查对象重点放在两岸高校正在攻读本硕博学位的学生群体。

[5] 魏文享：《孙中山"国父"形象在台湾的历史形塑与记忆解构》，《学术月刊》2011 年 6 月，第 150 页。

[6] 1971、1972、1983、1985 年修订台湾高中历史课标。

[7] 王明珂：《台湾青少年的社会历史记忆》，《台湾师范大学历史学报》1997 年 6 月，第 3 页。

[8] 魏文享：《孙中山"国父"形象在台湾的历史形塑与记忆解构》，《学术月刊》2011 年 6 月。

[9] "国立编译馆"：高级中学《历史》教科书第三册，台北："国立编译馆"，1999 年 8 月。

[10] 李孝悌编：《历史》下册，新北：龙腾文化事业公司，2000 年，第 75 页。另，南一版教科书也用到"起事"二字，详见林能士主编：普通高级中学《历史》第二册，台南：南一书局企业股份有限公司，2013 年 8 月，第 243 页。

[11] 薛化元主编：普通高级中学《历史》第二册，台北：三民书局股份有限公司，2013 年 2 月，第 242 页。

[12] 孙文：《孙文学说》，上海：三民公司，1929 年 5 月，第 98、99 页。

[13] "国立编译馆"：高级中学《历史》教科书第三册，台北："国立编译馆"，1999 年 8 月，第 63 页。

[14] "国立编译馆"：高级中学《历史》教科书第三册，台北："国立编译馆"，1999 年 8 月，第 66

页。

[15] 李福钟、古伟瀛、王世宗主编：《普通高级中学历史第三册》，台北：三民书局股份有限公司，
2013 年 8 月，第 15 页。

[16] 刘景辉、高明士主编：普通高级中学，《历史 3》，台北：翰林出版事业股份有限公司，2014 年
8 月，第 13 页。

[17] 林能士主编：《普通高级中学 历史第三册》，台南：南一书局企业股份有限公司，2013 年 8 月，
第 12—13 页。

[18] "国立编译馆"：高级中学《历史》教科书第三册，台北："国立编译馆"，1999 年 8 月，第 70
页。

[19] 薛化元主编：普通高级中学《历史》第二册，台北：三民书局股份有限公司，2013 年 2 月，
第 244 页。

[20] 陈昀萱：《东亚历史教科书中的历史设计——认同政治与跨国界渴望》，《教科书研究》（台北）
第七卷第三期，2014 年 12 月。

[21] 李名扬：《中华民国史割裂 中国史台湾史分离》，《联合报》2004 年 11 月 10 日，A1 版。

[22] 张锦弘、李名扬：《学者：中华民国创建史不应该被台湾史"排除"》，《联合报》2004 年 11 月
10 日，A3 版。

[23] 李名扬：《中华民国史硬被一刀两断》，《联合报》2004 年 11 月 10 日，A3 版。

[24] 李世达：《"台湾化"与"去中国化"——高中历史教材中台湾史书写的批判话语分析》，台湾
师范大学硕士论文，2009 年，第 1 页。

[25] 郑竹园主编：《孙中山思想与当代世界》，台北："国立编译馆"，1996 年，第 314 页。

[26] 尚明轩：《中国大陆半个多世纪来孙中山研究的回顾与展望》，《河南大学学报（社会科学版）》
2008 年 9 月。

[27] 周兴樑：《我国台湾 50 多年来的孙中山研究鸟瞰》，《历史教学（高校版）》2007 年第 4 期。

[28] 郑杰：《台湾博硕士浮滥 求职优势不再》《经济日报》，2015 年 4 月 26 日，http://udn.com/
news/story/6942/862846。

[29] 倪鸿祥：《邵宗海叹孙中山思想研究凋零 人才断层》，中评网，2017 年 10 月 23 日，http://
www.crntt.com/doc/1048/5/2/9/104852961.html?coluid=0&kindid=0&docid=104852961。

[30] "'台湾民心动态调查、政党轮替过渡期'民调"，2016 年 2 月 25 日，tisr.com.tw

[31] 张达智：《去孙去蒋好为难 中山大学成立这单位》，《中时电子报》2017 年 2 月 22 日。[http://
www.chinatimes.com/realtimenews/20170222001952-260405。

[32] 林缙明：《遭喷台湾希特勒蒋中正铜像被丑化》，联合影音网，2016 年 2 月 28 日。[https://video.
udn.com/news/447945

[33] 蔡文居：《大正公园孙文铜像基座拆除 市府不再立政治图腾》，《自由时报电子报》2017 年 2
月 17 日。[http://news.ltn.com.tw/news/life/breakingnews/1978475

[34] 《联合报》社论：《民进党改走"装饰主义台独"？》，《联合报》2016 年 2 月 23 日，A2 版。

[35] 潘朝阳：《孙中山与台湾 斗争孙中山就是斗争台湾人民抗日史——评台独分子对孙中山的侮
辱》，《海峡评论》2014 年，第 280 期。

[36] 柳金财：《"台独"界定扩大化 两岸关系更严峻》，《联合报》2018 年 1 月 15 日，第 A11 版。

[37] 戚嘉林：《孙中山精神与祖国统一》，《海峡评论》2016 年，第 311 期。

[38] 王仲孚:《教科书"一纲多本"与台湾新威权统治的出现》,《海峡评论》2007 年 8 月第 200 期。

[39] 林文政:《中国冥王星化》,（台湾）自由评论网，2007 年 1 月 31 日。http://talk.ltn.com.tw/article/paper/114070。

（张 羽：厦门大学台湾研究院教授　徐嘉：厦门大学硕士研究生）

退让与坚守：蒋介石在美台"共同防御条约"商签中的策略选择

1954 年 12 月，台湾当局与美国政府签订"共同防御条约"，标志着美台双方正式结盟，在美国和台湾地区关系，以及中美关系和两岸关系史上均具有十分重要的地位。[1] 目前，学界对双方结盟过程已经有了较为清晰的认识，不过，蒋介石在其中的角色及作用则较为模糊甚至被漠视。[2] 台湾学者王文隆使用《"总统"蒋公大事长编初稿》（目前仅编至 1954 年）等资料，讨论了蒋介石在该条约商签过程中的角色，认为虽然蒋介石最后达到了与美国缔约结盟的目的，是最大赢家，但这是蒋介石妥协相求的结果。[3] 该文所建构的是一个在美国人面前十分"软弱"的蒋介石形象，与史实并不相符。事实上，蒋介石在"美台共同防御条约"商签过程中，面相多元而且复杂，有主动争取和退让的一面，有被迫妥协、"隐忍不发"的一面，也有坚守底线和原则的一面。有鉴于此，本文拟在前人研究基础上，使用《蒋介石日记》，辅以其他中英文档案，深度剖析蒋介石争取"美台共同防御条约"的原因，探讨其策略选择，发掘其复杂心态，以重塑其立体形象，进一步厘清当时的美台关系，祈请方家斧正。

一、蒋介石争取"共同防御条约"的原因分析

美国愿意与台湾当局签订"共同防御条约"的原因，学界的观点主要有：1. 台湾对美国具有一定的防卫屏障作用，是美国在亚洲推行"遏制共产主义"政策的"基地"；[4]2."第一次台海危机"的爆发"为美国考虑同台湾当局订约增添了催化剂"；[5]3. 美国国务院内外亲台势力大肆鼓吹和倾力促成，[6] 等等。

总体上看，与台湾当局签订"共同防御条约"是美国建构"第一岛链"战略的一环，是其东亚地缘战略的组成部分，重要但并非不可或缺。

但对甫败退到台湾、尚惊魂未定的蒋介石及国民党政权而言，美台关系非常重要。曾任台湾当局驻美"大使"的沈剑虹回忆说，国民党政权败退台湾以后，在"外交政策"上有两项基本目标："如果我们不能同时保有两者，我们宁愿放弃在联合国的席位，也不愿让中美关系发生任何变化。"[7] 而美台"共同防御条约"是保持和巩固这种关系的纽带，蒋介石因此极力争取。具体而言：

（一）在军事上"缠住"美国，化解台湾的"防共"压力

解放战争后期，中国人民解放军以摧枯拉朽之势横扫国民党军队。新中国成立初期，人民解放军对台湾的高压态势和进攻尝试及在朝鲜战争中展现出来的战斗力，均让实力不济、士气低迷的蒋介石及台湾当局风声鹤唳。朝鲜战争结束后，人民解放军集中力量解放台湾势在必行，倘若如此，台湾当局单靠一己之力实在无力阻挡，必须"抱紧美国大腿"，才能够"生存"下去。

诚然，朝鲜战争爆发后，美国派遣第七舰队进驻台湾海峡，并向台湾提供军事和经济援助。但在蒋介石看来，这些都是美国因应国际形势，以行政命令方式采取的措施，将来也可能因为国际形势或美国国内政治形势的变化而改变，存在着较大的不确定性。如杜鲁门（Harry S. Truman）政府就曾实行"弃蒋保台""放弃台湾"政策，使蒋介石和国民党政权具有严重的"弃子"心态。而朝鲜战争结束后，美国第七舰队便师出无名，面临着退出台湾海峡的压力。

为了国民党政权的"生存"，化解台湾的"防共"压力，蒋介石迫切希望与美国签订一项条约，将美国对台湾的保护和援助固定下来。

（二）在政治上"拖住"美国，阻止美国与新中国缓和关系

朝鲜战争结束后，新中国国际地位大幅提高。蒋介石担心自身的国际支持会逐渐甚至急剧减少，更担心美国会与新中国缓和关系甚至"化敌为友"。

对于艾森豪威尔（Dwight D. Eisenhower）政府，蒋介石曾抱有"期待"，可很快就发现其政策内容"与前无异，而且其培植第三势力与对朱、毛为狄托（Josip Broz Tito，中国大陆译为'铁托'——引者注）之幻梦至今更烈矣"。[8] 虽然台湾当局继续占据着联合国席位，但"其实美国务院希望'共匪'加入联合国之心情仍在潜滋暗长，实与英印无异"。[9] 1954年，新中国参加日内瓦会议，蒋介石不无忧虑地在"日记"中写道，中国大陆"从此乃在国际会议中正式登

场矣"，[10] 可是美国"仍认为俄与毛之利害必冲突，决不愿放弃此一幻想也"。[11]

而"美台共同防御条约"可以进一步强化美国对台湾当局的"承认"，从而阻止美国与新中国接近。蒋介石曾乐观地估计："中美双边安全协定可以阻塞英印中立主义者动摇台湾与我政府之地位，并断绝其引'共匪'入联合国之妄念，此为美国至低之决心。"[12]

（三）与美国建立制度性联系，便于其排除异己、培植亲信

蒋介石曾为免于被美国"抛弃"而投其所好，重用吴国桢、孙立人等留美人士，以争取美国援助。随着国民党政权在台统治的稳定和美国援台的正常化，蒋介石对这些人渐生排除之意。1953 年 10 月，蒋介石获悉美、英两国曾合谋驱己离台并物色人选取而代之的往事，[13] 勾起了他对"第三势力"的忌恨。

1954 年 1 月起，滞留美国的吴国桢与蒋介石隔洋论战。蒋介石初以吴"违法乱纪，挟美自重"，[14] 原拟从速惩治，但最终决定暂不处理，以"等待本年美援预算之通过，不使美国议会受其影响"。[15] 孙立人反对国民党军队政工制度，蒋介石以其"挟外自重"[16] 削其兵权，但决定事先向"美国军事援华顾问团"团长蔡斯（William C. Chase）等人说明情况，"不使误解"，而"再处被动地位也"。[17]

可见，在处置吴国桢、孙立人的过程中，蒋介石既由于他们的美国背景而决心清除，又担心激怒美国而"手下留情"，投鼠忌器的窘境可见一斑。如果能与美国签订"共同防御条约"，建立起制度性联系，蒋介石就可以对吴、孙等人无所顾忌，重用自己的心腹，乃至为其子蒋经国接班铺路。

（四）提振台湾民众"反共"信心，巩固其在台统治的"正当性"

蒋介石败退台湾后，亟须维持其统治的"正当性"，宣扬"反攻大陆""戡乱平叛"是一条有效途径。1950 年 3 月 13 日，蒋介石"复职"后不久，就公开声称"一年整训，二年'反攻'，扫荡'共匪'，三年成功"。[18] 但若没有美国的大力支持，连他自己也认为万难达到："惟此全在主宰宇宙之上帝，非吾人所能预计。"[19] 至 1953 年，蒋介石无法实现诺言，只得另拟说辞，自我安慰："但问耕种，不问收获，何必计较反共抗俄之何日成功耶。"[20] 既然蒋介石做如此想，一般民众就更认为"反攻"无望了。

在这种情况下，蒋介石争取"美台共同防御条约"，不仅可以增强台湾的军事实力，更可以提振台湾民众的"反共"信心，巩固其在台统治的"正当性"。

二、"以退为进"："共同防御条约"
谈判前蒋介石的策略

如前文所述，"美台共同防御条约"对台湾当局的重要性远远超过美国政府，加上美台实力强弱分明、美国对蒋介石不信任，使得台湾当局在与美国谈判前就处于不利的地位。蒋介石积极采取"以退为进"策略，促动美国同意进行谈判。

（一）支持李承晚在朝鲜停战前与美国签订双边安全条约

1953年3月19日，艾森豪威尔入主白宫后不久，台湾当局驻美"大使"顾维钧即奉命向美国国务卿杜勒斯（John Foster Dulles）试探签订"美台共同防御条约"的可能性。杜勒斯反应冷淡，一方面顾虑"共同防御条约"适用范围包括中国大陆沿海岛屿，会将美国卷入中国内战之中；另一方面担心开此先例，不仅会被韩国抓住不放，英国、法国也会就其殖民地提出同样的要求，从而增加美国的防务负担。[21]

事实上，在朝鲜战争期间，美国陆续与菲律宾、日本、澳大利亚和新西兰等国签订了一系列双边安全条约，只不过这些都不是"内战"国家而已。蒋介石在试探受挫后，不再直接向美国提出缔约要求，而是准备通过韩国来打开局面，因为蒋认为台湾与韩国情况类似，若美国与韩国缔约，就没有理由拒绝台湾。1953年6月，朝鲜停战在即，李承晚要求在停战前与美国签订双边安全条约，蒋介石"为李危更为己危，故不能不为之努力暗助，以救其危而促其成也"。[22]美国以为蒋、李二人联手阻挠停战，便以"重新考虑其对台湾之政策"[23]来威胁蒋介石。蒋介石无奈，立即向美国驻台"大使"兰钦（Karl L. Rankin，台湾译为"蓝钦"）说明情况，撇清干系。

（二）"违心"宣示不要美国出兵助台"反攻大陆"的立场

1953年2月2日，艾森豪威尔发表国情咨文，实行"放蒋出笼"政策。蒋介石立即声明："中国决不要求友邦以地面部队来协助我作战，而且中国自来亦从未作此要求，或存此幻想。"[24]他并认为："如果美国首先参加我方，则俄可借口直接干预矣。故美国不先参战，乃预料俄亦不敢正式干预，此可断言。"[25]言下之间，蒋介石虽不指望美国出动陆军相助，但需要其海军、空军支援，而且如果苏联首先参战，美国也不应袖手旁观。5月17日，蒋介石请兰钦转述

"援助我独力反攻大陆"之意。[26]

然而，美国对蒋介石的声明和提议根本就置之不理。蒋介石决心"再不要幻想美国援助我反攻复国"，[27] 拟"对美要求二事，任其自定一种：甲、中美共同安全协定（代号'棠案'——引者注）；乙、积极援助我反攻大陆（代号'开案'——引者注）"，[28] 并对前者"不取主动进行之方针"，[29] 企图以"开案"推动"棠案"。9月上旬，蒋介石考虑与美国参议院多数党领袖诺兰（William Knowland）谈话要点，称"中美订盟，美国不负反攻大陆之责，惟中国政府在合法收复地区则为有效"，并洽谈"援助反攻大陆之具体计划及五亿借款之实施"。[30] 是年底，台湾当局制订"特别军援计划"，总金额高达13亿美元，拟"在台湾建成一支最低限度的战略性武力，俾能策应远东地区若干可能之急变，包括对中国大陆作有限度的反攻在内"。[31] 蒋介石十分重视该计划，不断地向美国推介。

（三）保证未经美国同意不会"反攻大陆"

1953年12月，在美国与韩国签订"共同防御条约"和美国副总统尼克松（Richard M. Nixon）访台后，台湾当局信心增强，"参照美国近年与太平洋各国所签订之此类双边及多边安全条约"，[32] 向美国国务院提出"美台共同防御条约"草案。仅过了短短10日，蒋介石就急切地向美国助理国务卿饶伯森（Walter S. Robertson，台湾译为"劳勃森"）询问草案进展，"乃知其国务院并未有何研究，此乃真情，可知其政府决不置我自由中国之台湾于其考虑政策之内也"。[33] 至1954年上半年，美国既要筹备日内瓦会议，又要收拾奠边府战役爆发后的越南局势，根本无暇顾及美台缔约问题。[34]

1954年5月，艾森豪威尔派特使范佛里特（James Van Fleet，台湾译为"符立德"）抵台，蒋介石趁机说明"开案目的仅在防守台澎及其外岛，并非可用以反攻大陆之大计划"，[35] 又声明"决无将贵国卷入反攻大陆战争之企图"，"决无在军事上予我以美军协同反攻之妄念"，所争取的条约不出美国与韩国"共同防御条约"的范围；美国要做的只是承认台湾当局"收复以前失去之领土"，在政治上增强台湾当局"反攻大陆"的形势，并提供军事和经济援助。[36]

6月，台湾当局将声明提升为保证。17日，台湾当局"外交部长"叶公超向兰钦保证"在未与美国政府作事先之磋商前，决不发动对大陆之主要军事行动"，但"此项了解无须在条约中载明"。[37]28日，在兰钦的建议下，蒋介石将保证扩大为："未经美国政府同意，不会对中国大陆采取任何重大军事行动。"[38]

蒋介石作为所谓的"中华民国总统"，若不是为了"美台共同防御条约"，也不会做出如此有辱"人格"和"国格"的保证。然即使这样，忙于筹组"东南亚公约组织"的杜勒斯仍对此事不甚热衷。[39]

（四）同意"共同防御条约"适用范围暂时不包括"沿海岛屿"

1954 年 7 月起，中国大陆方面展开解放台湾的宣传攻势。9 月 3 日，中国人民解放军炮击金门，拉开"第一次台海危机"的序幕。面对危机，美国既不愿因协防金门等沿海岛屿而与中国政府开战，又不能撒手不管而丧失威信，陷入两难困境。在杜勒斯的建议下，美国拟将台海危机定义为"两国"冲突，提请联合国安理会解决，并选择新西兰作为提案国，此即"新西兰提案"（台湾称为"纽案"）；如果蒋介石在该提案上采取合作态度，美国则可以同意签订美台"共同防御条约"。[40]

"第一次台海危机"爆发后，美国看到海峡两岸战火难熄，对待"美台共同防御条约"也更加谨慎，要求不能出现"沿海岛屿"字样。9 月 9 日，蒋介石在面请杜勒斯缔约不成后，听取叶公超的建言："于适当时期我方不妨同意不将外岛列入该约适用范围以内，但在条文内以间接文字予以规定。"[41]10 月 13 日，蒋介石在与饶伯森的会谈中表示"可以不在条约正文中提及沿海岛屿"，但台湾当局的保证也不能写入其中，这两点通过其他方式协商解决。[42]27 日，杜勒斯同意台湾当局的保证"只作为存在于拟议中条约之外的一种谅解"，但提出一定要写明"共同防御条约"的适用范围不包括沿海岛屿。[43]次日，艾森豪威尔同意开始谈判。

三、"委曲求全"："共同防御条约"
谈判中蒋介石的无奈

"第一次台海危机"爆发后，美国顾及其在远东的战略利益及其在"自由世界"中的威信，同意与台湾当局进行"共同防御条约"谈判。不过，美台在"反攻大陆"问题上存在着很大的矛盾，谈判一波三折。蒋介石且谈且退，不断"委曲求全"。

（一）蒋介石接受不平等的"共同协议"

1954 年 11 月 2 日，美台双方开始进行"共同防御条约"谈判，仅经过两

次会谈就议定了条约文本。其中，第六条规定适用"领土"，在台湾当局"指台湾与澎湖"，在美国"指西太平洋区域内在其管辖下之各岛屿领土"，"并将适用于以后经共同协议所决定之其他领土"，照顾到台湾当局仍将中国大陆视为"领土"的立场。[44]杜勒斯对该条约文本表示接受，蒋介石也认为"此稿超越于预想以上者甚多，而其作用对俄共之打击，比之其他意义更为重要，此一协定如果美国会能够通过，则对内对外增加无比之安定力也"。[45]

然而，就在蒋介石暗自憧憬"美台共同防御条约"即将签订和发挥作用时，谈判却延宕下来。11月6日，美方在第三次会谈中提出一份"议定书"，称台湾当局在该条约适用"领土"内，除明显的自卫行动外，所有"军事部署"与"使用武力"均须经双方共同协议，并将之作为该条约的组成部分。[46]美方此举，系担心台湾当局不守诺言，或将所有军队调往沿海岛屿，而让美国独自防卫台湾和澎湖。蒋介石认为如此则"一切军事皆非得其同意不可"，将会严重影响台湾的民心士气，便指示顾维钧："改为换文，不在条约之内，而以双方平等义务出之，不以对中国单方面限制之形式为原则，而且对军事只以出击大陆须以协商同意为限之精神，与之力争。"[47]

在台湾当局的持续要求下，美国同意改为"换文"形式，并提出体现"相互方式"的说法："凡由缔约双方共同努力与贡献而产生之军事要素，非经共同核准，不得撤离第六条所述之领土。"[48]蒋介石对此没有接受，不仅是因为"军事要素"涵盖广泛，内涵模糊，更重要的是这个提议看似平等，实际上并不平等。从当时情况来看，美国势力渗透到台湾各个方面，而台湾则没有能力对美国做出所谓的"贡献"，因此，美国的"军事要素"因为台湾的"零贡献"而不必受条约的约束，而台湾的"军事要素"因为无法缺少美方的"贡献"而必须受条约的约束。简单来说，台湾当局对美军的调动无权过问，而台湾军队的调动则必须经过美国的同意，这等于让蒋介石向美方交出自己的军队指挥权。

蒋介石指示提出："以军援部队不得撤退台澎之意，仍应以中美双方驻于台澎之军队，如其撤退，应由双方协议为之。"[49]经过台湾当局的再次争取，双方在11月19日第七次会谈中商定："凡由两缔约国双方共同努力与贡献而产生之军事单位，其调离第六条所述各领土达于实质上减低此等领土防守之可能性之程度者，须经共同协议。"[50]此说除将"军事要素"改为"军事单位"外，并无实质性的变化，但急于签订该条约的蒋介石自忖已经在文字表述上有所得，实难再有突破，故表示接受。

至11月23日第九次会谈时，美台双方秘密草签"共同防御条约"。12月2

日，双方在华盛顿正式签订该条约。蒋介石颇为兴奋，在"日记"中表示"此诚黑暗中一线曙光"，"从此我台湾反攻基地始得确定，大陆民心乃克振奋"。[51]

（二）蒋介石弃守大陈岛

美台签订"共同防御条约"后，中国政府决定显示出维护祖国统一的决心和能力。1955年1月，中国人民解放军轰炸大陈岛，解放一江山岛。艾森豪威尔决定协助国民党军队撤出大陈岛及协防金门（后亦同意协防马祖），并向国会提出"台海决议案"，要求授权总统动用军队保卫台湾和澎湖，"如果需要，防卫主要的岛屿"。[52]

大陈岛是台湾当局"反攻大陆"的一块跳板，蒋介石经营多年，不愿轻言放弃，却又没有单独防守的实力。对于艾森豪威尔的决定，蒋介石心知"乃合于情理者，不能不加以考虑"，[53]但担忧"照现在办法，将使人认为美方意在以此项授权协防金门区域之行政措施以代替条约之批准，条约将无限期延搁下去"。[54]所以，蒋介石"决心以有条件，即中美互助协定生效之后，乃允其开始撤退，方能略挽军民绝望之心情也"。[55]也即，美国以协防金门、马祖换取台湾当局撤出大陈岛，蒋介石则以美国批准"共同防御条约"作为接受撤出大陈岛的条件。蒋介石的"此时要旨"，一是敦促美国从速批准"共同防御条约"，二是要求美国发表协防金门、马祖的正式声明。[56]

可是，美国迟迟不愿发表协防金门、马祖的正式声明。蒋介石急不可耐，在1月底连续召见兰钦3次，"明告其如美不允协防，则余决不撤退大陈之决心"。[57]2月1日，美国提出可以发表"非正式的秘密谈话"，蒋介石虽不满意，却决定接受，为的是"中美协定能早日通过，不因此受延缓之影响"。[58]

美国建议国民党军队撤出大陈岛，却又不承诺协防金门、马祖，蒋介石再次"委曲求全"。2月8日，大陈岛上的国民党军队开始撤退。9日，美国参议院批准"美台共同防御条约"。蒋介石眉头舒展，感叹此乃"逢凶化吉之大事"。[59]3月3日，也即蒋介石"复职"5周年之后2天，双方在台北互换批准书，"共同防御条约"开始生效。蒋介石心情愉快，认为这将"使绝续不定之国脉重新生根"。[60]

四、坚守底线：蒋介石坚持"反攻大陆" 和反对"两个中国"

"美台共同防御条约"关乎台湾当局存亡，是其最迫切的现实需求，蒋介石在争取过程中虽然不断折冲樽俎，但因处于弱势地位而被迫一再退让。不过，蒋介石并非没有底线，在他做出"国民党军队撤出大陈岛"的决定时，即认为这是"以退为进之最后一次退却"。[61]而当美国试图借助该条约限制台湾当局"反攻大陆"及制造"两个中国"，触及国民党政权在台湾的"法统"和"精神寄托"时，蒋介石则坚决反对。

（一）蒋介石坚持"反攻大陆"

前文已述，"反攻大陆"是蒋介石维持统治"正当性"的有效途径，自然不能被"美台共同防御条约"所约束。

1953年，台湾当局制订"特别军援计划"，以求增强台湾军事实力，随时"反攻大陆"，但一直没有获得美国的肯定答复。后来，蒋介石虽然"保证"未经美国同意不会"反攻大陆"，但坚称这种保证是在"美台共同防御条约"之外，带有明显的"权变"色彩。叶公超所言可资证明："如果我们的草案得到同意，我们这方面的收复大陆的任何努力将不属于条约范围之内，因此，签订条约无论如何也不会招致任何约束。"[62]

"第一次台海危机"爆发后，美国一面同意进行"美台共同防御条约"谈判，一面防范蒋介石"反攻大陆"，对台援助也变得迟滞，可谓"金门热战以来，其接济反转冷淡"。[63]蒋介石深感失望，转而幻想大陆"近期必发生变化，且必将崩溃，此乃我复国之唯一客观条件也"；台湾当局应"积极建立本身实力，埋头忍痛，加强基地，使之巩固不拔，以待乘机反攻也"。[64]客观而言，"中国大陆崩溃论"仅是蒋介石一厢情愿的宣传口号；台湾当局仅靠增强自身实力来"反攻大陆"，无异于痴人说梦。

在"美台共同防御条约"生效前，美国胁迫国民党军队撤出大陈岛，并在协防金门、马祖问题上打折扣，蒋介石均表答应，固然有"委曲求全"的考虑，但也藏着"另有打算"的心思。当国民党军队撤离大陈岛后，台海危机的爆发点就会南移至马祖，"如匪攻马祖，则未有不牵涉金门者"。[65]他甚至考虑将南麂岛等一并"放弃"，"促其早来侵犯金、马也"。[66]蒋介石这么做，既为促使美国早日批准"共同防御条约"，又为保留金门、马祖两个"反攻"前哨，为将美国拖入中国内战埋下引线。

"美台共同防御条约"生效后，蒋介石在"日记"中说："惟愿再加五年时间，使我能光复大陆全土，拯救我苦难垂死之同胞，亦使之能起死回生，则幸矣。"[67]可见其念兹在兹的依然是"反攻大陆"。此后，蒋介石枕戈待变，伺机"反攻"。如20世纪60年代初，中国大陆内部经济困难，外与苏联交恶、与印度争端升级，蒋介石乘机启动"国光计划"以"反攻大陆"，不过最终因未获得美国的支持而失败。

（二）蒋介石坚决反对"两个中国"

美国为应付"第一次台海危机"，炮制"新西兰提案"，并派饶伯森赴台说项，以同意签订"美台共同防御条约"来换取蒋介石的"合作"。蒋介石既想签订"美台共同防御条约"，又不想接受该提案而陷入"两个中国"的窘境，提出"可在此协定之原则下，寻出一个相当办法，不无磋商余地耳"。[68]

蒋介石指示：首先竭力劝说美国根本打消该提案；如果不能，则应在该提案中写入"现在战争中各岛屿皆为中华民国之领土，而且为其政府所控制保卫者，应由联合国阻止'共党侵略'，停止双方战争行动"；"如果还不能，则应由美国代表详细说明我方上述之意，否则我方代表必须亲自说明。同时，美国应在该提案提出时，正式声明美台'共同防御条约'正在积极进行中"。[69]"如美不能先时宣布双边协定之声明，则对纽案严加拒绝与正式反对"，即使其愿意发表声明，若不加以修正，"将成为两个中国邪说之根据"，"亦必反对此案，不能默认也"。[70]可见，蒋介石纵使为了"美台共同防御条约"，也绝不接受该提案中"两个中国"的意涵。

随后，蒋介石时刻寻机打消或拖延该提案。"美台共同防御条约"谈判伊始，蒋介石表示该提案"此时再无提出之必要，务告杜卿设法打销，否则必须待中美互助协定签订以后再作计议"。[71]该条约草签后，蒋介石又表示"纽案最好能打消，如美坚持提出，则我应促美同意在纽案提出前正式签约"。[72]中国人民解放军轰炸大陈岛、解放一江山岛后，美国再次推动"新西兰提案"。蒋介石表示既已接受撤出大陈岛的建议，绝不能再接受该提案："惟美参院能于纽案具体化之前，及时批准中美条约，使台湾地位就美国而言已予法律性的确认，且如美国能获得英国同意放弃使'共匪'入联合国及形成'两个中国'之企图，则我方对纽案态度可配合美国政治运用之观点从长考虑。"[73]

富有处理国际事务经验的蒋介石也利用国际力量阻止"新西兰提案"。美国策划"新西兰提案"时，苏联正在联合国控诉美国海军侵略中国，蒋介石即指示对美交涉，"切望美国劝告纽西兰，根本打消此一提案，免予俄共之把柄，并为免除俄共再有美国侵华之恶宣传，更应与我国从速订立互助协定之必要。"[74] "新西兰提案"提出后，苏联也把控诉具化为提案，蒋介石认为"如我能运用得当，反可激发美国对俄共敌忾心，或能促成协定之提早批准也，而且纽案停火之恶意亦可由此抵消矣"。[75] 不过由于中国政府坚持不参加"新西兰提案"讨论，该提案被无限期搁置。

蒋介石始终反对"新西兰提案"中"两个中国"的意涵，甚至一度拟议"退出"联合国，使该提案无的放矢，"为退出之准备计，必须先与美国订立互助协定，则我虽退出联合国，而在实际上仍不孤立，而且对于道义与民族精神上，是一胜利，而并无损失也"[76]。鉴于蒋介石的坚定态度，"美台共同防御条约"签订时，杜勒斯表示："条约的适用范围，虽就中华民国而言仅包括台澎，而不包括大陆，但这并非暗示美国承认'两个中国'的存在。"[77]

五、结 语

国民党政权败退台湾后，美台双方既相互需要，又互不信任。台湾当局穷途末路，只有依靠美国方有可能"生存"下去和"反攻大陆"，于是渴望与美国缔约结盟。而美国虽有意将台湾纳入其远东"反共"防线，但不愿卷入中国内战之中，并不重视台湾当局的缔约请求，后为应付"第一次台海危机"，才设想借助一项条约来稳定台海局势。可见，"美台共同防御条约"对台湾当局的重要性远远超过美国政府。对此，蒋介石心中有数，甚至建立了为该条约不惜"退出"联合国的心理底线。

面对美台实力悬殊的事实和美国对待"共同防御条约"的态度，蒋介石必须采取策略方能达成缔约目标。在试探受挫后，蒋介石"以退为进"，循序渐进，促动美国同意进行谈判。在双方谈判中，蒋介石"委曲求全"，使该条约得以签订和生效。然而，蒋介石始终坚持"反攻大陆"和反对"两个中国"，维护国民党政权的"法统"和"精神寄托"，规避了现实与未来的冲突。可见，蒋介石在"美台共同防御条约"商签过程中，有主动争取和退让，有被迫妥协，也有坚守，面相多元而且复杂；其最终能够达成目标，亦得益于这些策略的适时和有效。

美台双方通过"共同防御条约"正式结盟，使惶恐不安的蒋介石和台湾当局终于获得了"保护"，也使台湾获得了发展所需的稳定环境和外部援助。但同时，该条约也捆住了蒋介石"反攻大陆"的手脚。此后，无论蒋介石如何推展他的"反攻"计划，美国均不表支持。美国借助该条约在海峡两岸制造出"平衡态势"，有助于实现其在远东乃至全球的战略利益，但严重阻碍了海峡两岸的统一进程。

注释：

[1] 1949 年 10 月 1 日，中华人民共和国成立，是代表中国的唯一合法政府。而败退台湾的国民党政权仍在美国支持下占据联合国席位，并以"中国政府"自居。所以，本文引号中的"中国""中国政府"均指台湾当局。文中"美台"之"台"亦指台湾当局，为行文方便，不再特加引号。

[2] 中国大陆学者根据美国政府档案，着重分析了美国政府在台湾问题上的思考和应对方法，颇具代表性的有：贾庆国《美台〈共同防御条约〉的缔结经过》，《美国研究》1989 年第 1 期；苏格《美台"共同防御条约"的酝酿过程》，《美国研究》1990 年第 3 期。台湾学者张淑雅以顾维钧为主线，梳理了台湾当局争取美台"共同防御条约"的过程，见张淑雅：《中美共同防御条约的签订：一九五〇年代中美结盟过程之探讨》，《欧美研究》（台北）1994 年第 2 期。美国与日本学者虽然也对美台"共同防御条约"有所研究，但旨在阐释他们所关注的议题，如 Victoria Marie Kraft, *The U.S. Constitution and Foreign Policy: Terminating the Taiwan Treaty* (New York: Greenwood Press, 1991)；毛里一：《台湾海峡紛争と尖閣諸島問題：米華相互防衛条約参戦条項にみるアメリカ軍》，东京：彩流社，2013 年。

[3] 王文隆：《蒋中正与中美共同防御条约的签署》，黄克武主编：《同舟共济：蒋中正与 1950 年代的台湾》，台北：中正纪念堂，2014 年，第 433—463 页。

[4] 苏格：《美台"共同防御条约"的酝酿过程》，《美国研究》1990 年第 3 期。

[5] 徐焰：《金门之战（1949—1959 年）》，北京：中国广播电视出版社，1992 年，第 178 页。

[6] 贾庆国：《美台〈共同防御条约〉的缔结经过》，《美国研究》1989 年第 1 期。

[7] 沈剑虹：《使美八年纪要——沈剑虹回忆录》，北京：世界知识出版社，1983 年，第 11 页。

[8][9][10][11][12][13][14][15][16][17][19][20][22][23][25][26][27][28][29][30][33][45][47][49][51][53][55][56][57][58][59][60][61][63][64][65][66][67][68][70][75][76]《蒋介石日记》（手稿本），1953 年 4 月 18 日"上星期反省录"，1953 年 12 月 31 日"本年度总反省录"，1954 年 2 月 28 日"上月反省录"，1954 年 5 月 8 日"上星期反省录"，1954 年 9 月 4 日"本星期预定工作课目"，1953 年 10 月 23 日，1954 年 3 月 2 日，1954 年 4 月 6 日，1954 年 1 月 31 日"上月反省录"，1954 年 4 月 16 日，1950 年 8 月 27 日，1953 年 12 月 31 日"本年度总反省录"，1953 年 6 月 23 日，1953 年 6 月 25 日，1953 年 2 月 28 日"上月反省录"，1953 年 5 月 17 日，1953 年 7 月 12 日，1953 年 7 月 20 日，1953 年 8 月 18 日，1953 年 9 月 7 日，1953 年 12 月 27 日，1954 年 11 月 7 日，1954 年 11 月 11 日，1954 年 11 月 16 日，1954 年 12 月 4 日"上星期反省录"，1955 年 1 月 21 日，1955 年 1 月 21 日，1955 年 1 月 22 日"上星期反省录"，1955 年 1 月 31 日"上月反省录"，1955 年 2 月 2 日，1955 年 2 月 10 日，1955 年 3 月 31 日"上月反省录"，1955 年 1 月 22 日"上星期反省录"，1954 年 9 月 30 日"上月反省录"，1954 年 10 月 31

日"上月反省录"，1955 年 1 月 22 日，1955 年 2 月 15 日，1955 年 3 月 31 日"上月反省录"，1954 年 10 月 13 日，1954 年 10 月 16 日，1955 年 1 月 31 日，1954 年 11 月 4 日"杂录"。

[18]《"复职"的目的与使命——说明革命失败的原因与今后成功的要旨》（1950 年 3 月 13 日），秦孝仪主编：《先"总统"蒋公思想言论总集》（卷二十三），台北：中国国民党中央委员会党史委员会，1984 年，第 136 页。

[21] Memorandum of Conversation, by the Assistant Secretary of State for Far Eastern Affairs(Allison), Mar. 19, 1954, *Foreign Relations of the United States*（以下缩写为 *FRUS*）,*1952—1954,* vol.14, part1, pp.157—158.

[24]《"总统"发表声明》，《联合报》（台北），1953 年 2 月 5 日，第 1 版。

[31] 陈鸿献：《反攻三部曲：1950 年代初期国军军事反攻之研究》，中国文化大学史学系博士学位论文，2013 年，第 41—43 页。

[32]《关于商订中美安全条约事》（1953 年 12 月 8 日），"中美共同防御条约"，台北："中央研究院"近代史研究所档案馆，档案号：607.1/0007。

[34][43][44][46][50][62] 顾维钧著：《顾维钧回忆录》（第十一分册），中国社会科学院近代史研究所译，北京：中华书局，1990 年，第 194 页，第 375—376 页，第 597 页，第 389—401 页，第 599 页，第 200 页。

[35]《"总统"与符立德特使第四次谈话纪录》（1954 年 5 月 24 日），《蒋中正"总统"文物》，台北："国史馆"，典藏号：002/080106/00034/009。

[36]《"总统"与符立德特使第五次谈话纪录》（1954 年 5 月 28 日），《蒋中正"总统"文物》，台北："国史馆"，典藏号：002/080106/00034/010。

[37]《同意纪录》（1953 年 6 月 17 日），"中美共同防御条约"，台北："中央研究院"近代史研究所档案馆，档案号：607.1/0007。

[38] Memorandum by the Ambassador in the Republic of China (Rankin) to the Secretary of State, Jul. 8, 1954, *FRUS,1952—1954,* vol.14, part1, p.491.

[39] 张淑雅：《"中美共同防御条约"的签订：一九五〇年代中美结盟过程之探讨》，《欧美研究》（台北）1994 年第 2 期。

[40] Memorandum by the Secretary of State to the Assistant Secretary of State for far Eastern Affairs (Robertson), Oct. 7, 1954, *FRUS,1952—1954,* vol.14, part1, p.708.

[41]《叶公超签呈》（1954 年 9 月 10 日），"中美共同防御条约"，台北："中央研究院"近代史研究所档案馆，档案号：607.1/0007。

[42] Memorandum of Conversation, by the Director of the Office of Chinese Affairs(McConaughy), Oct. 13, 1954, *FRUS, 1952—1954,* vol.14, part1, pp.750—751.

[48] Memorandum of Conversation, by the Director of the Office of Chinese Affairs(McConaughy), Nov. 16, 1954, *FRUS, 1952—1954,* vol.14, part1, p.896.

[52]〔美〕德怀特·D. 艾森豪威尔著：《艾森豪威尔回忆录——白宫岁月》（上），复旦大学资本主义经济研究所译，北京：生活·读书·新知三联书店，1978 年，第 525—526 页。

[54]《蒋中正致叶公超电》（1955 年 1 月 21 日），《蒋中正"总统"文物》，台北："国史馆"，档案号：002/090103/00002/276。

[69]《蒋中正致叶公超顾维钧函》（1954 年 10 月 14 日），《蒋中正"总统"文物》，台北："国史馆"，

典藏号：002/010400/00023/031。

[71]《蒋中正致叶公超电》(1954年11月5日)，《蒋中正"总统"文物》，台北:"国史馆"，典藏号：002/010400/00023/041。

[72]《蒋中正致叶公超电》(1954年11月25日)，《蒋中正"总统"文物》，台北:"国史馆"，典藏号：002/090103/00007/327。

[73] 顾维钧著:《顾维钧回忆录》(第十二分册)，中国社会科学院近代史研究所译，北京：中华书局，1993年，第119页。

[74]《蒋中正致叶公超电》(1954年10月18日)，《蒋中正"总统"文物》，台北:"国史馆"，典藏号：002/010400/00023/032。

[77] 陈志奇:《美国对华政策三十年》(增订版)，台北：中华日报社，1981年，第100页。

（郝天豪：南京大学台湾研究所讲师　刘相平：南京大学台湾研究所教授）

从东亚海域到东南海疆
——明清之际台湾战略地位的演化

李细珠

　　台湾在明清之际战略地位的演化，与其天然独特的地理位置有关，更与中国、东亚及世界相互交错的历史演变有关。就自然地理而言，台湾地处亚洲大陆东南部与一连串弧形岛屿之间的所谓"亚洲地中海"[1]中控扼东海与南海孔道的关键位置，是古代中国"东洋"与"西洋"航路[2]的交汇点，具有重要的战略地位。这个战略地位在明清易代之际，随着中国内外局势的演变以及新航路开辟以后欧人东来在东亚世界的轮番竞逐，而完成了具有划时代意义的历史性演化：从东亚海域的海盗据点与商贸转运站交互演化为中国东南海疆的门户与屏藩。

　　关于台湾在明清之际的战略地位问题，学界相关研究多有涉及，但都没有系统清晰的论证。这个问题涉及汉人海上势力在台海活动、欧人东来侵扰、明郑政权及康熙统一台湾等相关史事。大陆学者多强调早在欧人来台之前，汉人海商海盗势力便在台湾盘踞，建立据点，从事中国与日本及东南亚贸易，即使在荷兰、西班牙窃踞台湾南、北之时，汉人势力在台海地区仍相当活跃，最后导致郑成功驱荷复台与康熙统一台湾。[3]台湾地区学者早期也关注汉人海上势力在台活动，后来则明显转向而更关注荷兰、西班牙势力在台活动及其对台湾的影响。[4]至于日本及欧美学者，也是主要关注荷兰、西班牙在台势力以及当时东亚海域的国际商贸活动。[5]这些研究均从不同角度深化拓展了相关专题领域，但并没有从宏观上系统论述明清之际台湾战略地位的演化历程。本文拟在既有相关研究的基础上，从东亚海域与东南海疆的双重视角，较长时段地展示明清之际台湾战略地位演变的历史脉络——不是单向度的转变过程，而是交互演化的复杂进程，以期对早期台湾历史有更进一步的理解。

一、东亚海域的海盗据点与商贸转运站

日本学者羽田正教授认为，16—18世纪由葡萄牙人及欧洲各国东印度公司控制的印度洋海域是"经济之海"，海上贸易与陆上政权（国家）关系不大；17—18世纪由沿岸陆上政权管理、支配的东亚海域是"政治之海"，海商海盗与陆上政权息息相关。[6] 其实，此前的东亚海域既是"政治之海"，也是"经济之海"，有着复杂的政治经济结构。在此东亚海域中，明清之际的台湾是东西海商海盗势力活动的舞台，充当了海盗据点与商贸转运站的角色。这个角色首先是汉人海上势力对台湾的塑造。其时，在明朝政府实施海禁政策控制之下，汉人海商海盗势力在台湾海峡颇为活跃，一度盘踞台湾南部北港地区，从事中国—日本—东南亚转口贸易。随着新航路开辟，欧人势力东来，台湾海峡局势日显复杂，荷兰人在澎湖被明军击退之后转而侵占台湾南部大员港，西班牙人侵占台湾北部鸡笼、淡水。值得注意的是，当时荷兰东印度公司与西班牙人在台湾建立的贸易据点及其所从事的中国—日本—东南亚—欧洲转口贸易，只不过是带有明显政府背景的海商海盗活动，从而进一步强化了台湾作为海盗据点与商贸转运站的角色。

（一）汉人海上势力与台湾在东亚海域政治经济结构中的位置

明清之际的东亚海域，首先是中国与日本之间各种政治经济势力角逐的舞台。由于倭寇对中国沿海地区的侵扰，明朝初年政府便实行严厉的海禁政策，禁止民间私自出海贸易、捕鱼。洪武十四年（1381），"禁濒海民私通海外诸国"；十七年，"禁民人入海捕鱼，以防倭故也"。[7] 然而，随着时间的推移，海禁政策逐渐松弛，民间私人贸易禁而不绝。嘉靖"倭乱"平息之后，明朝政府于隆庆年间（1567—1572）有限度地开放海禁，允许商人从月港（海澄）一地出海贸易，但禁止直接到日本贸易。其后，不法商人便到台湾（东番）与日本商人交易，而沿海渔民也经常到澎湖、北港（台南地区）捕鱼。万历四十四年（1616）福建巡抚黄承玄奏称："顷者，越贩奸民往往托引东番输货日本。……至于濒海之民，以渔为业，其采捕于彭湖、北港之间者，岁无虑数十百艘。"[8] 明朝末年，台湾北港已经成为汉人海商海盗势力与渔民聚集之地。

汉人何时移居台湾，其确切时间难以稽考。不过，据多方面零星史料记载，可知明朝末年汉人在台湾已成一定规模。早在万历三十年冬（1603年初），福建浯屿把总沈有容前往台湾追剿倭寇奏捷。事后，其友人屠隆撰《平东番记》，记载了当时已有汉族商人、渔民与台湾当地少数民族进行商业贸易活动，有谓："东番者，彭湖外洋海岛中夷也。横亘千里，种类甚繁，仰食渔猎，所需鹿麂，亦颇嗜击鲜。惟性畏航海，故不与诸夷来往，自雄岛中。华人商渔者，时往与之贸易。"[9]曾随沈有容赴台的陈第根据亲历见闻所写《东番记》有更切实的记载："东番"之民"始皆聚居滨海，嘉靖末，遭倭焚掠，乃避居山。倭鸟铳长技，东番独恃镖，故弗格。居山后，始通中国，今则日盛。漳、泉之惠民、充龙、烈屿诸澳，往往译其语，与贸易，以玛瑙、磁器、布、盐、铜簪环之类，易其鹿脯皮角"。[10]这些记载还可从荷兰史料印证。荷兰人初到大员时，便发现当地汉人煽动少数民族抵制荷兰人到来，并有大量汉人渔民和商人在台湾从事渔业及商业活动。据《巴达维亚城日记》1625年4月6日记载："中国人不喜余等来福尔摩沙，因而煽动土番对付余等，盖惧怕我方于鹿皮、鹿肉及鱼类之贸易，有所妨碍于彼等故也。据闻鹿皮每年可得二十万张，鹿脯及鱼干甚多，可得相当数量之供给。……台窝湾（安平）港有戎克船约计一百艘，来自中国从事渔业，并为采购鹿肉运往中国，搭乘该戎克船前来之多数中国人，将进入内地采购鹿皮鹿肉等物。"[11]据1624年12月12日荷兰大员商馆负责人宋克（M. Sonck）致巴达维亚总督卡本提耳（C. de Carpentier）函称："现在此地约有100艘〔中国人的〕渔船来捕鱼，这些渔船载很多中国人来此地，这些人进入内地搜购鹿脯和鹿皮，要运回中国。"[12]此为上述《巴达维亚城日记》后半段所本，翻译似更贴切，清楚地说明当时约有100艘渔船运载很多汉人到台湾捕鱼，并从事鹿皮、鹿肉贸易。至于当时汉人赴台移民到底有多大规模，没有确切数据。施琅在康熙统一台湾之后奏陈台湾弃留问题时，曾经追述汉人入台历史有谓："台湾一地，原属化外，土番杂处，未入版图也。然其时中国之民潜至、生聚于其间者，已不下万人。"[13]据此可知，在荷兰人到台湾之前，当地汉人居民已经有上万人的规模。其实，这个数字也未必准确，因为当时到台湾的汉人主要有三种人群：一是渔民，多为季节性移民，秋冬渔季在台捕鱼，春夏农季则返陆；二是商人，也大都流动不居，或在台与当地少数民族及日本商人交易，或搜购台湾鹿皮、鹿肉等产品到内地及日本等地贸易；三是海盗，兼做商业贸易及劫掠活动，更是居无定所，流动性很大。其中商人与海盗往往难以区分，甚至合二为一。

当时台湾在东亚海域政治经济结构中的位置，可以说，主要是汉人海上势力从事亦盗亦商活动的根据地,既是海盗盘踞的据点,也是海商对日本及东南亚进行商业贸易的转运站。

一方面,台湾是地处大陆边陲的海岛,朝廷统治力薄弱,因而成为闽粤海盗盘踞的巢穴。崇祯八年(1635),给事中何楷奏陈闽省海盗情形,有谓:"自袁进、李忠初发难而后寇祸相继者二十余年。……二十年以前之贼,未有如今日之多也。初亦谓渠魁斯得,则清晏可期耳,而政不其然。进、忠之后,有杨禄、杨策;禄、策之后,又有芝龙;芝龙之后,有李芝奇;芝奇之后,有钟斌;而斌之后,又有刘香也。驱逐未几,旋复哨聚。……虽然,墟贼窟要焉。贼窟为何,台湾是也。台湾在澎湖岛外,水路距漳、泉约两日夜。其地广衍高腴,可比一大县,中国版图所不载。初,穷民至其处,不过规渔猎之利已耳。其后见内地兵威不及,往往聚而为盗。"[14]何楷历数了20年以前即自万历四十三年(1615)以来,福建海盗袁进、李忠、杨禄、杨策、郑芝龙、李芝奇(李魁奇)、钟斌、刘香相继为乱,并以台湾为巢穴的基本历史,大体符合事实。据学界先行研究,曾经流窜到台湾或在台湾盘踞多年的重要海商海盗集团头目有林道乾、林凤、袁进、李忠、李旦、颜思齐、郑芝龙等人,他们都比荷兰人窃踞台南大员港时间(1624年)要早。林道乾、林凤是广东潮州海盗,他们在闽粤水师追剿之下,无法在闽粤沿海立足,于万历元年至四年(1573—1576)多次被迫流窜澎湖、台湾,继而远逃柬埔寨、菲律宾等地,最终客死南洋。福建漳泉海盗袁进、李忠于万历三十九年(1611)进入台湾北港活动,四十七年投降明朝,盘踞北港八年之久,对台湾进行了一定程度的开发与经营。福建泉州人李旦、漳州人颜思齐,都是明末著名的海商海盗集团领袖,他们长期在日本经商,并以台湾魍港一带为根据地,从事对日本及东南亚的走私贸易及海上劫掠活动。福建泉州人郑芝龙于天启元年(1621)随颜思齐到台湾经商及做海盗,并于天启五年(1625)颜思齐、李旦去世之后继承他们的财产成为台湾海峡最大的海商海盗集团首领。[15]这些汉人海商海盗集团以台湾为根据地,成为游离于明朝政府统治权力边缘的重要政治势力,甚至是与福建地方政府相抗衡的敌对势力。

另一方面,台湾地处东亚海域东西洋航路交汇点,又是东西洋商业贸易的转运站,这也是在荷兰人到来之前已为既成事实。因明朝政府实施海禁政策,尤其禁止中国商人直接到日本贸易,台湾便成为中国商人与日本商人私自贸易的场所。据荷兰史料记载,当时被称为"小琉球"(Lequeo Pequeno)的台湾,是"中国人与日本人暗地里贸易的地方"。台湾南部地区的大员更是日本商人与当地居民购买鹿皮,并与中国海商从事丝绸贸易的重要地点。"在大员,每年有日本商贾乘帆船而至，在当地购买大量鹿皮，特别是与中国的海上冒险商做大宗丝绸生意，这些冒险商从泉州、南京及中国北部沿海各地运出大批生丝和绸缎。"[16] 荷兰人在退出澎湖之前，舰队司令雷尔松（C. Reijersen，又译雷也山、雷约兹、莱尔森）曾专门考察过台窝湾（大员湾），在其 1622 年 7 月 30 日的日记记载：据随行汉人翻译称，日本人与汉人及台湾少数民族在该地多有交易活动，有谓："此港为日本人每年以戎克船二三艘渡来，经营贸易之处。此地多鹿皮，日本人向土番采购之。又自中国每年有戎克船三四艘，载运丝织品前来，与日本人交易。"[17] 不仅中国商人与日本商人在台湾私自贸易，台湾因地处传统东西洋航路交汇点，更是中国商人与日本商人前往东洋——吕宋（菲律宾）、西洋——越南、暹罗、柬埔寨等地贸易的必经之地。据日本学者岩生成一统计，在 1614—1625 年间，侨居日本的中国人甲必丹李旦（Andrea Dittis）及其弟华宇（Whowe）共有 23 艘商船取得日本将军之贸易御朱印状，往返交趾、东京（越南北部）、高砂（台湾）、吕宋等地贸易，其中直接往返高砂（台湾）的贸易船达 11 艘之多。[18] 可见，在荷兰人侵占大员港之前，由于中国商人与日本商人的经营，台湾作为东西洋商贸转运站业已略具规模。

（二）欧人东来与台湾在东亚海域政治经济结构中位置的强化

15 世纪末 16 世纪初，葡萄牙人、西班牙人开辟新航路，开启了欧洲殖民主义者向美洲新大陆和古老的亚洲进行海盗式殖民活动的新时代。从此，东亚海域也被卷入全球化的进程之中。葡萄牙人于 1557 年侵占澳门为据点，由于明朝政府禁止对日贸易，便使澳门成为中国丝绸、日本白银和东南亚香料重要的贸易基地。1571 年，西班牙人占据吕宋岛的马尼拉，开始在菲律宾建立殖民地。由于西班牙人从美洲殖民地带来大量白银，使马尼拉很快成为中国商人与日本商人从事繁盛的商业贸易之地。1602 年，荷兰联合东印度公司成立，也步葡萄牙、西班牙后尘，在爪哇岛的巴达维亚（现在印尼雅加达）建立殖民据点，以更先进的军事装备和航海技术，迅速把海盗式贸易的触角伸到东亚海域。在荷兰与葡萄牙、西班牙在东亚海域进行激烈角逐的过程中，台湾充当了重要角色，其在东亚海域政治经济结构中作为海盗据点和商贸转运站的位置进一步得以强化。

荷兰在葡萄牙、西班牙之后闯入东亚海域，一开始就在寻求贸易据点。在攻打葡萄牙侵占的澳门失败之后，荷兰人便从中国东南沿海北上进入台海地区，继续寻找贸易据点。当时，荷兰人以葡萄牙人、西班牙人为敌，其之所以要想方设法占领澎湖和台湾，就是希望在中国东南沿海获得一个从事中日转口贸易的据点，"取代葡人与西人以中国货物对日本贸易，从而在日本换取大批银两来购买运回荷兰的货物"。[19] 荷兰人于 1622 年占据澎湖，修筑了城堡，但不久便在明军强大压力之下，被迫拆毁城堡并退出澎湖，转而于 1624 年侵占台湾南部的大员港。荷兰占据大员后，截断了中国、日本与菲律宾（马尼拉）的贸易。1626 年初，马尼拉贸易告急，西班牙总督给国王报告称："现在他们〔荷兰人〕之所以兴筑这防御工事〔热兰遮要塞〕，是因为那地方控制着由泉州到这个城市〔马尼拉〕的船只通路。他们达成此一目的之法，是对明官员行贿，并威胁要像迄今这般劫掠他们，也就是说，要保护生丝并带往日本及荷兰，一如他们现今所为，将之从这个国家劫走，这样一来便毁了它〔马尼拉〕，因为除了这椿贸易，〔马尼拉〕也没什么重要的东西了。这〔对我们〕造成的伤害很是明白。"[20] 对此，马尼拉大主教嵩兰貂（Miguel GarcÍa Serrano）认为，要制衡荷兰人的商贸活动，就必须征服北台湾。有谓："时间将会分晓〔我们前去攻占福岛之举〕的重要性，荷兰人〔因为我们此举而〕未能采取他们之前扬言的行动，〔也就是〕自中国取得生丝，并快速将之带往……日本出售，换取那王国〔日本〕所富有的银条，这将使他们有足够的财富持续与中国经商，而省去他们每年将'生丝'送回他们自己的土地〔才能卖钱的麻烦〕。"[21] 1626 年以后，西班牙人相继侵占了台湾北部的鸡笼、淡水，并开始修筑城堡，力图突破荷兰人对马尼拉的封锁，恢复马尼拉对中国和日本的贸易。荷兰与西班牙分别在台湾南、北找到贸易据点，而一度得以在台湾安享短暂的和平之局。西班牙侵占北台湾的鸡笼、淡水，主要是为了与荷兰势力抗衡，开展与中国、日本的贸易，并在中国、日本传教。但是，事与愿违，大约十年后，西班牙人就发现，要达到每一个目的都代价高昂而收效甚微。1637 年初，西班牙人就打算撤离北台湾，甚至拆毁了淡水的城堡，而主动退守鸡笼。[22] 1642 年，西班牙人终被荷兰人赶出北台湾。

值得注意的是，荷兰、西班牙侵占台湾的大员、鸡笼与淡水时期（1624—1662 年），并没有改变台湾在东亚海域政治经济结构中作为海盗据点和商贸转运站的角色，在某种意义上可以说，只是进一步强化了这个角色的功能。

其一，荷兰人、西班牙人到台湾的主要目的只是为了商业贸易。在荷兰人来到东亚海域之前，葡萄牙、西班牙已经在中国澳门与菲律宾马尼拉建立了自己的贸易据点。1622 年初，荷兰人决定攻打葡萄牙侵占的澳门，并且计划如果攻打澳门失利，将在澎湖或小琉球（Lequeo Pequeno）获得贸易据点，以阻止西班牙人、葡萄牙人与中国贸易，企图独占与中国的贸易。他们宣称："若有能力则攻占澳门；不然，则放弃这一计划，并在最适合之处筑堡驻扎，然后分别派舰队到澳门和漳州附近巡逻。如此一来，我们认为，可阻止马尼拉、澳门、满剌加、果阿的敌人从事与中国的贸易，从而使我们获得这一贸易。只要有充足的资金，获得与中国的贸易将毫无疑问。"[23]事实上，在攻打澳门失利之后，荷兰人一度侵占澎湖。1624年初，在撤离澎湖之前，荷兰驻澎湖司令官莱尔森（即雷尔松）到厦门与中国官员商谈，曾明确表示他们到中国沿岸，"只有一个目的，即要求友好地进行贸易，二十多年以来一直如此。"[24]为此，荷兰人迫切需要在中国东南沿海寻找一个合适的贸易据点。"我们的目标是，把马尼拉与中国的贸易引至我处，以保证对大部分贸易的永久垄断权。这一目标将无法甚至永远不能达到，除非我们在中国沿海找到落脚之处，并保住这一地盘，以根据实际情况对中国人软硬兼施，终会如愿以偿。"[25]结果，荷兰人在退出澎湖之后，侵占了台湾的大员港。如前所述，由于荷兰人侵占大员之后，直接威胁了西班牙人在马尼拉与中国、日本的贸易，从而促使西班牙人侵占了北台湾的鸡笼、淡水。中文文献也有关于荷兰人在台湾（大员）和西班牙人在鸡笼、淡水与汉人海商私自贸易以及荷兰人与西班牙人在台湾争夺贸易的记载，有谓："海滨之民，惟利是视，走死地如鹜，往往至岛外区脱之地曰台湾者，与红毛番为市。红毛业据之以为巢穴，自台湾两日夜可至漳、泉内港。而吕宋佛郎机之夷见我禁海，亦时时私至鸡笼、淡水之地与奸民阑出者市货。……至若红毛番一种，其夷名加留巴，与佛郎机争利，不相得。曩虽经抚臣大创，初未尝我怨，一心通市，据在台湾，自明禁绝之，而利乃尽归于奸民矣。"[26]这是时人对荷兰人、西班牙人来到东亚海域谋求通商牟利的直接观察。

其二，到台湾的荷兰人、西班牙人是以海盗的面目出现，他们实际上只是有明显政府背景的海盗。荷兰人初到澎湖之时，当时中国人也感觉荷兰人"不过是海盗而已"。[27]为了阻止中国商人前往马尼拉与西班牙人贸易，荷兰人便在澎湖和马尼拉附近拦劫中国贸易船只，纯粹一派海盗行径。据荷兰东印度公司驻澎湖司令官雷尔松向巴达维亚总督顾恩报告，1623年5月11日、6月4日，荷兰人在澎湖附近劫掠了一艘300人的中国商船，在马尼拉附近劫掠了三艘约载有800人的中国商船。[28]为了获得与中国人贸易的机会，荷兰人不仅竭尽全力抢劫前往马尼拉贸易的中国商船，以阻止他们前往马尼拉与西班牙人贸易，而且还随时伺机抢劫从澳门前往日本贸易的葡萄牙商船。据雷尔松致函总督卡本提耳称："我们要把此地派得出去的大船或快艇，尽量都派去中国沿岸，即漳州河的前面，去攻打中国人，因为他们完全不肯交易通商……我们的船只要全力去追捕要航往马尼拉的戎克船。虽然我方的人认为那是不可能的事情，因为那里有很多他们可以出海的港湾，我们还是要去设法阻止他们出海，竭力使他们的戎克船无法航往马尼拉；也要尽可能地去大量捕捉中国人。如果在那里守候数天，看到没有机会夺取要航往马尼拉的船只，就要往下方〔南方〕去攻击所有的海湾和河流，去破坏他们的船，捕捉他们的人。并要在季节风一开始，就去澳门的前面守候，去截捕〔据 Van de Wercke 先生所说的〕要在季节初期航往日本的葡萄牙人的小型帆船。"[29] 其实，荷兰东印度公司在台湾是一个海盗性质的组织，其占据澎湖与台湾只是作为海盗据点，以海盗方式从事国际商贸活动。据中文文献记载："台湾位于漳州、泉州二府之南。……此处又为海贼巢穴，自故明丁巳年以后，荷兰国贼船扰犯东山岛东北漳州、泉州二府沿海诸岛时，皆由郑芝龙指引，并以台湾为薮汲栖身之所。从此筑城居住，屯货贸易。"[30] 荷兰人盘踞台湾，只是在东亚海域建立了一个海盗贸易据点而已。

其三，荷兰、西班牙在台湾只是占据了大员、鸡笼与淡水几个据点，并没有控制整个台湾，其对台湾汉人及少数民族也没有进行实质性的政治统治。荷兰人占据大员之后不久，郑芝龙继承颜思齐、李旦的衣钵，成为汉人海商海盗集团首领，在台海地区颇为活跃。据《巴达维亚城日记》1628 年 6 月 1 日条记载："余等又闻中国海贼在海上称霸，我国人不得已退避之。贼人一官拥有戎克船一千艘，屡袭陆地，侵入陆上二十哩追逐土番，占领厦门及海澄，破坏焚杀，故人皆畏惧。"[31] 可见当时郑芝龙（一官）在台海地区的势力之大，使荷兰人也不得不畏惧避之。崇祯元年（1628）六月，郑芝龙接受明朝政府招抚，担当"擒贼擒夷"[32] 的重任。此后，作为明朝政府的"海防游击"，郑芝龙既要对付台湾海峡的李魁奇、钟斌、刘香等海盗势力，还要应对盘踞台湾的荷兰、西班牙势力。郑芝龙凭借自己多年积累的海上实力，不仅连续击败了李魁奇、钟斌、刘香等海盗集团，而且一度压制荷兰东印度公司，实际控制台湾海峡贸易主导权。[33] 当时，郑芝龙集团不仅垄断了台海贸易，而且在台湾岛上也有一定势力。崇祯年间，福建因大旱而发生严重饥荒，郑芝龙曾向巡抚熊文灿建议招饥民赴台移垦。"乃招饥民数万人，人给银三两，三人给牛一头，用海舶载至台湾。令其芟舍，开垦荒土。厥田惟上上，秋成所获，倍于中土。其人以衣食之余，纳租郑氏。后为红夷所夺，筑城数处：曰台湾，曰鸡笼，曰淡水；此外又有土城数十处。台湾之城……城中红夷不过千余人，其余皆郑氏所迁之民也。"[34] 郑芝龙不仅招来大批汉人移民台湾，而且在所谓"荷据台湾时期"，郑芝龙、郑成功势力在台湾都有一定的控制力。他们曾长期在台南魍港一带向汉人渔民征收年税，直到1651年4月当荷兰人抓捕到一艘从大陆来收税的戎克船才被意外发现。[35] 可见，所谓"荷据台湾时期"汉人海上势力仍在台海地区及台湾岛上非常活跃，荷兰人与西班牙人并没有完全控制台湾。

至于荷兰人、西班牙人与台湾汉人及少数民族的关系，其实也值得重新检讨。荷兰东印度公司在大员建立的机构是商馆，主要功能是贸易；西班牙人在鸡笼、淡水建立的城堡也属从事贸易活动的商馆性质。无论是荷兰人，还是西班牙人，他们在南、北台湾并没有实行严格的行政管辖，其与台湾汉人及少数民族的关系主要还是邻居或敌人、商业贸易伙伴或对手、不同信仰的异教徒。荷兰与西班牙在台湾究竟实行了多大程度的政治统治是值得怀疑的。一个显著的否定事例是，1662年2月1日，荷兰人在郑成功大军围困九个月之后，与郑成功签订投降"条约"共计18款之多，但没有任何一条涉及台湾的领土、主权及治权交接转让问题，都只是关于荷兰商馆人员及其附属物品如何撤离热兰遮城事宜。[36] 这就像一个强势的盗贼闯进民居被主人发现后，被同样强势的主人困住并在其威严监督之下全身而退一样。荷兰并不曾拥有台湾的领土、主权及治权，是不言而喻的。稍微放开视野、拉长时段来看，其实荷兰人、西班牙人在台湾一直与汉人海上势力竞争，郑成功最终把荷兰人赶出台湾，可谓汉人海上势力的最后胜利。另外，所谓经济统治的征税问题则较为复杂。西班牙人并没有向北台湾的土著征过税。[37] 荷兰人曾试图向来台贸易的日本人征税，但遭到激烈抵制而作罢。[38] 荷兰人1644年开始向台湾少数民族征税，但1647年就取消征税制了。[39] 至于荷兰人向汉人征收人头税，实际上被汉人视为"地头抽取保护费"一样，汉人并不承认荷兰人政权的正当性。[40] 同样，郑芝龙、郑成功势力曾长期对台南魍港一带汉人渔民征收年税，其实也是对"那些年年缴税的贫穷可怜的渔夫"收取"保护费"，"因为他们若不缴税，就担心他们在中国的家属、亲戚或朋友会遭遇危难"。[41] 学界还有一种所谓荷兰人与汉族移民在台湾共同构建殖民地（所谓"共构殖民"，co-colonization）的观点，[42] 其实并不是真实的历史存在。[43]

随着新航路开辟与欧洲人闯入东亚海域，荷兰东印度公司在台湾南部大员建立海盗式贸易据点，开辟了从福建到台湾，再从台湾至日本或巴达维亚—东南亚、欧洲的贸易路线；西班牙人在台湾北部鸡笼、淡水建立海盗式贸易据点，开辟了从福建到台湾，再从台湾至日本或马尼拉—东南亚、美洲、欧洲的贸易路线。这样便把此前中国海上势力与日本商人开辟的以台湾为转口贸易中心的中国—日本—东南亚贸易，扩展到欧洲、美洲，使台湾作为商贸转运站的功能进一步强化。虽然这种功能的强化非常明显，但并没有发生实质性变化，就是没有从根本上改变台湾作为海盗据点和商贸转运站的性质。

二、中国东南海疆的门户与屏藩

台湾自古以来与大陆关系紧密，不仅地理上一衣带水，文化上与人种上也是渊源颇深，这些均可从台湾考古学界多年来一系列重要的考古发现得到坚实的证据。[44] 明朝末年，福建的明军便到台湾追剿海盗，甚至在赤勘（赤崁）筑城，台湾开始被纳入明朝军队国防防区的范围。郑成功驱逐荷兰人之后建立的明郑政权，更是第一次在台湾实施真正建制化的行政管理，从而使台湾成为中国东南海疆的门户与屏藩。康熙统一台湾，结束了南明残余势力在台湾的遗存，实现了中国领土与主权的完全统一，进一步强化了台湾作为中国东南海疆的门户与屏藩的角色。

（一）明郑以前台湾在中国东南海疆中的战略地位

明朝中后期，随着倭寇侵扰的加深以及闽粤海盗势力的兴盛，明朝政府也加强了对东南沿海地区的防御与管控。当时被称为"北港"或"东番"的台湾，已为日本所垂涎，也引起福建地方官府的极大关注，甚至萌发在台湾派遣军屯、设置郡县的设想。可见，从中国东南海疆防务的角度看，至少在明末，台湾已被纳入明朝政府国防防区的范围。

福建明军还曾到台湾岛上追剿海盗，这有两个典型事例：其一是胡居仁赴台追剿林凤集团。万历二年（1574）六月，潮州海盗林凤（又称林凤鸣、林阿凤）在福建总兵胡守仁、参将呼良朋追剿之下，从澎湖逃到台南魍港。在台湾岛上，明军联合当地少数民族合攻林凤，迫使林凤远走吕宋（菲律宾）。据《明实录》记载："逋贼林凤鸣拥其党万人东走，福建总兵胡守仁追逐之，因招渔民刘以道谕东番合剿，远遁。""福建海贼林凤自澎湖逃往东番魍港，总兵胡守仁、参将呼良朋追击之。传谕番人夹攻贼船，煨烬，凤等逃散。"万历四年（1576）九月，林凤在吕宋被西班牙军队击败，再次突围远逃。"巡抚福建金都御史刘尧海奏报，把总王望嵩等，以吕宋夷兵败贼林凤于海，焚舟斩级，凤溃围遁，复斩多级，并吕宋所赍贡文物以进。"[45] 据西班牙史料记载，当年林阿凤从澎湖被明军追击，逃到班萨（Banzán）岛（可能是台湾岛的某处），亲率62艘船舰远征吕宋，"其他的兵力与人员则于班萨（Banzán）岛留守"，显然班萨（Banzán）

岛是其根据地。福建巡抚派把总王望高（似为"王望嵩"之误）等一路搜寻林阿凤，直到吕宋，与西班牙人联合击败林阿凤。[46]

其二是沈有容赴台追剿倭寇。万历三十年（1602），曾在广东、福建、浙江沿海流窜的一股倭寇，以台湾为巢穴，四出劫掠，严重影响台湾海峡商业、渔业活动及台湾岛上少数民族的生活。据有关史料记载："先是倭众六七艘流劫东粤，迤逦闽、浙间；至东番，披其地为巢，四出剽掠，商渔民病之。""贼据东海三月有余，渔民不得安生乐业，报水者（渔人纳赂于贼名曰报水）苦于羁留，不报水者束手无策，则渔人病倭强而番弱；倭据外澳，东番诸夷不敢射雉捕鹿，则番夷亦病。"[47]是年冬（1603 年初），福建浯屿把总沈有容率大军从金门料罗湾出发，经澎湖前往台湾追剿倭寇，在台南近海与倭寇大战，将盘踞台湾这股倭寇一举歼灭，一时大快人心。"今此捷也，东夷踊跃于山，渔民歌颂于海。"随后，沈有容率军在台南登陆，受到当地少数民族的热情欢迎。"东番夷酋扶老携幼，竞以壶浆、生鹿来犒王师，咸以手加额，德我军之扫荡安辑之也。"[48]无论如何，胡居仁、沈有容赴台追剿海盗的事例，表明台湾已在福建明军的军事防御与管控范围之内。

日本侵犯台湾对中国东南沿海边疆防务的冲击，迫使福建地方官员从东南海疆安危的角度思考台湾问题。万历四十四年（1616），日本长崎代官村山等安派遣 13 艘兵船远征台湾（鸡笼淡水与东番），引起中国东南沿海一场边疆危机。福建巡抚黄承玄高度警觉，认为日本侵占台湾将对闽、浙、粤沿海造成严重威胁。有谓："鸡笼淡水，俗呼小琉球焉，去我台、礵、东涌等地，不过数更水程；又南为东番诸山，益与我彭湖相望。此其人皆盛聚落而无君长，习镖弩而少舟楫；倘今倭奴遂得装舰率徒，以下琉球之余劲，抚而有之，侦我有备则讲市争利，乘我隙瑕则阑入攻剽。闽及浙、广之交，终一岁中得暂偃其枪燧乎。""今鸡笼实逼我东鄙，距汛地仅数更水程。倭若得此而益旁收东番诸山，以固其巢穴，然后蹈瑕伺间，为所欲为。指台、礵以犯福宁，则闽之上游危；越东涌以趋五虎，则闽之门户危；薄彭湖以瞷泉、漳，则闽之右臂危。即吾幸有备，无可乘也，彼且挟互市以要我，或介吾濒海奸民以耳目我。彼为主而我为客，彼反逸而我反劳。彼进可以攻，退可以守，而我无处非受敌之地，无日非防汛之时。此岂惟八闽患之，两浙之间恐未得安枕而卧也。"[49]黄承玄主张加强澎湖防守，把澎湖与浯屿、铜山连为一体设防，既可以防控民间海商通过台湾与日本的走私贸易，也可以管控沿海渔民到台南北港地区的捕鱼活动，更重要的是，还可以为防范日本侵犯台海地区建立"海上干城"。有谓："闽海中绝岛以数十计，而彭湖最大；设防诸岛以十余计，而彭湖最险远。其地内直漳、泉，外邻东番。……鸡笼地属东番，倭既狡焉思逞，则此彭湖一岛正其所垂涎者。万一乘吾之隙，据而有之，彼进可分道内讧，退可结巢假息，全闽其得安枕乎。……彭湖之险，患在寡援。而浯铜一游实与彭湖东西对峙，地分为二，则秦越相视；事联为一，则唇齿相依。今合以彭湖并隶浯铜，改为浯彭游，请设钦依把总一员，专一面而兼统焉。浯铜原设二十二船，彭湖原设十六船，邻寨协守四船；今议再添造一十二船、增兵四百名，俱统之于钦总。而另设协总二人，一领二十舟扎守彭湖，一领十二舟往来巡哨，遇有警息，表里应援。臂指之势既联，犄角之功可奏矣。夫浯铜系漳、泉门户，彭湖为列郡藩篱。今一设重镇，而有虎豹在山之形，一得内援，而无蛇豕荐食之患，其便一也。顷者，越贩奸民往往托引东番输货日本。今增防设备，扼要诘奸，重门之柝既严，一苇之航可察，其便二也。……至于濒海之民，以渔为业，其采捕于彭湖、北港之间者，岁无虑数十百艘。倭若夺而驾之，则踪影可溷；我若好而抚之，则喙息可闻。此不可任其自为出没者，宜并令该总会同有司联以什伍，结以恩义，约以号帜，无警听其合艅佃渔，有警令其举号飞报，则不惟耳目有寄，抑且声势愈张。兹险之设，永为海上干城矣。"[50] 万历四十五年（1617），村山等安派明石道友送回掳去的福建侦探把总董伯起，在交接过程中，福建地方官员毫不客气地诘问日人"何故侵扰鸡笼、淡水"、"何故谋据北港"，特别是对日本曾经"欲窥占东番、北港"极为不满，并不惜断绝一切对外贸易，向日本侵犯台湾提出严正警告："汝若一旦恋住东番，则我寸板不许下海，寸丝难望过番，兵交之利钝未分，市贩之得丧可睹矣。"据说明石道友等各指天拱手，连称"不敢、不敢"。[51] 尽管村山等安谋筹侵犯台湾之举因飓风吹散船队而未见功，但此举却使福建地方官员清楚地意识到中国东南海疆面临着被外敌侵犯的严峻形势，使他们不得不慎重思考台湾与东南海疆安危的现实问题。

值得注意的是，万历末年，在台湾岛上海盗与倭寇猖獗的复杂形势下，明朝政府的军事管辖权已经及于台湾，一个典型的事例是福建水师军官赵若思（秉鉴）曾经在赤崁修建了城堡。陈小冲教授发现张燮《霏云居续集》卷四十《海国澄氛记》有如下记载："东番者，在澎湖岛外，去漳仅衣带水。奸民林谨吾通归彼中为酋主互市，与倭奴往还。长泰人沈国栋亦子衿也，集众海外行劫，声势渐盛，便欲谋据东番，窃此为夜郎王。自以为形陋不足威远夷，推杨钟国为渠帅，而自立为军师。若思既谋攻郡县，翻念安顿处所，莫如东番。遂收杨、沈为唇齿，厦门把总林志武、澎湖把总方舆皆附焉，盖七日而筑城赤勘（嵌）

矣。"据陈小冲教授研究，尽管赵若思（秉鉴）有反叛之意，并很快被福建巡抚王士昌镇压，但他以明朝军官身份筑城赤崁之举颇有象征意义。这表明，万历四十六年（1618）之前，福建军方已经在台湾本岛设置了城堡，这是我国军事当局在台湾建立的首个前进基地，即代表着中国政府的管辖权已正式及于台湾本岛了。他进而论证，赵若思（秉鉴）最有可能于 1617 年在台湾赤崁设置城堡，这比荷兰殖民者侵入台湾早了整整 7 年。[52]

另一个关键人物是郑芝龙。郑芝龙的身份非常复杂，他先以海商海盗起家，后于崇祯元年（1628）受抚为明朝官员。他不仅在荷兰人侵入台湾之前就已经开发利用台湾，而且在荷兰人入侵台湾以后仍然一度控制台湾海峡的贸易主导权，并在台湾岛上占据一定势力。清代"筹台宗匠"蓝鼎元直接说出了郑芝龙在台湾早期开发历史脉络中的位置。有谓："台地宋元以前，并无人知。至明中叶，太监王三保舟下西洋，遭风至此，始知有此一地。未几，而海寇林道乾据之、颜思齐、郑芝龙与倭据之，荷兰据之，郑成功又据之。"[53]郑芝龙在崇祯元年就抚以后，还招集大量移民开发台湾。从林道乾、颜思齐，经郑芝龙到荷兰人，再到郑成功，可见郑芝龙是台湾早期开发历史中非常关键的一环。

郑芝龙、郑成功父子与荷兰人在台湾的关系颇为复杂。荷兰人侵入台南以后，并没有迅速控制台南地区，而是在相当长时期内与郑芝龙等海盗势力争逐，甚至其在台湾能否开展自由贸易都取决于郑芝龙的态度，当然这都有背后的交易。一个关键的史实是，郑芝龙在荷兰人入台初期，曾经与荷兰人有过协议，允许荷兰人在台湾自由贸易通商。据荷兰史料记载，当时福建海盗李魁奇打败郑芝龙后一度在台湾海峡横行，使荷兰在大员的商贸状况非常糟糕，"从日本完全没有船来，跟中国的交易在短期内也显然非常微小"。[54]郑芝龙投降明朝，荷兰人亟待通过郑芝龙获得大员与福建的自由贸易。崇祯三年初（1630 年 2 月），荷兰人协助郑芝龙（一官）、钟斌对付李魁奇，事前曾经提出一个重要条件，就是："一官须于获胜之后，让我们在漳州河进行贸易，对商人来跟我们交易的通路不得有任何限制，而且要热心地向军门争取承诺已久的长期的自由贸易。"荷兰人的目的很明确，就是要郑芝龙帮助实现在台湾海峡的自由贸易，由此可见当时郑芝龙在台湾海峡的影响力之大。在打败李魁奇之后，荷兰人与郑芝龙在厦门谈判，郑芝龙承诺答应荷兰人的上述条件："一、他将终生让我们在漳州河及大员享受通商，他去世之后，他的继承者也要继续遵守这个原则。二、他将为我们写信给军门，帮我们取得承诺已久的自由贸易，可永远享受的自由贸易。"[55]荷兰人在"漳州河（福建月港）及大员享受通商"需要取得郑芝龙的承诺，表明当时郑芝龙在台湾海峡及台湾岛上均有一定控制力。这个事实，后来被认为是郑芝龙曾经租借台湾给荷兰，从而成为郑成功驱荷复台的正当理由。施琅叙述台湾历史时，有云："郑芝龙为海寇时，以为巢穴。及崇祯元年，郑芝龙就抚，将此地税与红毛为互市之所。"[56]正因此层关系，所以，郑成功北伐南京失败而退踞厦门之际，便有人建议他进取台湾，以便收取"故土"。据黄宗羲《赐姓始末》记载："成功之败而归也，以厦门单弱，为谋所向，中途遇红夷船，其通事乃南安人也，谓成功曰：'公何不取台湾？公家之故土也。有台湾，则不患无饷也。'"[57]对此，荷兰史料也有不少明确的记载。郑成功率大军进攻台湾，在抵达鹿耳门的第二天（1661年5月1日），就给荷兰驻台长官揆一等送去书信和告示，宣称：

澎湖群岛（Piscadores）距离漳州诸岛不远，因此隶属漳州；同样，台湾因靠近澎湖群岛，所以台湾也应在中国政府的统治之下；因而，也应该明白，这两个滨海之地〔指澎湖群岛与台湾〕的居民都是中国人，他们是自古就已据有此地，并在此地耕种的人。以前，当荷兰人的船来谋求贸易通商时，荷兰人在这些地方连一小块土地也没有；那时家父一官出于友谊，指这块土地给他们，但只是借用而已……

现在，我要来取用我的土地。这块土地是家父借给荷兰公司的，对此有谁可以反对？现在我且亲自来了，要来改善这块土地，并且要在这块土地上建造几个美丽的城市。因此，现在要想好，并且要迅速地，来向我归顺。

随后，郑成功又不断写信敦促荷兰人尽快投降归顺，并进一步强调说："我来此地，不是要来用不公正的态度夺取什么，只是要来收回属于家父，因而现在属于我的这块土地；这块土地只是给公司借用的，从未给过公司所有权。这件事，现在无论如何都必须被承认。"[58]他还当面对荷兰使者说明："该岛一向是属于中国的。在中国人不需要时，可以允许荷兰人暂时借居；现在中国人需要这块土地，来自远方的荷兰客人，自应把它归还原主，这是理所当然的事。"并且明确表示："此来的目的并非同公司作战，只是为了收回自己的产业。"尽管荷兰人也曾狡辩，甚至指责郑成功"入侵是非法的"，但郑成功不为动摇，"重申他坚定不移的目的是要荷兰人放弃全岛"。[59]郑成功从中国人最早居住、最早开发利用、事实上占有台湾的角度——所谓"这两个滨海之地〔指澎湖群岛与台湾〕的居民都是中国人，他们是自古就已据有此地，并在此地耕种的人"，以此来说明台湾应该归属中国，相对于荷兰只是暂时借用作为贸易通商之地来说，无疑具有更加充足的理由。[60]他对荷兰使者所说"该岛一向是属于中国的"，则明确地宣示了中国对于台湾的领土主权。

在郑成功攻台之时，台湾的汉人大都是郑芝龙时期迁来的移民。正是这些汉族移民，曾经给予郑成功军队以有力的支持。当郑军在鹿耳门海湾实施登陆时，"随即有几千中国人出来迎接他们，用货车和其他工具帮助他们登陆。这样，不到两个小时，……几千个士兵已经完成了登陆"。郑军包围普罗文查城，切断其同热兰遮城的联系，"由于得到中国居民中二万五千名壮丁的帮助，在三四小时内就完成了"。[61]正是得到成千上万汉族移民的多方面支持，使郑成功得以长时间围困荷兰人的城堡，并最终迫使荷兰人投降。郑成功攻取台湾之后所写《复台》诗有云："开辟荆榛逐荷夷，十年始克复先基；田横尚有三千客，茹苦间关不忍离。"在第二句"十年始克复先基"后面特别注明："太师会兵积粮于此，出仕后为红毛荷兰夷酋长弟揆一王窃踞。"[62]可见，郑成功非常清楚台湾曾是乃父的基业，只是被荷兰人"窃踞"了，因而很自觉地把收复台湾的事业认同于恢复先辈的基业，而这又是他敢于对荷兰殖民者庄严宣示中国领土主权的思想基础。

尤其值得注意的是，郑成功驱逐荷兰殖民者，收复台湾，则使台湾的战略地位开始发生根本性的改变：一方面使台湾成为明郑政权经营海上贸易的根据地，继续发挥台湾作为国际商贸转运站的功能；另一方面则使台湾成为明郑政权的抗清基地，也是中国南明王朝东南海疆的要地。其第二方面的改变至关重要，既与明郑政权的性质相关，也与郑成功及明郑政权在台湾的各项建设相关。

郑成功驱荷复台后在台湾建立的政权，并不是独立王国，实际上是中国南明王朝的一部分，亦可谓南明之余绪。郑成功在与荷兰人交涉的过程中一直使用"大明招讨大将军国姓"的身份，便清楚地表明了郑成功与明朝的关系，故称其为"明郑政权"是恰当的。此还可以其在台湾的行政建制为证。事实上，在驱荷复台过程中，郑成功便开始着力经营台湾。首先是行政建制。"改赤崁地方为东都明京，设一府二县。以府为承天府，天兴县，万年县，杨戎政为府尹，以庄文烈知天兴县事，祝敬知万年县事。行府尹查报田园册籍，征纳□银。改台湾为安平镇。"[63]郑成功遥奉南明永历政权为正朔。此所谓"东都明京"，就是南明永历皇帝的东方首都。这便把台湾纳入南明王朝疆土之中，成为其东南海疆前哨。尤可注意者，其府县建制，正是大陆自秦汉以来基层政权形式在台湾地区的首次出现，也是台湾行政机构内地化的典型表征。其次是寓兵于农，实行屯垦制度。允许文武各官及总镇大小将领家眷，在承天府或其他各地圈地，创建庄屋，开辟田园，"永为世业，以佃以渔及经商，取一时之利，但不许混圈土民及百姓现耕田地"。[64] 再次是招来移民，推广大陆先进的农业生产技术。[65] 不幸的是，郑成功在驱荷复台之后不久（1662年6月23日）就去世了。其子郑经继承郑成功的事业，进一步开发台湾。尽管清政府对台湾实行禁海迁界的封锁政策，但在明郑政权22年间（1661—1683），台湾的社会经济仍然得到发展，人口也不断增长。据统计，明郑时代台湾耕地总面积达30054甲，比荷据时代增加17800甲，扩大1.45倍；明郑时代台湾汉人人口10万—12万人，与荷据时代汉人人口4.5万—5.7万人相比，增加了6万人左右。[66] 奉康熙皇帝之命统一台湾的施琅曾亲历其地，"备见沃野土膏，物产利溥，耕桑并耦，鱼盐滋生，满山皆属茂树，遍处俱植修竹。硫磺、水藤、蔗糖、鹿皮，以及一切日用之需，无所不有。向之所少者布帛耳，兹则木棉盛出，经织不乏。且舟帆四达，丝缕踵至，饬禁虽严，终难杜绝。实肥饶之区，险阻之域。……今台湾人居稠密，户口繁息，农工商贾，各遂其生。"[67] 可见，经过明郑政权的经营开发，台湾已经成为中国东南沿海一个富庶的宝岛。

（二）康熙统一台湾与台湾在中国东南海疆中地位的强化

明郑政权存在期间，由于南明王朝与清朝的对峙，台湾与大陆是分治的。康熙皇帝派施琅平台，完成了中国领土与主权的统一，最终使台湾成为中国东南海疆的门户与藩篱，成为大一统中国不可分割的一部分。

在清朝与明郑政权对峙时期，因大陆内部政治尚未稳定，一直战乱不断，曾经对台实行招抚政策，双方断断续续进行了长期的和平谈判。这期间，郑成功、郑经父子出于策略的考虑，曾经多次用所谓"照朝鲜事例"对付清政府谈判代表，希望清政府允许台湾作为像朝鲜一样向清朝称臣纳贡的藩属国。对此，康熙皇帝坚决予以拒绝，有谓："至于比朝鲜不剃发、愿进贡投诚之说，不便允从。朝鲜系从来所有之外国，郑经乃中国之人。若因住居台湾，不行剃发，则归顺悃诚,以何为据。"[68]"台湾贼皆闽人，不得与琉球、高丽比。"[69] 在康熙皇帝心目中，台湾与朝鲜显然有中外之别，台湾不是像朝鲜、琉球一样的外国，郑经本来就是中国人，既要表示归顺的诚意，就必须"遵制剃发"，即遵从代表中国的清朝的制度与文化。对于这一点，康熙皇帝毫不含糊。从康熙皇帝多次坚拒台湾郑氏"照朝鲜事例"的史实，可见其对台招抚政策的底线就是国家统一，就是要把台湾纳入大一统中国之内。在平定"三藩之乱"以后进攻台湾之时，康熙皇帝认为："今天下已尽荡平，所余者海上一区耳。"[70] 康熙皇帝所心系之"海上一区"就是台湾。施琅征台成功，康熙皇帝为施琅加官晋爵，洋洋自得，有谓："自明朝以来，逋诛积寇，始克殄除，濒海远疆，自兹宁谧。"[71]平定台湾使东南海疆得以安宁，这是康熙皇帝完成国家统一的重要步骤，也是其引以为傲的不世之功。

康熙统一台湾之后，由于对台湾地位认知的差异，曾经在清政府内部发生台湾弃留问题的争议。平台主将施琅上疏力陈台湾弃留之利害，坚决主张留住台湾。施琅认为台湾的战略地位非常重要："台湾地方，北连吴会，南接粤峤，延袤数千里，山川峻峭，港道纡回，乃江、浙、闽、粤四省之左护。"他主张台湾决不可弃，必须坚守，有谓："盖筹天下之形势，必求万全。台湾一地，虽属外岛，实关四省之要害。勿谓彼中耕种，尤能少资兵食，固当议留；即为不毛荒壤，必借内地挽运，亦断断乎其不可弃。……弃之必酿成大祸，留之诚永固边圉。"[72]于是，康熙皇帝果断决绝地把台湾收归清朝版图，在台湾设立一府三县：台湾府，下设台湾县、凤山县、诸罗县，由台厦兵备道分辖，隶属福建省。台湾设府置县，从此被纳入清朝中央政府管辖之下，加快了台湾从边陲到内地化的进程。康熙时期，中国东北、西北、西南边疆是康熙皇帝长年征战之地，而以台湾为中心的东南沿海也是其用心经营的地区。在长期的和平时代，康熙皇帝也不忘思考台湾问题。他常对臣下说："今天下太平日久，曾经战阵大臣已少，知海战之法者益稀，日后台湾可虞。台湾一失，难以复得。"[73]"朕思台湾、澎湖之地，关系甚大。"[74]"即如台湾、南澳，人以为孤悬海外，无关紧要。自得其地，福建、广东之贼，便无容身之地，所系匪轻。"[75]正是在经营台湾的过程中，康熙皇帝逐渐萌发了海疆观念。在其上谕中，已可见用"海疆要地"[76]之词称呼台湾。显然，在康熙皇帝心目中，台湾已经成为中国东南海疆重要的战略基地。

雍正、乾隆时期，清政府治理台湾已与"海疆"建设密切相关。雍正元年（1723），巡视台湾御史吴达礼等奏称："台湾民番错处，全在地方官调剂得宜，方于海疆有济。"[77]雍正五年（1727），有一道关于台湾班兵换防的上谕称："台湾防汛兵丁，例由内地派往更换，而该营将弁往往不肯将勤慎诚实营伍中得力之人派出，是以兵丁到彼不遵约束，多放肆生事。此乃历来积弊，朕知之甚悉。嗣后台湾换班兵丁，着该管官弁将勤慎可用之人挑选派往，倘兵丁到彼有生事不法者，或有发觉，或被驻台官员参出，将派往之该管官一并议处。如此则各营派拨兵丁不敢苟且塞责，而海疆得防汛之益矣。"[78]乾隆元年（1736），浙闽总督郝玉麟奏称："惟是台湾孤悬海表，为闽粤浙江等处各省屏障，民番杂处，地方最为紧要，文武员弁全在得人，苟非人地相宜之员，弗克胜任。"[79]由于台湾作为东南各省屏障的重要战略地位，使得清政府在台湾设府置县以后选派赴台官员时特别慎重，以期保证东南海疆的安全。

由于清政府对台湾实施有效管辖，并在对外贸易方面长期实行较封闭的海禁政策，使台湾作为海盗据点及商贸转运站的功能日渐丧失。但是，台湾在中国海防战略中的重要地位却不断得以强化，此为历来关注海疆安危者所重视。正如蓝鼎元所谓："台湾海外天险，治乱安危，关系国家东南甚巨。其地高山百重，平原万顷，舟楫往来，四通八达。外则日本、琉球、吕宋、噶啰吧、暹罗、安南、西洋、荷兰诸番，一苇可航；内则福建、广东、浙江、江南、山东、辽阳，不啻同室而居，比邻而处，门户相通，曾无藩篱之限，非若寻常岛屿郡邑介在可有可无间。"[80] 事实上，康熙统一台湾之后，清政府便不断加强对台湾的政治军事管辖，逐步把台湾纳入东南海疆国防体系之中。据王宏斌教授研究，如同中国沿海各省各府一样，清代前期福建台湾府不仅按照朝廷旨意，严格划分了内洋与外洋，明确了水师官兵的水陆汛地，而且建立了比较严格的巡逻会哨制度。凡是靠近台湾府和澎湖厅治所所在岛屿（台湾岛和澎湖岛）岛岸的岛屿和洋面均被划入内洋，纳入文武官员共同的管辖范围；凡是远离台湾府和澎湖厅治所所在岛屿（台湾岛和澎湖岛）岛岸的岛屿和洋面均被划入外洋，由水师官兵负责巡洋会哨。台湾海峡在清代前期已经形成了"两纵八横"的海道网络。水师的管辖范围大致包括台湾海峡全部水域和台湾岛周围海道以内的内外洋水域。台湾南面的琉球屿、七星岩，东面的兰屿（红头屿）、绿岛（火烧屿），北面的鸡笼、花瓶屿、棉花屿、钓鱼台等作为商船、渔船、兵船或海匪船只的临时港口及其所在洋面是清代环台湾海道的重要组成部分，已经被纳入清军水师巡哨、管控范围。[81] 台湾及其周边附属岛屿均被纳入清军水师有效防区之内，表明台湾作为中国东南海疆门户与藩篱的地位得到空前的强化。

三、结　语

综上所述，从东亚海域与东南海疆的双重视角，较长时段地展示明清之际台湾战略地位演变的历史脉络，有一个双向演进与交互演化的历史过程。

一是从世界史的角度看，台湾是东亚海域的海盗据点与国际商贸转运站。明清之际的东亚海域，首先是中国与日本之间各种政治经济势力角逐的舞台，汉人海商海盗势力与日本海商及倭寇，曾经盘踞台湾，并以台湾为中国大陆、日本与东南亚之间的商贸转运站。新航路开辟以后，欧人势力东来，葡萄牙、西班牙、荷兰等早期殖民主义国家都曾不同程度地觊觎过台湾，尤其荷兰人与西班牙人还曾短暂（1624—1662 年）占据台湾南部大员与北部鸡笼、淡水作为海盗式商贸据点，使台湾作为东亚海域国际商贸转运站的地位得以强化，从中国、日本与东南亚贸易扩展到欧洲、美洲。当时台湾在东亚海域政治经济结构中的角色，首先是汉人海商海盗势力塑造的，荷兰人、西班牙人作为具有西方殖民主义国家背景的海商海盗势力只是强化了这个角色，并没有从根本上改变其性质。

二是从中国史的角度看，台湾又是中国东南海疆的门户与屏藩。早在明朝中后期，随着倭寇的不断侵扰，以及闽粤海盗势力的兴盛，明朝政府也加强了对东南沿海地区的防御与管控，并把台湾纳入中国东南海疆国防防区范围之内，使台湾成为中国东南海疆的前哨阵地。随后，郑成功驱荷复台，明郑政权在台湾开始设府置县，建设与开发台湾，使台湾成为南明王朝的海疆要地，并成为与清朝对抗的重要基地；康熙统一台湾，结束了清朝与明郑政权的对峙，继续按照内地规制建设与开发台湾，加速了台湾走向内地化的进程，进一步强化了台湾作为中国东南海疆门户与屏藩的战略地位。

台湾无论是作为东亚海域的海盗据点与国际商贸转运站，还是中国东南海疆的门户与屏藩，都曾经有一个相对独立演进的历史过程。只有在明清易代之际，尤其是在康熙统一台湾之后，才使台湾的战略地位实现了交互演化的复杂进程：完成从东亚海域的海盗据点与国际商贸转运站到中国东南海疆的门户与屏藩的根本转变。

注释

[1] 中国台湾学者凌纯声教授较早提出"亚洲地中海"的概念，认为："亚洲地中海的东南西三岸为环形的岛屿所环绕，自北向南而西，有阿留申弧、千岛弧、日本弧、琉球弧、菲律宾弧、摩鹿加弧，自帝汶而爪哇至苏门答腊的马来弧，再北上有安达曼弧。在这一连串的弧形岛屿中之海，可称之为广义的亚洲地中海。欧洲地中海是东西向的，以西西里岛分为东西地中海。亚洲地中海为南北向，可以台湾分开为南北两地中海，有时我们称北洋和南洋。"（参见凌纯声：《中国古代海洋文化与亚洲地中海》（原载《海外杂志》第 3 卷第 10 期，1954 年），《中国边疆民族与环太平洋文化》上册，台北，联经出版公司 1979 年版，第 335 页）法国学者弗朗索瓦·吉普鲁出版了关于"亚洲的地中海"的专著，其所谓"亚洲的地中海"又称"东亚海上走廊"，这条走廊北起海参崴、南达新加坡，连接日本海、黄海、南海、苏禄海和西里伯斯海（参见[法] 弗朗索瓦·吉普鲁：《亚洲的地中海：13-21 世纪中国、日本、东南亚商埠与贸易圈》，龚华燕等译，广州，新世纪出版社 2014 年版，第 1—2 页）。日本学者小川雄平曾把日本海、黄海、东海通称"东亚地中海"，并提出"东亚地中海经济圈""东亚地中海自由贸易圈"的概念

（参见小川雄平：《"东亚地中海经济圈"与城市间经济合作》，《东北亚论坛》1997 年第 4 期；《东亚地中海自由贸易圈形成的可能性》，《东北亚论坛》2000 年第 4 期）。中国大陆学者张生也曾从"东亚地中海"的视角分析钓鱼岛问题，他则把东海、黄海及其附属各海峡通道和边缘内海称为"东亚地中海"（参见张生：《"东亚地中海"视野中的钓鱼岛问题》，《抗日战争研究》2015 年第 3 期）。其实，无论是"亚洲地中海"还是"东亚地中海"，所指范围或有大小，但台湾在其中的地理位置都很关键。

[2] 宋代以后，中国海船出洋有两条航路：一是从福建、广东沿东亚大陆海岸线南下过印支半岛向西所经各地为"西洋"；一是从中国大陆向东横渡台湾海峡沿台湾岛南下菲律宾群岛再南下所经各地为"东洋"。参见刘迎胜：《"东洋"与"西洋"的由来》，《海路与陆路：中古时代东西交流研究》，北京大学出版社 2011 年版，第 17—18 页。

[3] 关于早期汉人势力在台海活动及欧人东来前后台湾地区海权与商贸竞争研究的重要著作有：林仁川著《明末清初私人海上贸易》，华东师范大学出版社 1987 年版；杨彦杰著《荷据时代台湾史》，江西人民出版社 1992 年版；徐晓望著《早期台湾海峡史研究》，海风出版社 2006 年版；李德霞著《17 世纪上半叶东亚海域的商业竞争》，云南美术出版社 2009 年版；陈思著《台湾传统海洋文化与大陆》（杨国桢主编《中国海洋文明专题研究》第九卷），人民出版社 2016 年版；王涛著《明清海盗（海商）的兴衰：基于全球经济发展的视角》，社会科学文献出版社 2016 年版。关于郑成功与明郑政权及其时台海地区商贸活动研究的重要著作，首先值得关注的是厦门大学曾经举办的三次重要的郑成功研究学术研讨会论文集：厦门大学历史系《郑成功研究论文集》，上海人民出版社 1965 年版；郑成功研究学术讨论会学术组编《郑成功研究论文选续集》，福建人民出版社 1984 年版；厦门大学台湾研究所历史研究室编《郑成功研究国际学术会议论文集》，江西人民出版社 1989 年版。重要的个人研究论集有：陈碧笙著《郑成功历史研究》，厦门大学出版社 1995 年版、九州出版社 2000 年版；邓孔昭著《郑成功与明郑台湾史研究》，台海出版社 2000 年版，其修订版《郑成功与明郑在台湾》，厦门大学出版社 2013 年版。最新研究论著是：王昌著《郑成功与东亚海权竞逐》（杨国桢主编《中国海洋文明专题研究》第四卷），人民出版社 2016 年版。明确讨论台湾在明清之际地位问题的重要论文有：何丙仲：《试论 16、17 世纪台湾在远东的地位及郑成功之驱荷复台》，杨国桢主编《长共海涛论延平——纪念郑成功驱荷复台 340 周年学术研讨会论文集》，上海古籍出版社 2003 年版，第 11—29 页；徐晓望：《论郑成功复台之际台湾的法律地位》，《福建论坛》（人文社会科学版）2012 年第 10 期；陈孔立：《康熙二十二年：台湾的历史地位》，《台湾研究集刊》1983 年第 2 期。

[4] 首先值得注意是方豪的研究，1949 年从大陆迁台的方豪基本观点与大陆学者相近，其重要论著有：《台湾早期史纲》，台湾学生书局 1994 年版；《方豪教授台湾史论文选集》，台北，捷幼出版社 1999 年版。在有关早期台湾历史研究中，曹永和的观点颇有代表性，他在前期与大陆学者并无二致，后期则倡导"台湾岛史"研究，台湾史观有着明显转向，并直接影响岛内台湾史研究，其重要论著有两种：《台湾早期历史研究》，台北，联经出版公司 1979 年版；《台湾早期历史研究续集》，台北，联经出版公司 2000 年版。新一代台湾学者相关代表性著作有：陈宗仁著《鸡笼山与淡水洋：东亚海域与台湾早期研究（1400—1700）》，台北，联经出版公司 2005 年版；郑维中著《荷兰时代的台湾社会——自然法的难题与文明化的历程》，台北，前卫出版社 2004 年版；翁佳音著《荷兰时代台湾史的连续性问题》，台北，稻乡出版社 2008 年版；周婉窈著《海洋与殖民地台湾论集》，台北，联经出版公司 2012 年版。

[5] 日本学者村上直次郎、岩生成一、中村孝志是荷兰时代台湾史研究的先驱学者，其代表性论文见村上直次郎等著《荷兰时代台湾史论文集》，许贤瑶译，宜兰，佛光人文社会学院 2001 年版。岩生成一 1936 年在《东洋学报》发表《明末侨寓日本支那人甲必丹李旦考》，认为颜思齐与李旦事迹多有重合，怀疑颜思齐其人在历史上的真实存在，引起学界关于是否真有颜思齐其人的论争。中村孝志的代表性著作是：《荷兰时代台湾史研究》上、下卷，吴密察、翁佳音、许贤瑶编，台北，稻乡出版社 1997、2002 年版。另外，尚可参考松浦章著《东亚海域与台湾的海盗》，卞凤奎译，台北，博扬文化公司 2008 年版。最新的研究参见羽田正著《东印度公司与亚洲的海洋：跨国公司如何创造二百年欧亚整体史》，林咏纯译，新北，八旗文化公司 2018 年版。欧洲学者相关研究的重要著作有：荷兰学者包乐史（Leonard Blussé）著《巴达维亚华人与中荷贸易》，庄国土等译，广西人民出版社 1997 年版；意大利学者白蒂（Patrizia Carioti）著《远东国际舞台上的风云人物——郑成功》，庄国土等译，广西人民出版社 1997 年版；比利时学者韩家宝（Pol Heyns）著《荷兰时代台湾的经济、土地与税务》，郑维中译，播种者文化公司 2002 年版；西班牙学者鲍晓鸥（José Eugenio Borao）著《西班牙人的台湾体验（1626—1642）：一项文艺复兴时代的志业及其巴洛克的结局》，Nakao Eki（那瓜）译，台北，南天书局 2008 年版。美国学者的相关研究著作有：邵式柏（John R. Shepherd）著《台湾边疆的治理与政治经济（1600—1800）》（1993 年英文版）上下册，林伟盛等译，台北，台湾大学出版中心 2016 年版；邓津华（Emma Jinhua Teng）著《台湾的想象地理：中国殖民旅游书写与图像（1683—1895）》（2004 年英文版），杨雅婷译，台北，台湾大学出版中心 2018 年版；欧阳泰（Tonio Andrade）著《福尔摩沙如何变成台湾府？》（2006 年英文版），郑维中译，台北，远流出版公司 2007 年版。

[6] 羽田正：《东印度公司与亚洲的海洋：跨国公司如何创造二百年欧亚整体史》第 107—108 页。

[7] 李国祥、杨昶主编：《明实录类纂·福建台湾卷》，武汉出版社 1993 年版，第 511 页。

[8] 《为海氛多警饬备宜严敬陈防守事宜恳乞圣明采择允行以责实效事》（福建巡抚黄承玄，万历四十四年八月上奏），台湾史料集成编辑委员会编：《明清台湾档案汇编》第 1 辑第 1 册，台北，远流出版公司 2004 年版，第 171 页。

[9] 屠隆：《平东番记》，沈有容辑：《闽海赠言》（《台湾文献丛刊》第 56 种）卷 2，台湾大通书局 1987 年版，第 21 页。

[10] 陈第：《东番记》，沈有容辑：《闽海赠言》（《台湾文献丛刊》第 56 种）卷 2，第 26—27 页。

[11] 郭辉译：《巴达维亚城日记》第 1 册，台北，台湾省文献委员会 1989 年再版，第 49 页。

[12] 《宋克寄总督卡本提耳函》（1624 年 12 月 12 日于大员商馆），江树生主译/注：《荷兰台湾长官致巴达维亚总督书信集（1），1622—1626》，台北，南天书局 2007 年版，第 144 页。

[13] 施琅：《恭陈台湾弃留疏》（康熙二十二年十二月二十二日），《靖海纪事》，王铎全校注，福建人民出版社 1983 年版，第 120—121 页。

[14] 《论闽省海贼疏》[给事中何楷，崇祯（推测）]，《明清台湾档案汇编》第 1 辑第 1 册，第 438—439 页。按：何楷此疏应在崇祯八年。据《明史》记载："崇祯八年，给事中何楷陈靖海之策，言：'自袁进、李忠、杨禄、杨策、郑芝龙、李魁奇、钟斌、刘香相继为乱，海上岁无宁息。今欲靖寇氛，非墟其窟不可。其窟维何？台湾是也。台湾在彭湖岛外，距漳、泉止两日夜程，地广而腴。初，贫民时至其地，规鱼盐之利，后见兵威不及，往往聚而为盗。'"（张廷玉等《明史》卷 323，列传第 211，外国 4，鸡笼，中华书局 1997 年缩印合订版，第 2145 页）

[15] 以上参见林仁川:《明末清初私人海上贸易》第108—116页;徐晓望:《早期台湾海峡史研究》第150—153、192—193页;徐晓望:《郑芝龙之前开拓台湾的海盗袁进与李忠——兼论郑成功与荷兰人关于台湾主权之争》,《闽台文化交流》2006年第1期;陈思:《从各方史料看颜思齐与李旦及荷兰殖民者之间的关系》,《台湾研究集刊》2017年第5期。

[16] 程绍刚译注:《荷兰人在福尔摩沙》,台北,联经出版公司2000年版,第8、28页。

[17] 参见郭辉译:《巴达维亚城日记》第1册,序说,第11页。

[18] 参见岩生成一:《明末侨寓日本支那人甲必丹李旦考》,村上直次郎等著《荷兰时代台湾史论文集》,许贤瑶译,第75—77页。

[19] 程绍刚译注:《荷兰人在福尔摩莎》,第12页。

[20] 转引自鲍晓鸥:《西班牙人的台湾体验(1626—1642):一项文艺复兴时代的志业及其巴洛克的结局》,那瓜译,台北,南天书局2008年版,第35页。

[21] 转引自鲍晓鸥:《西班牙人的台湾体验(1626—1642):一项文艺复兴时代的志业及其巴洛克的结局》,第232页。

[22] 参见鲍晓鸥:《西班牙人的台湾体验(1626—1642):一项文艺复兴时代的志业及其巴洛克的结局》,第347页。

[23] 程绍刚译注:《荷兰人在福尔摩沙》,第8—9页。

[24] 程绍刚译注:《荷兰人在福尔摩沙》,第26页。

[25] 程绍刚译注:《荷兰人在福尔摩沙》,第33页。

[26]《初论开洋禁疏》[工部给事中傅元初,崇祯十二年三月(推测)],《明清台湾档案汇编》第1辑第1册,第403—404页。按:此处"红毛番"指荷兰人,"吕宋佛郎机"指在马尼拉的西班牙人,所谓"奸民"则指汉人海上势力。

[27]《雷尔松寄总督顾恩函》(1623年3月5日于澎湖),《荷兰台湾长官致巴达维亚总督书信集(1),1622—1626》,第34页。

[28]《雷尔松寄总督顾恩函》(1623年9月26日于澎湖),《荷兰台湾长官致巴达维亚总督书信集(1),1622—1626》,第50—51页。

[29]《雷尔松寄总督卡本提耳函》(1624年1月25日于澎湖),《荷兰台湾长官致巴达维亚总督书信集(1),1622—1626》,第77页。

[30]《浙江来降都督史伟琦题本·切断钱粮来源以破郑锦》(康熙七年七月初七日),中国第一历史档案馆、海峡两岸出版交流中心编:《明清宫藏台湾档案汇编》第6册,九州出版社2009年版,第272—273页。

[31] 郭辉译:《巴达维亚城日记》第1册,第61页。

[32]《福建巡抚朱一冯题本·郑芝龙自愿立功赎罪》(崇祯元年六月初四日),《明清宫藏台湾档案汇编》第3册,第125页。

[33] 据学界最新研究,从天启四年(1624)至崇祯十七年(1644),台湾海峡两岸间的贸易经过起步、发展和衰落三个阶段。崇祯八年(1635)之前的十年,是以郑芝龙为首的明朝海商主导台海贸易时期,也是台湾转口贸易刚刚兴起的阶段。崇祯八年(1635)之后至明朝灭亡时(1644年),荷兰东印度公司逐步控制台海贸易的主导权。随着明朝灭亡,中国大陆因战乱使商品生产量下降,加上日本市场对中国商品需求的短暂萎缩,使海峡两岸间的贸易开始衰落,台湾作为转口贸易站的功能随之丧失。参见黄俊凌:《17世纪上半叶台湾海峡贸易主导权问题新探——以荷

兰侵占台湾初期的转口贸易为中心》，《世界历史》2016 年第 5 期。

[34] 黄宗羲：《赐姓始末》，厦门大学郑成功历史调查研究组编：《郑成功收复台湾史料选编》（增订本），福建人民出版社 1982 年版，第 34 页。

[35] 江树生译注：《热兰遮城日志》第 3 册，台南市政府 2004 年版，第 204—205 页。

[36] 江树生译注：《热兰遮城日志》第 4 册，台南市政府 2011 年版，第 788—790 页。

[37] 鲍晓鸥：《西班牙人的台湾体验（1626—1642）：一项文艺复兴时代的志业及其巴洛克的结局》第 83—84、214—215 页。

[38]《德·韦特寄总督卡本提耳函》（1625 年 10 月 29 日于大员商馆），《荷兰台湾长官致巴达维亚总督书信集（1），1622—1626》，第 188—189 页。

[39] 杨彦杰：《荷据时代台湾史》，江西人民出版社 1992 年版，第 91 页；鲍晓鸥：《西班牙人的台湾体验（1626—1642）：一项文艺复兴时代的志业及其巴洛克的结局》第 167 页。

[40] 郑维中：《荷兰时代的台湾社会——自然法的难题与文明化的历程》，台北，前卫出版社 2004 年版，第 185、308 页。

[41] 江树生译注：《热兰遮城日志》第 3 册，第 205 页。

[42] 欧阳泰：《福尔摩沙如何变成台湾府？》，郑维中译，台北，远流出版公司 2007 年版，第 22 页。

[43] 王玉国：《荷据时期台湾荷兰人与汉族移民关系》，邓孔昭主编《闽粤移民与台湾社会历史发展研究》，厦门大学出版社 2011 年版，第 115—129 页。

[44] 陈支平：《早期台湾史与中国大陆关系的重新审视》，《东南学术》2018 年第 1 期。

[45] 李国祥、杨昶主编：《明实录类纂·福建台湾卷》，第 495—496、497 页。

[46] 李毓中主编/译注：《台湾与西班牙关系史料汇编》第 1 册，南投，台湾文献馆 2008 年版，第 153—154 页、156—157、165、172 页。

[47] 黄凤翔：《靖海碑》、陈第：《舟师问答》，沈有容辑：《闽海赠言》（《台湾文献丛刊》第 56 种）卷 1，第 11 页、卷 2，第 30 页。

[48] 陈第：《舟师问答》、屠隆：《平东番记》，沈有容辑：《闽海赠言》（《台湾文献丛刊》第 56 种）卷 2，第 30、22 页。

[49]《为飞报琉球船只事》（福建巡抚黄承玄，万历四十四年六月上奏），《明清台湾档案汇编》第 1 辑第 1 册，第 164、165 页。

[50]《为海氛多警饬备宜严敬陈防守事宜恳乞圣明采择允行以责实效事》（福建巡抚黄承玄，万历四十四年八月上奏），《明清台湾档案汇编》第 1 辑第 1 册，第 170—171 页。

[51]《为飞报倭船事》[福建巡抚黄承玄，万历四十五年八月（推测）]，《明清台湾档案汇编》第 1 辑第 1 册，第 181—184 页。

[52] 参见陈小冲：《张燮〈霏云居续集〉涉台史料钩沉》，《台湾研究集刊》2006 年第 1 期。

[53] 蓝鼎元：《东征集卷三·复制军台疆经理书》，蒋炳钊、王钿点校：《鹿洲全集》下册，厦门大学出版社 1995 年版，第 552 页。

[54] 江树生译注：《热兰遮城日志》第 1 册，台南市政府 2011 年再版，第 3 页。

[55] 江树生译注：《热兰遮城日志》第 1 册，第 15、18 页。

[56] 施琅：《恭陈台湾弃留疏》（康熙二十二年十二月二十二日），《靖海纪事》，第 120—121 页。

[57] 黄宗羲：《赐姓始末》，《郑成功收复台湾史料选编》（增订本），第 34 页。

[58] 江树生译注：《热兰遮城日志》第 4 册，第 417、418、428 页。

[59] C.E.S.:《被忽视的福摩萨》,《郑成功收复台湾史料选编》(增订本),第 153、154 页。

[60] 荷兰人也曾明确地对日本人说:"台湾土地不属于日本人,而是属于中国皇帝。"参见甘为霖:《荷兰人侵占下的台湾》,《郑成功收复台湾史料选编》(增订本),第 95 页。

[61] C.E.S.:《被忽视的福摩萨》,《郑成功收复台湾史料选编》(增订本),第 142、147 页。

[62] 郑成功:《复台》,《郑成功收复台湾史料选编》(增订本),第 1 页。

[63] 杨英撰、陈碧笙校注:《先王实录校注》,福建人民出版社 1981 年版,第 253 页。

[64] 杨英撰、陈碧笙校注:《先王实录校注》,第 254 页。

[65] 陈国强:《郑成功在台湾的建设》,《民族英雄郑成功》,厦门大学出版社 1997 年版,第 167—172 页。

[66] 陈孔立:《清代台湾移民社会研究》(增订本),九州出版社 2006 年版,第 93 页。

[67] 施琅:《恭陈台湾弃留疏》(康熙二十二年十二月二十二日),《靖海纪事》,第 121 页。

[68]《敕明珠等谕》(康熙八年九月),《明清台湾档案汇编》第 1 辑第 7 册,第 86 页。

[69]《圣祖仁皇帝实录》(二)卷 109,康熙二十二年五月甲子,《清实录》第 5 册,中华书局 1985 年影印本,第 118 页。。

[70]《起居注·谕令攻取台湾所需钱粮由福建给发》(康熙二十二年七月初七日),《明清宫藏台湾档案汇编》第 7 册,第 419 页。

[71]《御制诗文·谕令施琅加授静海将军封世袭靖海侯》(康熙二十二年九月初十日),《明清宫藏台湾档案汇编》第 8 册,第 4—5 页。

[72] 施琅:《恭陈台湾弃留疏》(康熙二十二年十二月二十二日),《靖海纪事》,第 120、123 页。

[73] 中国第一历史档案馆整理:《康熙起居注》第 3 册,康熙四十五年十月初六日,中华书局 1984 年版,第 2022—2023 页。

[74]《圣祖仁皇帝实录》(三)卷 252,康熙五十一年十一月甲辰,《清实录》第 6 册,第 497 页。

[75]《圣祖仁皇帝实录》(三)卷 274,康熙五十六年九月丙午,《清实录》第 6 册,第 691 页。

[76]《圣祖仁皇帝实录》(三)卷 295,康熙六十年十月丙戌,《清实录》第 6 册,第 864 页。

[77]《巡视台湾御史吴达礼等奏折·纠参台湾府同知杨毓健失职》(雍正元年八月初六日),《明清宫藏台湾档案汇编》第 8 册,第 314 页。

[78]《起居注·谕令更换台湾兵丁将挑选勤慎可用之人派往》(雍正五年十月初六日),《明清宫藏台湾档案汇编》第 10 册,第 156—157 页。

[79]《浙闽总督郝玉麟奏折·请令新任台湾镇总兵官马骥在任守制》(乾隆元年正月初六日),《明清宫藏台湾档案汇编》第 11 册,第 378 页。

[80] 蓝鼎元:《东征集卷三·复制军台疆经理书》,《鹿洲全集》下册,551 页。

[81] 王宏斌:《清代前期台湾内外洋划分与水师辖区——中国对钓鱼岛的管辖权补证》,《军事历史研究》2017 年第 3 期。

(李细珠:中国社会科学院台湾史研究中心研究员)